# 网络货运平台实务

周纪念　朱长征　主编

西北大学出版社
·西安·

**图书在版编目（CIP）数据**

网络货运平台实务 / 周纪念，朱长征主编 . -- 西安：西北大学出版社, 2024.6. -- ISBN 978-7-5604-5427-6

Ⅰ . U16-39

中国国家版本馆 CIP 数据核字第 2024KM3677 号

## 内容简介

数字时代的来临使网络货运的发展走上了快车道，网络货运通过运用互联网的技术和共享经济的理念，运用智能匹配、就近派单等手段，提高了物流行业效率，降低了物流成本，产生了良好的经济和社会效益。

本书共分为十一章，主要内容包括网络货运平台概述、网络货运平台建设规划、平台基础及运力信息管理、平台货源发布与承运管理、平台费用结算与金融支付、平台监管及税务上报、平台增值服务管理、查询统计与数据分析、客户服务与投诉处理、网络货运平台运营与推广、综合案例分析等。

全书可供对网络货运有兴趣的相关科研人员、企业人员参考，也可作为物流管理、物流工程、供应链管理、交通运输、电子商务、工商管理、物联网工程等专业的本科生、高职高专学生教材。

## 网 络 货 运 平 台 实 务
WANGLUO HUOYUN PINGTAI SHIWU

| | |
|---|---|
| 主　　编 | 周纪念　朱长征 |
| 出版发行 | 西北大学出版社 |
| 地　　址 | 西安市太白北路 229 号 |
| 邮　　编 | 710069 |
| 电　　话 | 029-88303313 |
| 经　　销 | 全国新华书店 |
| 印　　装 | 陕西奇彩印务有限责任公司 |
| 开　　本 | 787mm×1092mm　1/16 |
| 印　　张 | 16.25 |
| 字　　数 | 316 千字 |
| 版　　次 | 2024 年 6 月第 1 版　2024 年 6 月第 1 次印刷 |
| 书　　号 | ISBN 978-7-5604-5427-6 |
| 定　　价 | 68.00 元 |

本版图书如有印装质量问题，请拨打电话 029-88302966 予以调换。

# 编委会

## 主 编

周纪念　朱长征

## 编 者

滕宗侠　卢兴斌　高本永　朱云桦　贾　静　谢　萌
秦佩琪　纪广鹏　肖　鹏　郝苗青　李思睿　贺　赛
耿　冬　朱国良　陆　冰　刘丽娟　史锦艳　陈　雷
李信利　崔沂峰

随着数字时代的来临，网络货运通过运用互联网的技术和共享经济的理念，运用智能匹配、就近派单等手段，提高了物流行业效率，降低了物流成本，产生了良好的经济效益和社会效益。

为了帮助高校学生和社会人士掌握网络货运平台的商业逻辑和操作技能，阿帕数字科技有限公司周纪念总经理联合西安邮电大学物流学院副院长朱长征教授，在前期充分调研与多次研讨的基础上，编写了本书——《网络货运平台实务》。本书是企业联合高校共同编写的书籍，是典型的校企合作成果。

全书共分为十一章，从网络货运平台的概述开始，详细探讨了平台建设规划、平台基础及运力信息管理、货源发布与承运管理、费用结算与金融支付、平台监管及税务上报、增值服务管理、查询统计与数据分析、客户服务与投诉处理、平台运营与推广等多个方面，最后通过综合案例分析，为读者提供了实际应用的生动范例。

本书不仅涵盖了网络货运的理论知识，还包含了丰富的实践案例和操作指南。无论是从事物流行业的管理者，还是关注网络货运平台发展的研究人员，抑或是对物流行业感兴趣的读者，以及从事物流相关专业学习的学生，都可以从本书中获取有益的知识与启示。

本书由阿帕数字科技有限公司总经理周纪念、西安邮电大学物流学院副院长朱长征教授共同主编，具体分工如下：第一章由西安邮电大学朱长征、秦佩琪，阿帕数字科技有限公司周纪念、卢兴斌编写；第二章由湖北汽车工业学院贾静、西安思源学院史锦艳、阿帕数字科技有限公司陆冰编写；第三章由西安邮电大学秦佩琪编写；第四章由西安服装工程学院谢萌，阿帕数字科技有限公司朱国良、陆冰编写；第五章由西安邮电大学纪广鹏编写；第六章由西安邮电大学肖鹏编写；第七章由西安邮电大学耿冬编写；第八章由西安邮电大学郝苗青编写；第九章由西安邮电大学李思睿编写；第十章由青岛西海岸新区高级职业技术学校朱云桦、西安邮电大学贺赛编写；第十一章由西安邮电大学朱长征、郝苗青、贺赛、李思睿，济南智慧物流技术研究院执行院长高本永等编写。济南智慧物流技术研究院院长助理滕宗侠、阿帕数字科技有限公司人力资源经理刘丽娟、临沂大学物流学院副院长陈雷、李信利，临沂大学物流学院崔沂峰教授为本书的编写提出了宝贵的意见。

本书在编写过程中，编者在融入自己对于网络货运平台的研究成果外，广泛参考并吸收了国内外众多学者和企业界人士的研究成果，在此，谨致谢意。另外，还要对在撰写过程中为我们提供帮助的单位和个人表示衷心的感谢！同时，由于部分参考资料无法确定来源和作者，因此未能在参考文献中列出，在此深表歉意。

由于作者的能力和水平有限，相关领域的知识尚需进一步研究，部分观点还需进一步验证，因此，本书的表述中难免存在一些问题。恳请各位专家和读者提出宝贵意见，并及时反馈，以便在再版时予以修改和完善。

编 者

◎ 第1章 网络货运平台概述 / 1

    1.1 网络货运平台的内涵 / 1

    1.2 网络货运平台的发展历程 / 3

    1.3 网络货运平台的功能 / 6

    1.4 网络货运平台的未来发展趋势 / 10

◎ 第2章 网络货运平台建设规划 / 13

    2.1 网络货运业务流程 / 13

    2.2 网络货运资质申报流程 / 15

    2.3 网络货运平台设计 / 20

    2.4 网络货运团队搭建 / 25

◎ 第3章 平台基础及运力信息管理 / 28

    3.1 用户注册与认证 / 28

    3.2 货主管理 / 29

    3.3 品类管理 / 35

    3.4 承运商管理 / 36

3.5 司机管理 / 39

3.6 银行卡管理 / 46

3.7 数据字典 / 47

## 第 4 章　平台货源发布与承运管理 / 52

4.1 货源发布管理 / 52

4.2 承运接单管理 / 61

4.3 运单管理 / 72

4.4 运输监控 / 74

## 第 5 章　平台费用结算与金融支付 / 78

5.1 账户管理 / 78

5.2 货主结算 / 82

5.3 承运结算 / 84

5.4 预付管理 / 95

5.5 发票管理 / 98

## 第 6 章　平台监管及税务上报 / 100

6.1 监管运力信息上报 / 100

6.2 监管路单上报 / 106

6.3 监管税务基础信息上报 / 109

6.4 监管税务运单上报 / 113

6.5 缴纳税款 / 116

## ◎ 第 7 章　平台增值服务管理 / 117

7.1 油品服务 / 117

7.2 物流金融 / 121

7.3 保险服务 / 122

7.4 电子签约 / 125

## ◎ 第 8 章　查询统计与数据分析 / 130

8.1 运单数据查询与统计 / 130

8.2 财务数据查询与统计 / 133

8.3 平台运力数据分析 / 147

8.4 报表管理 / 153

## ◎ 第 9 章　客户服务与投诉处理 / 159

9.1 客户服务礼仪 / 159

9.2 运输异常处理 / 165

9.3 用户投诉管理 / 170

9.4 用户评价管理 / 173

9.5 意见反馈 / 182

## 第10章 网络货运平台运营与推广 / 183

10.1 网络货运平台运力组织与管理 / 183

10.2 网络货运平台销售与推广 / 189

10.3 新媒体运营推广 / 194

10.4 数据安全与保护 / 200

## 第11章 综合案例分析 / 205

11.1 钢铁行业网络货运平台案例 / 205

11.2 煤炭行业网络货运平台案例 / 210

11.3 砂石行业网络货运平台案例 / 216

11.4 快消行业网络货运平台案例 / 223

11.5 同城货运行业网络货运平台案例 / 231

11.6 汽车行业网络货运平台案例 / 236

**主要参考文献 / 249**

# 第 1 章 网络货运平台概述

网络货运平台是一种基于互联网的平台,旨在连接承运人和托运人,为货物运输提供全方位的服务。本章主要阐述了网络货运平台的内涵、发展历程和相关功能。

## 1.1 网络货运平台的内涵

### 1.1.1 网络货运的诞生

随着互联网和移动通信技术的迅猛发展,信息传递和交流变得更加便捷和高效,为网络货运提供了技术基础,使得货主和车主可以通过在线平台进行信息交流和合作。信息技术在货运行业的广泛应用,对于提高货运行业的信息化管理水平、降低货运行业运输成本、适应市场需求变化等方面具有重要意义。

党中央、国务院高度重视推进"互联网+"物流新业态发展工作。2019年1月,习近平总书记在全国生态环境保护大会上指出要"推动货运经营整合升级、提质增效,加快规模化发展、连锁经营"。为促进网络货运经营规范有序发展,交通运输部、国家税务总局等部门在总结无车承运试点经验的基础上,制定了《网络平台道路货物运输经营管理暂行办法》,对网络货运经营者的法律定位、行为规范及管理部门的监管责任等提出了明确要求,为新业态规范健康发展创造良好的制度环境。网络货运平台有效促进了资源整合和集约发展,利用移动互联网等先进信息技术,整合了大量的货源、车源,逐步引导和带动行业从"零、散、小、弱"向集约化、规模化、组织化方向发展,促进行业"降本增效"。

### 1.1.2 网络货运的相关概述

#### 1.1.2.1 网络货运经营

《网络平台道路货物运输经营管理暂行办法》(以下简称《办法》)规定,网络货运经营是指经营者依托互联网平台整合配置运输资源,以承运人身份与托运人签订运输合同，委托实际承运人完成道路货物运输，承担承运人责任的道路货物运输经营活动。网络货运经营不包括仅为托运人和实际承运人提供信息中介和交易撮合等服务的行为。

《办法》规定，网络货运经营者从事经营活动，应当遵循自愿、平等、公平、诚信的原则，遵守法律和商业道德规范，公平参与市场竞争，承担运输服务质量责任，接受行业管理部门和社会的监督。鼓励网络货运经营者利用大数据、云计算、卫星定位、人工智能等技术整合资源，应用多式联运、甩挂运输和共同配送等运输组织模式，实现规模化、集约化运输生产。鼓励组织新能源车辆、中置轴模块化汽车列车等标准化车辆运输。

#### 1.1.2.2 承运人

网络货运平台作为承运人将货物运输或者部分运输委托给实际承运人履行的，承运人仍然应当对全部运输负责。对实际承运人承担的运输，承运人应当对实际承运人的行为负责。

实际承运人，是指接受网络货运经营者委托，使用符合条件的载货汽车和驾驶员，实际从事道路货物运输的经营者。

实际承运人的责任期间是指从承运人处接收货物时起至收货人处交付货物时止，货物处于实际承运人掌管之下的全部期间。

#### 1.1.2.3 网络货运边界

网络货运经营者与货运代理人和货运经纪人相比，其法律地位、风险责任等方面都有所不同。

（1）在法律地位方面，网络货运经营者在法律上属于缔约承运人，货运代理人和货运经纪人是中介组织。缔约承运人是要以承运人身份与托运人签订道路运输合同的人，委托实际承运人完成道路货物运输。

（2）在风险责任方面，网络货运经营者作为承运人，承担运输过程中所有的责任和风险。货主和承运人双方将通过网络货运平台签订运输合同。合同中会明确双方的权利和义务，包括运费、运输路线、装卸要求、货物保险等。承运人根据合同要求，在指定的时间和地点装载货物，并开始运输过程。当货物到达目的地后，收货人会对货物进行验收。如果货物完好无损，收货人将在平台上确认收货，完成运输过程。货运代理人承担代理合同内规定的责任和风险。货运经纪人仅承担承运人和托运人之间的撮合责任，撮合成功后其责任义务即结束。

（3）在与托运人的关系方面，网络货运经营者与托运人签署的是运输合同，货运代理人与托运人签署的是委托合同，货运经纪人与托运人签署的是居间合同，所以相互之间的权利义务关系不同。

（4）在利润点方面，网络货运经营者赚取的是运费差价，货运代理人赚取的是代理费用，货运经纪人赚取的是撮合费用。

### 1.1.3 网络货运平台

网络货运平台以数据为驱动，以网络货运为核心业务，以互联网、物联网、区块链等技术为手段，为货主和车主提供智慧物流管理、车货智能匹配、车货全方位监管等全流程一站式服务。网络货运平台可去除中间环节，不再层层转包，缩短交易链条，降低物流成本，同时通过大数据人工智能算法提升运力组织效率，提升找货、找车效率，降低车辆空驶率。

网络货运平台的发展得益于大数据和云计算技术的应用，使得平台能够更准确地了解用户需求，提供个性化的服务，并优化货车调度，提高运输效率。此外，网络货运平台还可以实时掌握货物的位置和状态，实现货物的快速、安全配送，从而提升行业服务水平。

网络货运平台与传统的物流平台不同，它不仅仅是信息中介，而且直接参与到运输业务中，承担承运人的责任和义务。这种方式有助于规范行业管理，汇聚和生产大数据，为物流资源配置提供决策支持。

## 1.2 网络货运平台的发展历程

我国网络货运平台是在车货匹配平台、无车承运人的基础上发展而来的。经过不断更新、完善、迭代，网络货运平台的运作模式逐渐成熟起来。2014年，"互联网+"的概念被引入到物流行业中，车货匹配平台开始涌现；2016年，国家引入无车承运人的概念，并展开了为期3年的试点工作；2019年9月，交通运输部、国家税务总局联合印发《网络平台道路货物运输经营管理暂行办法》，规范网络平台道路货物运输经营，无车承运人正式被更名为网络平台道路货物运输经营者（简称"网络货运平台"），如图1-1所示。

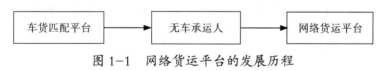

图1-1 网络货运平台的发展历程

### 1.2.1 车货匹配平台阶段

#### 1.2.1.1 车货匹配平台的诞生历程

长期以来，我国道路货运市场以个体运输户为主体，结构相对分散，市场集中度较低。截至2020年年末，公路货运经营业户为323.87万户，其中个体运输业户为273.74万户，占比84.5%，个体运输业户在公路货运市场中占据了绝大多数。这种经营局面产生的直接后果是运输主体的专业化程度低、运输线路的网络化程度低、运输服务的经济效益较低，车辆闲置率高、返程空跑问题突出。

由于受到时间和空间的限制，我国货运市场上常常存在的一种状态是"空车找不到货物，货主找不到合适的货车来进行运输"，车与货物很难进行匹配，货车实载率远低于发达国家 80%~95% 的水平。2012 年以后，随着移动互联网与交通运输业的融合，移动互联网平台逐步成为物流运输行业转型发展的重要手段。信息技术的发展和应用极大地改变了公路货运业的组织方式和生态格局，在物流运输行业平台化发展的大背景下，货运市场也迈入平台经济发展阶段，车货匹配平台应运而生。

#### 1.2.1.2 车货匹配平台的定义

车货匹配平台是在"互联网+"环境下，利用在线平台让车主、货主直接沟通，消除运输环节各种中介，在互联网技术的支持下提升信息检索能力与车货匹配效率，提升车辆满载率。

#### 1.2.1.3 车货匹配平台的特点

（1）满足车主、货主对物流信息的需求。车货匹配平台的出现，其所呈现出的最大特点是可以使货运信息更加透明化，减少车货双方因信息不对称而导致的成本浪费，实现车货的智能匹配，在短时间内促进车主和货主的联系，促使交易达成。

（2）节省供需双方的时间及成本。车货匹配平台的出现能够降低车货双方委托中介配货的成本，实现去中介化，同时有利于避免车货配载市场不合理的乱收费现象。在互联网背景下，通过在线发布货源和车源信息，供需双方通过在线平台进行沟通，在一定程度上节省了双方的工作量。平台提供物流供需智能匹配功能节约了供需双方人工寻找匹配对象的时间及成本，提高经济效率，有效地为车货双方节省时间及人力成本。

（3）促进节能减排，改善环境。最大化利用车货匹配平台的功能，提高车货供需匹配的效率，实现交通运输资源的优化配置，能够大大降低货源车辆的空载率，减少二氧化碳的排放，响应政府部门节能减排的号召，进一步促进节能减排顺利进行，改善环境。

### 1.2.2 无车承运人阶段

#### 1.2.2.1 无车承运人的诞生历程

我国无车承运人的概念首次提出是在 2013 年，当时交通运输部在《关于交通运输推进物流业健康发展的指导意见》中提到了这一概念。这一概念的提出是为了应对我国公路货运业存在的"多、小、散、乱"的特点，以及个体承运人无法开票、漏税、虚假抵扣等非法行为带来的运输市场税源管理难题。

2016 年 8 月，交通运输部办公厅印发《关于推进改革试点加快无车承运物流创新发展的意见》，以无车承运人试点为标志，行业进入规范有序的发展阶段。

#### 1.2.2.2 无车承运人的定义

无车承运人最早来源是应用于船运领域的无船承运人，由美国货车经纪人（ruck broker）一词转换而来，随着陆地货运的发展逐渐被定义为无车承运人。

无车承运人是以承运人身份与托运人签订运输合同，承担承运人的责任和义务，通过委托实际承运人完成运输任务的道路货运经营者。无车承运人具有资源整合能力强、品牌效应广、网络效应明显等特点，利用互联网手段和组织模式创新，有效促进货运市场的资源集约整合和行业规范发展。

#### 1.2.2.3 无车承运人的特点

（1）资源整合能力。无车承运人能够有效地整合各种资源，包括但不限于货源、车辆和其他相关服务提供商，从而实现资源的优化配置和高效运转。这种整合能力有助于减少中间环节，降低成本，提高效率。

（2）网络效应显著。无车承运人通过构建和管理网络，能够将分散的资源和信息集中起来，形成一个有机整体。这种网络效应使得企业在货运市场上占据有利位置，并能抵御竞争压力。

（3）资产较轻。无车承运人在物理资产上通常持有较少的车辆或其他生产资料，但它们拥有稳定的物流业务来源并具备风险管理的能力。这意味着这些企业可以相对灵活地调整战略和应对市场变化。

（4）信息技术应用广泛。无车承运人依赖先进的信息技术进行业务的组织和控制，如流程管理和网络搭建。此外，它们还需要根据市场需求不断创新和发展业务模式，以保持竞争力和适应性。

### 1.2.3　网络货运平台阶段

#### 1.2.3.1 网络货运平台的诞生历程

2019年，交通运输部、国家税务总局联合印发的《网络平台道路货物运输经营管理暂行办法》在文件中将"无车承运人"更名为"网络货运"，网络货运平台由此诞生。2023年，为深入贯彻落实党中央、国务院关于促进平台经济规范健康发展的决策部署，交通运输部、国家税务总局研究决定，延长《网络平台道路货物运输经营管理暂行办法》（交运规〔2019〕12号）有效期至2025年12月31日。网络货运平台是在无车承运人的基础上发展的，过去无车承运人定位在第三方，未来网络货运平台将着重定位于平台，其经营范围、税务管理及规范制度会更加细分，对数据化的运营提出了更高的要求。

网络货运平台通过整合上下游资源，发挥数字新基建功效，不仅能够帮助相关企业实现运输资源的高效配置，还有助于帮助企业真正实现降本增效，为多种合作企业提供了平台推广、运营、财税等多方面的支持，并结合客户的实际情况为客户提供一系列定制化指导服务，有效促进了货运市场的资源集约整合和行业规范发展，对于促进物流货运行业的转型升级和提质增效具有重要意义。

#### 1.2.3.3.2 网络货运平台的整体发展情况

根据交通运输部相关的数据统计，截至 2023 年 12 月底，全国共有 3069 家网络货运企业（含分公司），接入社会运力 798.9 万辆、驾驶员 647.6 万人。全年共上传运单 1.3 亿单，同比增长 40.9%。

伴随着网络货运行业的高速发展，为网络货运业态提供支撑的技术服务商发展迅速，这其中包括软件服务商、定位服务商、主动安全服务商以及供应链金融、保险、车后服务商等。

网络货运发展到今天，企业数量较多并开展业务的省市有天津、山西、江苏、安徽、福建等地，主要集中在中南部经济发达地区和中西部资源丰富地区，因为大宗商品是网络货运比较重要的领域。据统计，73% 的传统物流企业有转型或拓展网络货运业务的意愿，行业规模将进一步扩大。各地也针对性地出台了相应的支持政策，主要包括依据营业额的财政奖励、平台建设的投资补贴、网络货运 A 级企业的一次性奖励等。

## 1.3 网络货运平台的功能

根据交通运输部发布的《网络平台道路货物运输经营服务指南》等相关文件，网络货运平台需要具备一些基本的功能要求，分别是信息发布、线上交易、全程监控、金融支付、咨询投诉、在线评价、查询统计和数据调取等。下面对这些基本的功能要求分别作简要介绍。

### 1.3.1 信息发布

网络货运经营者依托网络货运平台为托运人、实际承运人提供真实、有效的货源及运力信息，并对货源及运力信息进行管理。该功能包括两个方面，一个是货主发布货源信息，另一个是实际从事道路货物运输的经营者发布的车源信息。当货主需要车源运输货物时，可以在网络货运平台填写相关的货物信息，包括托运人的联系方式、起始地、目的地、商品重量及体积、货物名称、结算方式、装货时间、发货日期等。信息发布功能要求信息真实、准确、及时，并且能够通过平台进行广泛的传播，以便货主和实际承运人能够迅速找到合适的合作伙伴。

## 1.3.2 线上交易

托运人或货主在网络货运平台上发布具体的货源信息、运力信息，平台通过智能匹配算法，将合适的货源和运力进行匹配。匹配成功后，托运人和实际承运人可以在线上进行进一步的交易磋商，包括运输价格、付款方式、运输时间等细节。双方达成一致后，可以在平台上确认交易。确认交易后，平台会生成一份电子运单，这份运单详细记录了交易双方的信息、货物详情、运输路线、价格等关键信息。电子运单具有法律效力，可以作为交易双方进行运费结算的依据。托运人可以在平台上进行在线支付，将运费支付给平台或实际承运人。平台会根据实际承运人完成的运输任务，按照合同约定及时将运费结算给实际承运人。在运输过程中，平台会实时采集和上传驾驶员的地理位置信息，实现交易、运输、结算等各环节全过程透明化动态管理。同时，平台也会对运力的运输地点、轨迹、状态进行动态监控，确保运输过程的安全和顺畅。货物送达后，收货人需要在平台上确认收货，实际承运人也需要及时将交付信息上传至平台。

## 1.3.3 全程监控

网络货运平台实时监控功能是一种重要的技术手段，主要用于对货物运输过程进行实时的追踪和监控。网络货运经营者应在生成运单号后，实时采集实际承运车辆运输轨迹的动态信息，并在货物起运和确认送达时，经驾驶员授权同意后，实时采集和上传驾驶员的地理位置信息，实现交易、运输、结算等各环节全过程透明化动态管理。通过网络货运平台的实时监控功能，用户可以实时查看货物的运输状态，包括运输位置、速度、预计到达时间等信息。这有助于用户及时了解货物的运输情况，确保货物能够按时到达目的地。实时监控功能还可以对货物的运输过程进行异常预警。例如，当货物出现延误、丢失、损坏等情况时，系统会及时发出预警提示，以便用户及时采取相应的处理措施。通过对货物运输过程的实时监控，网络货运平台可以根据实际情况对运输计划进行优化调度。例如，当某个路段的交通状况不佳时，系统可以调整运输路线，以避免拥堵和延误。实时监控功能有助于提高货物运输的效率。通过实时追踪货物的运输状态，用户可以及时发现并处理运输过程中的问题，从而减少不必要的等待或延误，提高货物的运输效率。

## 1.3.4 金融支付

网络货运平台的金融支付功能主要包括以下四个方面。

### 1.3.4.1 核销对账

平台会对每笔交易进行核实，确保交易的真实性和有效性。用户可以通过平台查看和管理自己的交易信息，包括交易金额、时间、状态等。如果发现交易差错或异常，平台会提供相应的差错处理机制，帮助用户及时解决问题。

#### 1.3.4.2 交易明细查询

用户可以通过网络货运平台查询交易明细，包括每笔交易的金额、时间、支付方式等详细信息，有助于用户了解交易详情并进行相应的管理和分析。

#### 1.3.4.3 生成资金流水单

托运人、实际承运人等客户完成各种业务交易后，网络货运平台可以生成资金流水单，记录用户在平台上的所有支付和收款活动。按照指南要求，在收货人确认收货并结算以后，网络货运平台需要实时将运单数据、资金流水单信息上传至省级网络货运信息监测系统。

#### 1.3.4.4 在线支付

用户下单后，可以通过在线支付方式实时结算货运费用，包括运费、服务费等费用的支付，确保交易及时完成。平台支持多种在线支付方式，包括但不限于银行卡支付、第三方支付（如支付宝、微信支付等）、电子钱包等。

### 1.3.5 咨询投诉

网络平台提供在线咨询服务，允许用户直接通过平台与客服人员进行交流，询问有关产品或服务的问题，获取解答和建议。这有助于用户更好地了解和使用平台上的商品或服务。另外，平台通常会设立专门的投诉渠道，方便用户上报在使用平台过程中遇到的问题或纠纷。用户可以通过平台的投诉页面、电子邮件、电话等方式向平台投诉，并附上相关证据和信息。一旦用户投诉，平台会有专门的团队负责处理，并尽快给出答复和解决方案。平台会对投诉进行认真调查，并尽力解决用户的问题，以维护用户的权益和平台的声誉。除了处理投诉，平台还会积极收集用户的反馈意见，以了解用户对平台产品和服务的满意度。

### 1.3.6 在线评价

网络货运平台的在线评价功能主要是指托运人和实际承运人可以在平台上对彼此的交易行为、服务质量、运输效率等方面进行公开评价，并赋予相应的信用打分或评级。在线评价功能对于网络货运平台来说具有重要意义。它不仅能够提高平台的透明度和公信力，还有助于促进托运人和实际承运人之间的良性竞争，推动整个物流行业的健康发展。同时，通过评价数据的积累和分析，平台还能够优化服务流程、提升服务质量，为用户提供更加优质的货运服务。

托运人和实际承运人通常都有权在交易完成后对对方进行评价。评价内容可能涵盖服务态度、运输时效、货物安全等多个方面。评价者可以根据交易过程中的实际体验，对对方进行信用打分。这些分数通常会以一定的算法转化为具体的信用评级，以便其他用户参考。评价内容会在平台上进行展示，供其他用户查阅。这有助于增强平台的透明度，让潜在用户能够更全面地了解托运人和实际承运人的服务质量。此外，平台会对评价内容进行管理，确保评价的真实性和公正性，包括审核评价内容、处理恶意评价等。除了个人评价，一些网络货运平台还可能建立信用评级系统，根据用户的交易历史、评价等信息综合评估其信用状况，并给出相应的信用评级。

### 1.3.7 查询统计

网络货运平台的信息查询功能主要是指平台能够为用户提供各类信息的查询服务，这些信息包括运单信息、资金流水信息、运输轨迹信息、信用记录信息以及投诉处理信息等。

用户可以通过输入运单号或相关关键词，查询具体的运单信息，包括货物名称、数量、发货人、收货人、运输路线、运输状态等。还可以查询自己的资金流水信息，包括收入、支出、余额等，以便了解自己在平台上的资金变动情况。网络货运平台运输轨迹信息查询可以通过输入运单号或车辆信息，查询货物的实时运输轨迹，包括起始地点、当前位置、预计到达时间等。此外，用户还可以查询自己提交的投诉的处理进度和结果，以便及时了解投诉的处理情况。

### 1.3.8 数据调取

网络货运平台在当前的运输行业中扮演着至关重要的角色。为了确保行业的健康有序发展，相关法律法规对平台的运营提出了明确的要求。根据《网络平台道路货物运输经营管理暂行办法》，平台不仅需要提供信息服务，还应深入参与到货物运输的实际操作中，包括与托运方和承运方签订电子合同，并保证交易数据的长期保存，以便于监管机构在必要时能够追溯和查阅相关信息。

此外，《省级网络货运信息监测系统建设指南》进一步明确了省级交通运输部门与网络货运平台之间的信息交流机制。通过与省级道路运政管理信息系统和全国道路货运车辆公共监管与服务平台的对接，以及与税务、保险等部门建立的信息共享机制，可以有效地规范市场行为，提高管理效率。

在这一框架下，网络货运平台有责任实时上传关键信息至省级网络货运信息监测系统，如运单、资金流水单、车辆和驾驶员的基本信息以及驾驶员的实时位置信息等。这样的信息上传机制使得交通运输部门能够依法获取车辆和驾驶员的关键信息，包括车辆的异常情况。同时，税务部门也能够依法获取业务相关的财务信息，如运单和资金流水单，便于及时发现和处理信息匹配异常的情况。

## 1.4 网络货运平台的未来发展趋势

### 1.4.1 垂直细分市场进一步发展

网络货运平台垂直细分市场指的是网络货运平台在物流领域中专注于某一特定行业或领域的细分市场。通过深入了解特定行业或领域的物流需求、特点和痛点，网络货运平台可以提供更加专业化、精细化的服务，满足该行业或领域的客户的特殊需求。

垂直细分市场的形成是由于不同行业或领域的物流需求存在较大的差异，需要对运输方式、时效、成本、服务质量等方面提出不同的要求。网络货运平台通过专注于某一特定行业或领域，可以积累更多的行业经验和专业知识，提供更加符合客户需求的解决方案。例如，针对生鲜食品行业，网络货运平台可以提供冷链运输、温度控制、快速配送等专业化服务，确保食品的新鲜度和安全性。针对大宗货物运输，平台可以提供更加高效、经济的物流方案，降低运输成本，提高运输效率。

垂直细分市场的发展有助于网络货运平台在竞争激烈的市场中形成差异化竞争优势，提升品牌影响力和市场份额。同时，也有助于推动物流行业的专业化和精细化发展，提高整个行业的服务水平和效率。

### 1.4.2 多式联运网络货运开始起步

目前，公路货运市场上的货物与车辆均呈现出"多、小、散、乱"的局面，货物与车辆信息很难匹配，导致多式联运中车辆、船舶、列车的空驶率居高不下，这为网络货运提供了发展契机。

网络货运平台可以通过智能调度大数据信息管理系统，统一收集分散于不同地点和货主的小、散货物，从而缩短时间，最大限度地实现运输任务和运力资源共享，降低车辆空载率，提升平台的竞争力。国家鼓励在其他运输领域上，如铁路、水运、航空，实现规模化、集约化运输生产。交通运输部等八部委联合发文《关于加快推进多式联运"一单制""一箱制"发展的意见》（交运发〔2023〕116号），文件中明确指出：支持多式联运信息集成服务发展，支持铁路、道路、水路以及第三方物流等骨干企业，向多式联运信息集成服务商转型。中物联信息服务平台分会会议指出的网络货运三个发展趋势之一就是探索多式联运方向。跟国外的多式联运网络发展相比，国内的网络货运也完全具备了启动条件,将网络货运与多式联运相结合,促进更深入的多式联运网络货运。

### 1.4.3 金融服务成为新的赢利焦点

许多网络货运平台通过提取运费差价作为企业利润,但这种模式在道路货运市场白热化竞争的趋势下将面临巨大挑战,金融服务成为网络货运平台赢利的重要方向之一。

首先是保险服务,网络货运平台通过积淀数据进行数据分析,与保险公司对接,设计保险产品。部分网络货运平台与保险公司合作,基于平台积累的大数据建立了征信风控数据,通过建模开发了适用于货车司机的个性化保险种类,如"鸽子险"(货运放空险)、货运险等,取得了良好的市场效果。其次是消费金融,网络货运平台可以为平台上的用户提供消费金融服务,如个人贷款。这些贷款可以用于购买车辆、支付运费和车辆维修费用等。平台通常会根据用户的信用记录、收入状况等因素来评估贷款额度和利率。除此之外,还有融资租赁。对于需要长期使用车辆的企业或个人,平台可以提供融资租赁服务。用户可以选择租赁车辆,并按照约定的期限和租金进行支付。这种方式允许用户在不需要一次性支付大量资金的情况下,获得车辆的使用权。再次,费用垫付也是一个重要的金融服务,平台可以根据用户的信用状况和历史交易记录,为其提供货费垫付、过路费垫资、ETC垫资等服务。这意味着在用户暂时无法支付相关费用时,平台可以先行垫付,确保货物运输的顺利进行。最后,用户需要在约定的时间内偿还这些垫付费用。这些具体的金融服务不仅提高了网络货运平台的竞争力,也为用户提供了更加便捷、高效的解决方案,促进了整个物流行业的健康发展。

### 1.4.4 从控货型平台逐渐转变成开放型平台

控货型平台指的是大型制造业、商贸业、电子商务平台、合同物流企业搭建的网络货运平台,大多是货主方主办的,服务于自身。从长远发展来看,在满足自身的承运需求、平台流畅运转的前提下,控货型平台逐渐向开放型平台转变,比如著名的京东物流的开放、海尔的日日顺物流的开放等,这是未来发展的趋势。向外部开放,意味着将平台作为第三方的平台,向外部人员提供更多的优质服务,不仅能够提升市场的占有率,而且能够增加公司的利润。

### 1.4.5 从结算平台发展到承运平台

网络货运在市场需求的推动下逐渐成为结算平台,满足企业合规经营的刚性需求。然而,随着市场重新认识网络货运的本质,未来行业的发展方向将注重效率提升。因此,头部平台有必要引领行业风向,从结算平台转向更综合的承运平台。

网络货运的发展不仅仅实现简单的结算功能，还将提供更广泛的物流运输解决方案。网络货运平台通过整合运输资源、提供物流信息跟踪和仓储管理等服务，帮助企业实现更高效的货物运输和物流管理，提升整体运作效率。未来，网络货运平台将成为物流行业的重要支撑，为企业提供全面的物流解决方案，推动行业向着数字化、智能化和高效化的方向迈进。

### 1.4.6　与货源提供商进行全方位战略合作

网络货运进入了如火如荼的发展时期，全方位战略合作可以帮助网络货运平台获得更稳定和优质的货源，增强其在市场上的竞争力。货源提供商可以通过平台扩大其业务范围和客户基础，实现业务增长。网络货运平台通过业务或股权的战略合作，与货源提供商建立全方位的协作构建服务网络，向货主方提供全面的供应链可视化管理，持续改善供应链管理效率。通过合作，网络货运平台可以更好地理解货源提供商的服务需求和标准，网络货运平台能够更准确地了解货源信息和需求，从而更高效地进行车货匹配，提供更加个性化和高质量的物流解决方案。这对于提升客户满意度和忠诚度至关重要。

### 1.4.7　数据驱动和数实融合

网络货运平台积累的大量交易数据，通过算法模型转化为需求预测、运价预测等功能，为货主企业提供更精准的服务。同时，数据也成为平台调度、信用评级、运力分层、安全管控等业务的重要依据。

网络货运平台通过日常运营积累了大量的交易数据和用户行为数据。这些数据包括货物类型、运输路线、价格波动、运输效率等关键信息。首先，利用积累的数据，平台可以运用机器学习和数据挖掘技术对货主的运输需求进行预测，从而提前规划资源、优化调度，提高响应速度和不同服务质量。其次，通过分析历史交易数据和市场供需情况，平台能够预测不同路线和时期的运输价格，为货主和司机提供参考，帮助他们做出更合理的决策。再次，平台还可以根据司机的服务质量、运输效率和用户评价等数据建立信用评级系统，为货主选择合适的司机提供依据，同时也激励司机提供更好的服务。最后，通过分析运输过程中产生的数据，平台能够监测运输风险，及时发现和处理安全隐患，确保货物和车辆的安全。

数据驱动和数实融合是网络货运平台提升核心竞争力的关键。通过深度挖掘和应用数据资源，平台能够更好地服务于货主和司机，推动物流行业的数字化转型，实现更高效、智能的物流服务。

# 第 2 章 网络货运平台建设规划

网络货运平台在提高运输效率、降低成本、提供可靠服务、拓展市场渠道等方面具有重要意义，对于推动物流行业的升级和发展具有积极的影响，因此做好网络货运平台建设规划非常重要。本章主要阐述了网络货运平台建设的主要内容，包括网络货运业务流程、网络货运资质申报流程、网络货运平台设计和网络货运团队搭建。

## 2.1 网络货运业务流程

网络货运平台是网络货运经营者根据国家有关规定所建立的从事网络货运经营业务的线上平台。《网络平台道路货物运输经营服务指南》中明确了网络货运平台需满足的线上能力要求，以及信息发布、线上交易、全程监控、金融支付、咨询投诉、在线评价、查询统计、数据调取等 8 项基本功能要求。在业务开展过程中，网络货运经营者首先依托网络货运平台对运输资源进行整合配置，并以承运人身份与托运人签订运输合同；其次，网络货运经营者委托实际承运人完成道路货物运输并承担承运人责任。因此，网络货运平台在运营过程中会涉及托运人、网络货运经营者、实际承运人三方的业务操作。

### 2.1.1 托运人及实际承运人注册

网络货运中的托运人又称货主，是委托承运人运送货物并支付运费的社会组织或个人。托运人需要在网络货运平台以货主身份进行注册，并由网络货运经营者在平台端进行登记，对托运人信息进行审核，留存营业执照扫描件或有效证件扫描件等。信息审核无误之后，托运人才可进行货源发布等业务操作。

网络货运中的实际承运人，是指接受网络货运经营者委托，使用符合条件的载货汽车和驾驶员，实际从事道路货物运输的经营者。实际承运人同样需要在网络货运平台进行注册，并选择"车主"身份，由网络货运经营者对申请注册的实际承运人的资质信息进行审核，通过审核后方能委托其承担运输业务。

### 2.1.2 发布货源信息

注册成功的托运人,可以通过网络货运平台货主端,按要求准确填写货源信息并进行货源发布,等待实际承运人接单。

货源信息通常包括货物的大小、数量、单位、单价等。货主还需要确定装货地、卸货地,甚至是途经地、中途装货点、中途卸货点和顺序卸货点等基本信息。另外,货主还需要确定装卸货时间或者经过途经点时间。

### 2.1.3 发布车源信息

注册成功的实际承运人,可以通过车队/司机端的发布页面,按要求准确填写车源信息并进行车源发布,等待托运人接单。

### 2.1.4 指派运力

网络货运平台在接收到货主发布的货源信息后,根据货物类型、数量、目的地等多种因素,结合实际承运人(车队/司机)的运力情况,调度合适的运输车辆进行货源及车源的有效匹配,进行运力指派。一般接单方式有以下两种。

(1)独立司机接单。司机登录平台后,选择已经指派的货源单进行接单,接单时填写承运的吨位和体积(方数),完成接单操作后,系统自动生成运输单。

(2)车队长接单。车队长登录平台后,选择已经指派的货源单进行接单,接单时填写承运的吨位和体积(方数),完成接单操作后,系统自动生成运输单。完成上述步骤后,再由车队长通过运输管理模块对车队司机进行运单指派。

司机在完成接单操作后,需要进行报价操作,货主或平台根据司机的报价进行选择操作,在完成选择操作后,被选中的司机就可以承运该货源单,平台将生成对应货源单。与此同时,平台、托运人及实际承运人进行在线签约货运合同操作,完成线上签约后,平台自动生成电子运单,完成线上自动交易。此时,托运人、实际承运人、收货人可通过网络线上查收电子运单签署消息,服务效率得到很大提升。

在上述过程中,网络货运平台通过引入电子签章来满足托运人及实际承运人线上签署运输合同的需求。电子运单可自动生成和派发,收货人可在线签字,消除"接单、派单、运输、交货、回执"过程中的纸质文件,有效提高服务效率,降低物流成本。

### 2.1.5 货物运输

电子运单自动生成后,实际承运人既可根据电子运单信息进行装货、核对提货数量,也可根据实际情况修改装货时间、货品重量等相关信息，确认信息无误后进行装货和货物发运。货物送达目的地之后，司机进行卸货，司机也可根据实际情况修改卸货时间、货品重量等相关信息，确认无误后完成卸货。另外，货主也可通过平台进行卸货完成确认操作。

货物运输过程中，网络货运经营者则可利用定位软件等信息技术对运输车辆进行实时监控，采集实际承运车辆运输轨迹的动态信息，确保车辆按照预定路线行驶。此外，平台也可根据实际情况对运输计划进行及时调整，以应对突发情况。在货物起运和确认送达时，经驾驶员授权同意后，可实时采集和上传驾驶员的地理位置信息，实现交易、运输、结算等环节的全过程透明化动态管理。

### 2.1.6 费用核算

货物运达目的地之后，实际承运人通过车队/司机端进行签收确认，并上传回单照片。网络货运平台根据电子运单上的信息自动计算运输费用。另外，托运人/实际承运人都可以在平台上进行支付核销及开票。

### 2.1.7 费用支付

在完成货物运输后，网络货运经营者应按照合同约定，利用网络货运平台的线上支付功能及时向实际承运人支付运费。平台支付可采用现金支付、刷卡支付、第三方支付软件支付等多种支付方式；结算周期支持日结、周结、月结、季结等结算方式。相比过去的线下交易，网络货运平台的线上支付功能可以提供一定程度的安全保障。

### 2.1.8 核销对账

为保证运单发票记录正确可靠，网络货运平台会对运单发票中的有关数据进行检查和核对。平台通过对账工作，检查运单发票记录内容是否完整、有无错记或漏记、总分类账与明细分类账数字是否相等，以做到账证相符、账账相符、账实相符。

## 2.2 网络货运资质申报流程

### 2.2.1 前期准备

网络货运经营者在申请网络货运经营资质时，首先应满足以下基本条件：

（1）搭建自己的网络货运平台，且具备交通运输部、国家税务总局《网络平台道路货物运输经营管理暂行办法》要求的8项基础功能（信息发布、线上交易、全程监控、金融支付、咨询投诉、在线评价、查询统计、数据调取）和健全的安全生产管理制度。

（2）取得增值电信业务许可证。增值电信业务经营许可证（图2-1）是网站经营的许可证，根据国家《互联网信息服务管理办法》的规定，经营性网站必须办理中华人民共和国增值电信业务经营许可证（经营性ICP许可证），否则就属于非法经营。申请时需注意公司名称应与网络货运经营申请人的名称保持一致。ICP许可证的办理流程如下：

① 登录官网，线上申请ICP许可证并说明类别。

② 申请通过后，由企业提交ICP许可证申报材料并报送相关材料。

③ 等待通信管理局（工信部）审核，一般5日内完成材料初步审核。

④ 通信管理局（工信部）完成材料审核后向申请者发出受理通知书，并将受理材料分送到相关部门，组织专家进行审核。

⑤ 受理后40~60日内做出是否批准经营的决定。如果审核未通过，那么会以书面形式通知申请者，并说明理由。

图2-1　增值电信业务经营许可证

（3）取得安全等保三级证书。公安部、国家保密局、国家密码管理局、国务院信息化工作办公室（工信部）制定的《信息安全等级保护管理办法》规定，等级保护共分为五级，一至五级等级逐级增高，具有一个公司、一套系统、一年期限、一套流程的关键属性。而三级等保是指信息系统经过定级、备案这一流程之后，确定为第三级的信息系统。作为目前金融圈信息安全等级的权威认证系统，三级等保是除银行之外的金融系统最高等级信息安全认证。网络货运平台安全等保三级证书（图2-2）申请流程如下：

① 定级。网络货运经营者根据《网络安全等级保护定级指南》拟定网络的安全等级，组织召开专家评审会，对初步定级结果的合理性进行审批，出具专家评审意见，将初步

定级结果上报行业主管部门进行审核。

② 备案。网络货运经营者根据要求将网络定级材料向公安机关备案，公安机关对定级准确且符合要求的网络发放备案证明。

③ 安全建设整改。信息系统安全保护等级确定后，网络货运经营者根据网络安全保护等级，按照国家标准开展安全建设整改。

④ 等级测评。信息系统建设完成后，网络货运经营者选择符合规定条件的测评机构，对三级以上网络（含国家关键信息基础设施）每年开展等级测评，查找问题隐患，提出整改意见。

⑤ 监督检查。公安机关每年对网络货运经营者开展网络安全等级保护工作情况和网络的安全状况实施执法检查。

图 2-2 安全等保三级证书

（4）接入省级网络货运信息监测系统。网络货运经营者应在运单、资金流水单完成后，实时上传数据至省级监测系统（图 2-3）。省级监测系统应在接收网络货运经营者运单、资金流水单、车辆及驾驶员基本信息后，及时上传至部级网络货运信息交互系统（图 2-4）。

图 2-3 省级网络货运信息监测系统

图 2-4　部级网络货运信息交互系统

### 2.2.2　总体流程

网络货运经营者（企业）具备以上基本条件之后，才可以进行网络货运经营资质的申报，该流程主要包括网络货运经营线上服务能力认定申请、网络货运经营许可证申请等环节，总体流程如图 2-5 所示：

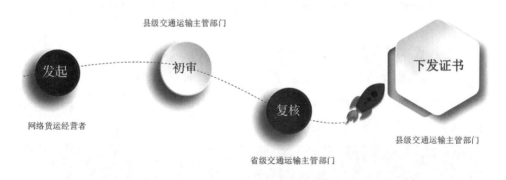

图 2-5　网络货运资质申报总体流程

（1）由满足网络货运基本条件的网络货运经营者（企业）发起线上能力认定申请，向所在地县级交通运输主管部门提交以下 4 份申请材料：

①"××××业务许可证"原件及复印件，业务种类包括但不限于互联网信息服务；

②公安部核准颁发的《信息系统安全等级保护备案证明》（3 级以上）原件及复印件；

③网络货运平台和面向实际承运人的移动互联网应用程序 App 的信息内容和服务功能；

④ 配合监管部门依法调取查询数据的承诺书，内容包括对运单、资金流水、运输轨迹、服务评价、投诉处理等信息分类分户查询及数据统计分析的功能，应建立相应的工作制度、明确责任机构和责任人及联系方式等。

所在地县级交通运输主管部门审核通过后，将流程提交到省级交通运输主管部门进行审核，审核通过后为符合要求的网络货运经营者（企业）出具线上服务能力认定结果并进行公示，并抄送省交通运输厅。

（2）网络货运经营者（企业）凭线上服务能力认定结果，向所在地县级交通运输主管部门提交以下7份材料，申请道路运输经营许可证：

① 网络道路货物运输经营申请表；

② 负责人身份证明、经办人身份证明和委托书；

③ 企业法人营业执照；

④ 线上服务能力认定结果；

⑤ 专职安全管理人员证件及其复印件；

⑥ 安全生产管理制度文本；

⑦ 法律、法规规定的其他材料。

所在地县级交通运输主管部门审核合格后，为符合要求的网络货运经营者（企业）发放道路运输经营许可证，经营范围为网络货运。

### 2.2.3 详细流程

主要是指网络货运经营者（企业）在申请网络货运经营资质时，网络货运经营者（企业）、县级交通运输主管部门、省级交通运输主管部门在省级网络货运信息监测系统上的操作步骤：

（1）网络货运经营者（企业）登录省级网络货运信息监测系统，按照要求提交注册信息进行注册。

（2）网络货运经营者（企业）注册地县级交通运输主管部门登录省级网络货运信息监测系统审核注册信息。

（3）县级交通运输主管部门审核通过后，系统自动向网络货运经营者（企业）发送审核通过邮件。

（4）网络货运经营者（企业）向系统上传数据进行测试。

（5）网络货运经营者（企业）上传数据测试通过后，登录系统提交线上服务能力认定申请，并向县级交通运输主管部门提交纸质材料。

（6）县级交通运输主管部门登录系统核查网络货运经营者（企业）接入信息并审

核纸质材料，如果审核通过，则提交到省道路运输局进行线上服务能力认定审批。

（7）省道路运输局登录系统审核网络货运经营者（企业）信息及数据接入情况。

（8）省道路运输局为符合要求的网络货运经营者（企业）出具线上服务能力认定结果并进行公示。

（9）网络货运经营者（企业）凭借线上服务能力认定结果，并向注册地县级交通运输主管部门提交其他规定要求的材料，申请道路运输经营许可证（经营范围：网络货运）。

（10）县级交通运输主管部门进行材料审核并确认符合要求后，为网络货运经营者（企业）发放道路运输经营许可证。

（11）网络货运经营者（企业）获取许可后，登录省监测系统更新信息并转为正式用户。

（12）网络货运经营者（企业）转为正式用户后，正式将数据上传省监测系统，完成同省监测系统的对接。

## 2.3 网络货运平台设计

### 2.3.1 平台设计框架

下面以华为&阿帕网络货运平台为例，该平台的设计框架如图2-6所示，主要包括应用系统设计、平台功能设计、底层支持系统设计、三方对接设计和大数据中心设计。

#### 2.3.1.1 应用系统功能设计

以华为&阿帕网络货运平台为例，其应用系统主要包含PC端和移动端。其中，PC端由门户网站、货主端、运营后台、大数据平台四个模块组成，移动端由货主端、微信端、车队端和司机端四个模块组成。

#### 2.3.1.2 平台功能设计

平台功能主要包括订单系统、审核认证、车辆管理、运输管理、行业监管和系统配置六大功能。其中，订单系统功能包括货源单发布、货源单管理和运输单管理，审核认证功能包括车辆审核认证、司机审核认证及货主审核认证，车辆管理功能包括车辆信息维护、车辆服务管理、车辆调度管理和实时定位管理，运输管理功能包括运输过程监管、车辆调度管理和车辆轨迹管理，行业监管功能包括发票索取、一键开票、数据上报及统计分析，系统配置功能包括参数设置、应用通知、意见反馈和信用评价。

#### 2.3.1.3 底层支持系统设计

① 数据库设计：网络货运平台所需的基本数据库主要包括货主数据库、车辆数据库、司机数据库和货源数据库，在此基础上还需进行各个数据库之间的逻辑关联设计和运行

维护管理。

②业务支持系统设计：为确保网络货运平台的正常运行，还需要有相应的硬件设备、运营管理、电子合同、信息匹配、服务保障和增值服务等业务支持。

#### 2.3.1.4 三方对接设计

三方对接主要包括税务对接、设备对接、金融对接、保险对接、ETC 对接、油气卡对接、政府监管平台对接、ERP/SAP/NC 系统对接、地磅系统对接以及其他三方接口对接等。

#### 2.3.1.5 大数据中心设计

大数据中心主要功能包括数据整合、统计分析、行情预测、数据挖掘、报表可视及辅助决策等功能，通过采集各类订单信息、仓储信息、运输装卸信息等，通过对数据的统计、分析、整合，进行深入研究，制定相关策略，提供有力的数据决策支持。

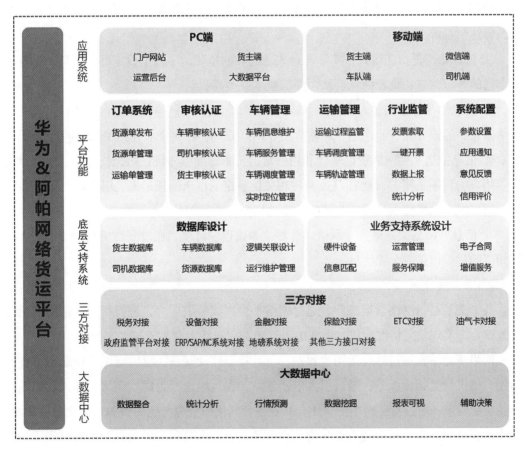

图 2-6　华为 & 阿帕网络货运平台设计框架

### 2.3.2 重点服务内容

#### 2.3.2.1 信息发布

网络货运经营者依托网络平台为托运人、实际承运人提供真实有效的货源及运力信息，并对货源及车源信息进行管理，包括但不限于信息发布、筛选、修改、推送和撤回等功能。

① 信息发布主要包括托运人发布货源信息和实际承运人发布车源信息。其中，货源信息包括货物名称、货物类型、货物重量、货物体积、托运人及其联系方式、运价、结算方式、发货日期、有效日期、始发地、目的地、装货时间以及备注信息等，车源信息则包括车牌号码、车辆类型、车辆长度、最大载重、最大装载体积、运营证、行驶证、年检时间、保险单号、付费方式、始发地、目的地、可承接货物、驾驶员及其联系方式以及备注信息等。

② 信息筛选是指托运人、实际承运人通过在网络货运平台上设定筛选条件，选择适合自己的车源信息、货源信息，从而降低成本或提高收益。

③ 信息修改是指托运人、实际承运人根据实际情况对网络货运平台中的联系方式、货物信息、运输方式、起讫地、运输价格、结算方式、时效要求等相关信息进行修改。

④ 信息推送是指网络货运平台利用一定的技术标准或协议，根据托运人、实际承运人等用户的兴趣来搜索、过滤信息，并将相关信息定期推送给托运人、实际承运人等用户，帮助用户减少网络搜索时间，为其高效率地发掘有价值的信息。

⑤ 信息撤回是指托运人、承运人针对"未处理"订单，通过平台填写撤销原因并撤回相应的货源信息或车源信息。

#### 2.3.2.2 线上交易

线上交易是指网络货运经营者通过网络平台在线组织运力，进行货源、运力资源的有效整合，实现信息精准配置，生成电子运单，完成线上交易。

网络货运平台通过综合运用大数据、云计算、移动互联、卫星定位、物联网等技术为用户提供智慧物流服务；通过引入电子签章，在运输合同生成后满足托运人、司机线上签署的需求；通过与运输企业合作，高效整合其优质货源与运力资源，优化运输路线，加强资源优化配置，从而吸引更多货运企业的加入，平台货源质量得到提高、优质运力得到补充，打破原有物流行业的"熟人经济"与"物流区域化"限制，实现平台运力资源的集约化、规模化。

#### 2.3.2.3 全程监控

全程监控是指网络平台应自行或使用第三方平台对运输地点、轨迹、状态进行动态监控，具备对装货、卸货、结算等进行有效管控的功能和物流信息全流程跟踪、记录、存储、分析能力。

除此之外，网络货运平台还应记录含有时间和地理位置信息的实时行驶轨迹数据，实时展示实际承运驾驶员、车辆运输轨迹，并实现实际承运人相关资格证件到期预警提示、违规行为报警等功能。

#### 2.3.2.4 金融支付

金融支付是指网络平台应具备核销对账、交易明细查询、生成资金流水单等功能，应具备在线支付功能。

① 核销对账是指网络货运平台对运单发票中的有关数据进行检查和核对，检查运单发票记录内容是否完整，有无错记或漏记，总分类账与明细分类账数字是否相等，以做到账证相符、账账相符、账实相符。

② 交易明细查询是指托运人、实际承运人等客户可通过平台对交易明细及历史明细进行查询、下载、打印以及发送邮件等操作。

③ 生成资金流水单是指托运人、实际承运人等客户完成各种业务交易，在收货人确认收货并结算以后，网络货运平台在一段时间内会生成资金流水单，并上传至省级网络货运信息监测系统。

网络货运平台支持现金支付、刷卡支付、第三方支付软件支付等多种支付方式，支持在线运费支付、提现、垫资等各种业务场景，支持日结、周结、月结、季结等多种结算周期，帮助货主和司机方便快捷地完成交易付款，提高结算效率。相比线下交易，网络货运平台的线上支付功能可以提供一定程度的安全保障。

#### 2.3.2.5 咨询投诉

首先，网络货运平台应具备咨询、举报投诉、结果反馈等功能。当托运人、实际承运人等客户向平台提出问题或遇到疑难点时，平台应给出相应的建议或解决方案，为托运人、实际承运人等客户提供咨询服务。其次，网络货运经营者应公开服务电话、投诉方式、处理流程等投诉举报方式，建立便捷有效的投诉举报机制及在线解决机制，有效响应并及时处理客户的投诉举报，不断提高服务质量。最后，在货运过程中可能会遇到各种突发事件或异常状况，比如道路封锁、交通事故、车辆损坏、货物损坏等，网络货运平台要及时记录突发事件并反馈给货主。面对诸如偏离路线、订单超时等异常状况，网络货运平台也会通过短信及时提醒司机，通知其采取补救措施。

#### 2.3.2.6 在线评价

网络货运平台具备对托运、实际承运人进行信用打分及评级的功能，主要包括两个方面：一是平台对货主及司机的相关评价，二是货主与司机之间的相互评价。

① 网络货运平台对实际承运人围绕运输效率、货物安全、服务态度、工作规范等方面进行综合考核评价；对托运人围绕付款及时率、信息真实性等方面进行综合考核评价，并将评价结果在平台上进行公示。根据信用评价结果建立退出机制，一旦实际承运人或托运人信用出现问题，将不能进行接单或派单操作。

② 网络货运平台根据行业特点，建立对业务品质的标准评价功能并提供标准的评价维度指标，通过司机与货主的互评机制，积累司机与货主的诚信度，在提升司机和货主诚信度的同时，有效净化平台内的服务环境。

#### 2.3.2.7 查询统计

网络平台应具备信息查询功能，包括运单、资金流水、运输轨迹、信用记录、投诉处理等信息分类分户查询以及数据统计分析等功能。托运人、实际承运人等可以在网络货运平台上分类分户查询信息发布、线上交易、全程监控、金融支付、咨询投诉、在线评价等各项基础功能所涉及的信息，还可对查询到的信息进行数据统计分析。

#### 2.3.2.8 数据调取

网络平台应具备交通运输、税务等相关部门依法调取数据的条件。网络货运平台应实时上传运单、资金流水单、车辆及驾驶员基本信息、驾驶员位置信息至省级网络货运信息监测系统。交通运输部门可以依法调取车辆、驾驶员的基本信息以及车辆异常信息等。税务部门可以依法调取运单、资金流水单等业务信息以及运单与资金流水单匹配异常信息等。

### 2.3.3 增值服务内容

#### 2.3.3.1 可视化轨迹

网络货运平台可实现车辆实时定位、路线规划、偏离预警以及历史轨迹查看等功能，通过对车辆运行轨迹的可视化处理，更加直观便捷地反映货物的运输实况。

#### 2.3.3.2 在线保险

网络货运平台参与办理保险服务，支持低费率货运险和物流责任险的在线购买，支持保单的查询与下载。在线保险服务在化解平台经营潜在风险的同时，保障托运人和实际承运人的合法权益。参与保险业务的方式取决于网络货运平台与保险公司和保险代理公司的沟通与协商。

#### 2.3.3.3 ETC 服务

网络货运平台通过与相关高速企业合作，共同为实际承运人提供不停车电子收费（ETC）服务。实际承运人可在线申请ETC过路过桥费电子票，获得3%以上进项抵扣。

#### 2.3.3.4 油品服务

网络货运平台依托智能化系统、物联设备和金融支付等为实际承运人提供油品服务，如向司机提供电子油气卡，聚集用油需求、发挥集采优势，使司机用油价格更优惠，加油管理更省心，且可统一开具油品增值税专用发票。

#### 2.3.3.5 电子签章

网络货运平台对电子订单以及运输合同采用数字化签名，提高安全性且具备法律效力。

#### 2.3.3.6 车辆核验

网络货运平台可实现在线全自动核验车辆牌照号、发动机号码、行驶证等信息，确保相关信息真实有效，最大程度保障托运人及实际承运人等客户的利益。

#### 2.3.3.7 OCR 识别

网络货运平台还可实现身份证、驾驶证、行驶证、道路运输证等证件的全自动识别审核，精准率达 99.99%；且能基于活体检测、人脸比对、证件 OCR 识别等技术和公安系统接口，对用户进行实名认证，提高交易的安全性。

#### 2.3.3.8 汽车后市场

网络货运平台通过搭建自有物流商城等方式，拓展经营与运输相关的耗材业务等，拓展业务市场。

#### 2.3.3.9 金融服务

网络货运平台运用区块链技术为客户提供风控建模、垫资授信、运费保理等业务。

## 2.4 网络货运团队搭建

管理学家斯蒂芬·P.罗宾斯认为：团队是由两个或两个以上相互作用、相互依赖的个体，为了实现特定目标而按照一定规则结合在一起的组织。由此可见，团队是一个具备特定功能的有机整体，团队成员有着共同的奋斗目标，并愿意为了实现企业目标而有效合作、共担责任、共享荣辱。团队建设可以促进员工能力的提升，为企业员工提供目标指引，通过员工之间知识和能力的互补来提升企业凝聚力，从而更好地实现共同目标。因此，创建一支卓越的网络货运团队是网络货运平台有效运营的关键所在。网络货运企业要根据实际业务需求，梳理出清晰的组织架构，明确团队的岗位职责与工作分工，进而搭建适合企业发展的团队。

### 2.4.1 设定团队目标

团队搭建的首要任务是确立正确的团队目标，明确分工。只有目标明确，并且将其清晰准确地传达给团队成员，在工作需要和个人能力的基础上明确人员匹配与角色定位，确保团队成员的专业素质与团队目标相契合，才能让团队成员更加清晰明确地将个人目标与团队目标及企业目标进行合理匹配，加强团队成员的目标性，有助于激发团队成员的工作热情和积极性，引导团队成员在各司其职的同时有效合作，共同向着正确的方向努力。

对于网络货运平台而言，一般包括专业的运营团队、技术支持团队、客户服务团队、营销推广团队和财务管理团队等，每个团队目标的设定都要在体现本团队核心业务的基础上，紧紧围绕企业目标，从而实现团队个人目标、团队目标与企业目标的协调统一。

### 2.4.2　招聘与选择团队成员

团队成员是构成团队的核心要素。团队的发展会经历形成阶段、震荡阶段、规范阶段和辉煌阶段，不同成员在性格、工作态度、专业技能、职业素养等方面会存在不同程度的差异，这些差异会给团队的发展及团队目标的实现带来一定的影响。因此，在团队搭建初期，需要根据团队目标及工作需求进行团队成员的招聘与选择。团队成员的招聘可采取内部招聘或外部招聘等方式，综合考虑应聘人员的性格、工作态度、专业技能、职业素养等因素进行团队成员的选择，在注重多样性的同时做好平衡，以形成成员间的优势互补，有效促进团队健康成长，更好地实现团队及企业目标。

例如，网络货运平台的运营团队，在业务上主要负责运力资源池的运营、自动化交易的运营以及企业品牌产品的运营推广等，应具备丰富的物流行业经验，并掌握网络货运平台的运营模式、业务流程和操作规范，同时需要对市场趋势和客户需求有深入的理解，以便更好地制定和执行业务策略。因此，团队成员不仅应有扎实的行业基础知识和丰富的运营能力，还要具备系统的分析能力。技术支持团队需要具备丰富的技术知识和经验，能够应对平台运行中可能出现的各种技术问题。此外，也需要关注新技术的发展趋势，以便及时引入新技术，提高平台的技术水平和竞争力。客户服务团队需要为客户提供标准化的优质服务，不仅要具备良好的沟通能力和服务意识，还应具备对异常情况的处理能力和拆解能力，能够及时对用户提出的问题和投诉提供专业的解决方案，并且能够收集客户的反馈和建议，改进和完善平台服务。

### 2.4.3　建立良好的沟通协调机制

团队的发展需要良好的沟通协调机制。团队效率和凝聚力的提升离不开有效的沟通与协作，而团队在发展过程中难免会因为成员在性格、行为习惯等方面的差异而产生冲突或挫折，因此要建立良好的沟通协调机制，通过定期开展团队会议、举办沟通与协作技巧培训等方式，运用合适的工具和方法确保信息的及时传递和问题的及时解决，帮助团队成员更好地理解彼此，促进团队成员之间尤其是跨部门或跨地域团队之间的良好沟通与协作，减少及消除团队中的各种负面因素对团队正常运转造成的影响，协助团队成员更好地完成任务，实现目标。

### 2.4.4 建立完善的考核与奖惩机制

团队的发展需要一套完善的考核与奖惩机制。一方面，通过设立明确的绩效考核指标，定期对团队成员的工作进展情况进行客观、公正的评估，了解团队工作中的困难与疑虑，并对此做出及时的反馈和给出建议，有助于团队更好地完成工作任务。另一方面，制定有效的奖惩机制，根据绩效考核结果对表现优秀的成员进行激励与奖励，鼓励团队成员积极投入工作，提高工作效率和质量；与此同时，对表现不好的团队成员及时提供指导与帮助，帮助其了解问题症结所在，从而改进工作方法，提高工作效率。

### 2.4.5 创建健康的团队文化

团队文化是一个团队凝聚力的重要组成部分，健康、积极向上的团队文化是团队成员拥有共同价值观、明确目标和团队精神的体现。创建积极向上、团结协作的团队文化，需要团队成员间的有效沟通和相互信任，当然也需要通过一系列培训、活动等方式培养团队的协作意识，从而增强团队的凝聚力和向心力，使团队成员更好地成长，为企业发展做出更大贡献。

# 第 3 章　平台基础及运力信息管理

网络货运平台的基础和运力信息管理是一个涉及多方面内容的系统工程，通过信息化和网络化手段，实现对货物基础和运力信息的集中管理和优化调配，提高货物运输效率和质量。其中，本章基于华为&阿帕NTOCC网络货运平台管理系统，对用户注册与认证、货主管理、品类管理、承运商管理、司机管理、银行卡管理和数据字典等方面的内容进行具体阐述。

## 3.1　用户注册与认证

在华为&阿帕NTOCC网络货运平台中，网络货运平台的用户主要分为托运人和承运人两类。在网络货运平台管理系统中托运人又分为发货人和发货企业，承运人分为司机和车队物流公司。

托运人需要在网络货运平台上注册，选择货主身份，并填写相关的信息。当托运人完成注册后，网络货运经营者应在平台上登记并核对托运人信息，留存营业执照扫描件或有效证件扫描件。之后，托运人登录网络货运平台，进入发布页面按要求准确填写货源信息。同样地，承运人也需要在网络货运平台上注册，选择车主身份，并填写相关的信息。此时网络货运经营者应对承运人资质信息进行审核，通过审核后方能委托其承担运输业务。然后，承运人登录网络货运平台，进入发布页面按要求准确填写车源信息。以下是网络货运平台的用户在NTOCC网络货运平台PC端的注册流程。

（1）首先在NTOCC网络货运平台的首页界面（图3-1），点击注册按钮进入注册页面（图3-2）。

（2）注册操作。根据系统提示完成填写操作，具体内容包括用户名、手机号、密码、身份等相应的账户信息，之后点击注册按钮，注册对应的角色。

图 3-1　首页

图 3-2　注册页面

## 3.2　货主管理

网络货运平台中的货主可利用数字化市场的功能，增加对司机的选择，减少中间商层级，并通过承运商竞价降低成本，使本身的流程与运输结合得更紧密。网络货运平台作为新业态，平台以承运商的角色出现，提供合理的价格从货主手中揽收货物、承接运输业务。通过打破传统的地域、关系网等限制，将运输车队、个体运输户集聚于平台公平竞争，大数据的采集、算法的优化保障了交易处理的高效率，可以以最低成本做到为平台精准匹配运力。通过拥有较强专业服务水平的优质网络货运平台和丰富的运力资源，能够有效降低运营成本。货主将物流业务交付给网络货运平台，进行规范化的管理，也可以减少运输成本。

在网络货运平台管理系统中对于货主管理的操作具体如下，在左边工具栏中打开基础信息，在下方分类中找到货主管理。管理货主总共有四项方式：查询、新增、设置必填项和导出。根据人员规模主要将货主管理分为两类：一类是个体货主，另一类是企业货主。

### 3.2.1 个体货主

网络货运中的个体货主是指以个人身份从事货物供应和物流交易的个人经营者。他们通过网络货运平台发布货物信息并与物流公司或个人司机进行交易，参与网络货运活动。

个体货主在网络货运中享有与其他参与者相同的权利和义务。他们可以自由选择物流提供商，并根据自己的需求与物流公司或个人司机协商运输方案。个体货主有权评价物流服务质量，并要求合规支付运费并获得相关发票。同时，个体货主也有一定的义务。他们需要提供准确、完整的货物信息，并确保其合法性。在货物运输过程中，个体货主需要按照约定的时间、地点接收货物，并根据实际情况确认交易完成。此外，个体货主也需要遵守相关法律法规，不得从事违法活动或发布违法信息。

在网络货运平台管理系统中个体货主的管理具体包括以下信息：机构、审核状态、托运人姓名、联系方式、身份证到期日期、服务费比例、是否月结、是否独立核算、保证金基准、保证金余额、创建时间、审核时间。具体操作如下。

（1）创建。点击"新增"可以创建一个新的个体货主，将系统所提供的信息填写完成即可完成创建（图3-3）。主要信息包括姓名、手机号、身份证号、所在区域、证件照片、详细地址等相关信息，在页面下端有选项：是否为月结客户、是否独立核算、是否装货确认、是否卸货确认、货源是否需要平台审核、是否需要发货保证金，货主可以根据实际需要进行选择（图3-4）。

图3-3　创建操作

第 3 章　平台基础及运力信息管理 | 31

图 3-4　创建填写页面

（2）修改操作。当货主信息有所变动时，平台管理员可以根据货主的实际情况，在页面最右端点击"编辑"来修改货主信息。（图 3-5）

图 3-5　修改页面

（3）删除操作。在删除运单时，需要确认货主是否存在未完成的运单和未对账的月结单，并确保货主无欠款，在平台的各项余额均为 0 时，才可以进行删除操作。（图 3-6）

图 3-6　删除页面

（4）审核操作。App 注册完成后，维护信息或修改信息需要平台进行审核。平台审核通过后，货主的信息才可以在 App 页面显示或更新。平台管理创建账号无需审核，状态为审核已通过。系统管理员的信息审核功能进一步确保了货主信息的真实性，以保障物流活动的有序进行。（图 3-7）

图 3-7 审核页面

（5）设置必填项操作。设置必填项是系统管理员的操作权力，管理员可设置后台新增、编辑货主以及 App 认证时哪些字段必填，一般是货主的个人信息以及与物流活动相关的重要信息。（图 3-8）

图 3-8 设置必填项页面

### 3.2.2 企业货主

网络货运中的企业货主是指以企业身份从事货物供应和物流交易的企业。他们通过网络货运平台发布货物信息并与物流公司或个人司机进行交易，参与网络货运活动。

企业货主在网络货运平台管理系统中具体的信息包括：机构、企业名称、统一社会信用代码、联系人、联系方式、服务费比例、是否月结、是否独立核算、保证金基准、保证金余额、创建时间、审核时间。

（1）创建。点击"新增"可以创建一个新的企业货主，将系统所提供的信息填写完成即可完成创建（图 3-9）。主要信息包括姓名、企业名称、手机号、身份证号、所在区域、证件照片、详细地址和信用代码等。在页面下端有选项：是否为月结客户、是否独立核算、是否装货确认、是否卸货确认、货源是否需要平台审核、是否需要发货保证金，货主可以根据实际需要进行选择。具体填写内容如图 3-10 所示。

第 3 章　平台基础及运力信息管理 | 33

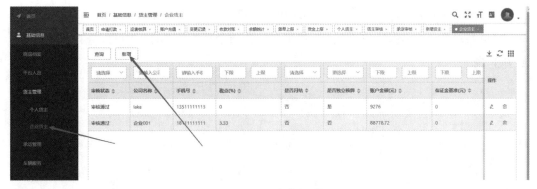

图 3-9　创建操作

图 3-10　填写资料页面

（2）修改操作。当企业货主信息有所变动时，平台管理员可以根据企业的实际情况，打开企业货主界面，在右侧操作界面单击"编辑"按钮，即可对相关信息进行修改操作。（图 3-11）

图 3-11　修改页面

（3）删除操作。在进行删除运单操作时，需要确认货主是否存在未完成的运单和未对账的月结单，并确保货主无欠款，在平台的各项余额均为0时，才可以进行删除操作。（图3-12）

图3-12　删除页面

（4）审核操作。App注册完成后，维护信息或修改信息需要平台进行审核。平台审核通过后，货主的信息才可以在App页面显示或更新。平台管理创建账号无需审核，状态为审核已通过。系统管理员的信息审核功能进一步确保了货主信息的真实性。（图3-13）

图3-13　审核页面

（5）设置必填项操作。在企业货主界面，管理员可设置后台新增、编辑货主以及App认证时哪些字段需要必填，一般是货主的个人信息以及与物流活动相关的重要信息。（图3-14）

图3-14　设置必填项页面

## 3.3 品类管理

### 3.3.1 商品分类

货物运输商品分类是为了满足某种需求，选择恰当的分类标志或特征，将商品集合总体逐级划分为一系列不同的大类、中类、小类、品类、细品直至最小单元，并在此基础上进行系统编排，形成一个有层次的、逐级展开的商品分类体系的过程。在商品分类时必须首先明确分类商品的范围，明确商品分类的目的，选择适当的分类标志。为了便于商品的管理，NTOCC 网络货运平台将商品分为 17 个大类，商品分类及编号如表 3-1 所示。

表 3-1 商品分类及编号

| 品类 | 煤炭及制品 | 金属矿石 | 钢铁 | 矿建材料 | 水泥 | 木材 | 非金属矿石 | 盐 | 粮食 |
|---|---|---|---|---|---|---|---|---|---|
| 编号 | 0100 | 0300 | 0400 | 0500 | 0600 | 0700 | 0800 | 1000 | 1100 |
| 品类 | 机械、设备、电器 | 轻工原料及制品 | 有色金属 | 轻工医药产品 | 鲜活农产品 | 冷藏冷冻货物 | 商品汽车 | 其他 | |
| 编号 | 1200 | 1300 | 1400 | 1500 | 1601 | 1602 | 1701 | 1700 | |

商品的分类有助于更好地保存保管和运送商品，保证商品质量，提高服务品质和客户满意度。不同类型的商品对运输工具的要求有所不同，须根据商品特征指派相适应的运输工具。

### 3.3.2 品类管理的步骤

品类管理的具体操作如下：打开网络货运平台管理系统，左边工具栏中选择基础信息，在下方分类中找到数据字典，数字字典中包含商品档案即可查询商品类型。商品类型是由父类和子类两部分组成的包含关系，父类商品项下包含若干个子类商品类型，管理员可根据实际需求，选择相应的商品类型，点击"+"来增加该商品种类的子类商品，具体如图 3-15 所示。

图 3-15 品类管理页面

## 3.4 承运商管理

承运商是指本人或者委托他人以本人名义与托运人订立货物运输合同的人。实际承运商是指接受承运商委托，从事货物运输或者部分运输的人，包括接受转委托从事此项运输的其他人。我们这里所讲的承运商管理主要是指实际承运商。

### 3.4.1 实际承运商的概念及责任

实际承运商，指接受网络货运经营者委托，使用符合条件的载货汽车和驾驶员，实际从事道路货物运输的经营者。网络货运平台中的实际承运商，可通过数字化货运与物流市场之间的运作，找到更多的托运人。

实际承运商的责任期间是指从承运商处接收货物时起至收货人处交付货物时止，货物处于实际承运商掌管之下的全部时段。承运商的责任期间是指从托运人处接收货物时起至收货人处交付货物时止，货物处于承运商掌管之下的全部时段。货物发生灭失或者损坏，承运商应当负赔偿责任。承运商将货物运输委托给实际承运商履行的，除合同另有约定，承运商仍然应当对全部运输负责。

### 3.4.2 承运商的分类

货运汽车种类繁多，不同的车型具有不同的性能和使用范围，可以根据自身特点承担不同的货运任务。按运输货物种类分，道路货物运输承运商可分成零担货物运输承运商、整批货物运输承运商、危险货物运输承运商、专用货物运输承运商(集装箱运输承运商、冷藏保鲜运输承运商、罐式容器运输承运商、车辆运输承运商)。

零担货物运输是指托运人一次托运货物计费重量在3吨级以下的运输；整批货物运输是指托运人一次托运货物计费重量在3吨以上，或者不足3吨却因其性质、体积或形状需要一辆汽车运输的货运，集装箱汽车运输指用集装箱装载货物，使用汽车运输的货运；大型特型笨重物件运输指因货物体积、重量较大，需要专门的汽车进行运输的货运；快件货物运输指按托运人要求，在规定的时间和距离内，采取即托即运的方式将货物及时运达的货运；危险货物汽车运输指对易燃易爆、具有腐蚀性、有毒、有放射性等危险货物进行运输的货运。作为物流行业的关键参与者，承运商承担着运输货物的职责。根据运输货物种类划分承运商类型，有助于承运商在货物运输过程中确保货物安全地送达目的地，并在运输过程中保护货物的完整性，保证物流服务质量。

### 3.4.3 承运商管理的内容

在没有数字化货运市场时，托运人和实际承运商双方常局限于信息共享度低，使得交易效率降低，增加了交易成本。而现在，我们可以使用网络货运平台管理系统对承运商进行信息化管理。左边工具栏中打开基础信息，在下方分类中找到承运管理。承运管理中包含四个部分：车队管理、司机管理、平台车辆和车辆地图，具体各个部分包含的信息内容如图3-16所示。

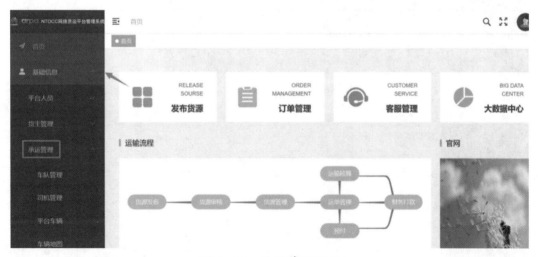

图3-16 承运管理页面

车队管理的内容包括：审核状态、审核时间、车队名称、联系人、联系方式、身份证号、身份证到期日期、是否清分、清分比率、法人代表名称、统一信用代码、道路运输经营许可证号、注册时间。

司机管理的内容包括：审核状态、审核时间、驾驶员姓名、联系方式、身份证号、身份证到期日期、车辆牌照号、机动车驾驶证号、驾驶证到期日期、车辆行驶证档案编号、车辆行驶证到期日期、道路运输证号、道路运输证到期日期、道路运输从业资格证号、道路运输从业资格证到期日期、是否挂车、挂车车牌号、总质量/挂车车头整备质量、核定载质量/准牵引总质量、注册时间、车辆入网。

平台车辆的内容包括：车队名称、驾驶员姓名、联系方式、车辆牌照号、车辆分类、车辆核定载质量、审核状态、载重状态、是否备案、定位来源、创建时间、车辆入网。

车辆地图：车辆地图可以实时查询线上车辆数、在途车辆数以及输入车牌号查询车辆的地理位置、回放轨迹，具体如图3-17所示。车辆地图的使用有利于车辆指派和车辆调度等，高效快速地为货主提供可利用的车辆资源，提高司机和货主之间的匹配效率和车货匹配度（图3-18）。

图3-17 车辆地图搜索页面

图3-18 车辆地图显示页面

## 3.5 司机管理

司机管理可分为独立司机、车队和车队司机三类，司机管理属于承运商管理的一部分，对司机管理的具体操作如图 3-19 所示。打开网络货运平台管理系统，打开左边工具栏中的基础信息，在下方分类中找到承运管理。承运管理中包含司机管理，其功能有：查询、新增、设置必填项和导出。

### 3.5.1 独立司机

独立司机指的是以个人名义从事货运业务，承接货物的运输、配送、搬运等服务的个人经营者。独立司机一般是通过自有车辆或租赁车辆为客户提供货物的运输服务。

独立司机通常会与货主（如企事业单位、电商平台、个人商家等）建立合作关系，接受货主的委托，根据实际需求运送货物到指定地点。他们通常会拥有专用运输工具，比如货车、小货车、面包车等，来进行货物的运输。

独立司机的服务范围相对灵活，并且可以根据客户的需求和市场状况进行调整。他们提供的服务除了货物的运输外，还可能涉及货物的装卸、仓储、配送中心等环节。独立司机常常依靠自己的专业知识和经验来确保运输过程的顺利进行。

总的来说，独立司机在网络货运中担任重要的角色，为各类客户提供货物运输服务，促进了经济的发展和物流供应链的畅通。

（1）新增司机。点击"新增"可以创建一个新的独立司机，按照提示填写对应的司机信息，即可完成创建（图 3-19）。包含的信息有：姓名、手机号、身份证号、从业资格证、准驾车型等，具体填写内容如图 3-20 所示。

图 3-19　新增司机页面

图 3-20　填写信息页面

（2）修改信息操作。当司机的信息有所变动时，平台管理员可以根据司机的实际情况，打开司机管理界面，在右侧操作界面单击"编辑"按钮，即可对相关信息进行修改操作，具体如图 3-21 所示。

图 3-21　修改信息页面

（3）删除操作。在进行删除司机信息操作时，需要确认该司机无未完成订单并确保其账户余额为 0，才可以进行删除操作。删除操作具体如图 3-22 所示。

图 3-22　删除页面

（4）万金油余额查询操作。单击司机管理界面中的"万金油余额"按钮即可查看司机万金油账户余额，具体如图 3-23 所示。

图 3-23　查看万金油余额页面

（5）万金油余额回收操作。若需回收司机柴油或者天然气账户的全部余额到平台企业账户，可单击司机管理界面中的"万金油余额回收"按钮，具体如图 3-24 所示。

图 3-24　万金油余额回收页面

（6）万金油待领取撤销操作。可撤销司机未领取的柴油或者天然气金额到平台企业账户，具体操作如图 3-25（需注意：企业可在万金油平台设置分配油点后司机是否需要领取）。

图 3-25　万金油待领取撤销页面

（7）审核操作。在完成 App 注册的司机信息、维护信息或修改信息时，完成保存操作后，需要在 Web 端进行审核。在页面整车运输下方单击"审核管理"，打开承运审核界面，单击右方操作界面的审核按钮，即可完成审核操作，具体如图 3-26 所示。

图 3-26　审核页面

（8）设置必填项。在基础信息界面单击承运管理，打开司机审核界面，系统管理员可设置后台新增、编辑独立司机和车队司机以及 App 认证时哪些字段需要必填，一般必填的信息包括姓名、手机号码、身份证号等个人信息以及车辆信息，设置必填项可以使司机的信息较为全面，提高车货匹配效率，为物流服务质量提供保障。（图3-27）

图 3-27　设置必填项页面

### 3.5.2　车队管理

网络货运中的车队通常是指物流公司或运输公司拥有的车辆车队。这些车队通常包括各种类型的货车、卡车和车辆，用于货物运输业务。

（1）创建车队。单击"新增"按钮即可完成创建操作，具体如图 3-28 所示。单击基础信息下方的承运管理模块，打开车队管理界面，完成相关信息的填写，主要包括车队名称、联系人的相关信息、统一社会信用代码、道路经营许可证号、法人姓名、证件的相关照片等，具体填写内容如图 3-29 所示。

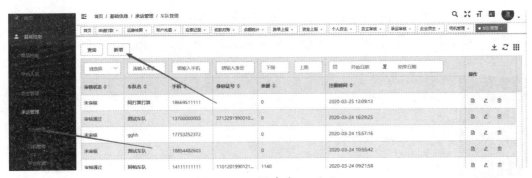

图 3-28　创建车队页面

图 3-29 填写信息页面

（2）修改操作。当车队信息有所变动时，平台管理员可以根据车队的实际情况，在车队管理界面右侧操作栏单击"编辑"按钮，即可完成修改操作，具体如图 3-30 所示。

图 3-30 修改页面

（3）删除操作。在删除运单时，需要确认该车队无未完成订单并确保其账户余额为 0，才可以进行删除操作，具体如图 3-31 所示。

图 3-31 删除页面

（4）审核操作。在完成 App 注册的车队信息、维护信息或修改信息并完成保存操作后，需要在 Web 端进行审核。在页面整车运输下方单击"审核管理"，打开承运审核界面，单击右方操作界面的审核按钮，即可完成审核操作，具体如图 3-32 所示。

图 3-32　审核页面

### 3.5.3　车队司机

（1）新增车队司机操作。单击基础信息下方的承运管理模块，打开车队管理界面，在编辑车队界面中选择车队司机模块（图 3-33），完成相关信息的填写后，具体填写内容如图 3-34 所示，单击"新增"按钮即可完成创建操作。（注意：车队管理中新建司机操作在绑定时司机与车辆绑定关系为一一对应，解绑后方可更换车辆。被车队长或平台冻结后的司机，无法进行接单装卸货功能）

图 3-33　新增司机页面

图 3-34　填写信息页面

（2）新增车辆操作。单击基础信息下方的承运管理模块，打开车队管理界面，在编辑车队界面中选择车队车辆模块，完成相关信息的填写后，单击"新增"按钮即可完成创建操作，具体如图3-35所示（注意：被车队长或平台冻结后的车辆，无法进行绑定司机）。

图3-35 车队车辆创建页面

（3）车队添加邀请/添加独立司机加入车队操作。车队长对于加入车队的独立司机仅有清出车队的操作，无法解绑/冻结操作，车队长可以直接删除自己创建的车队司机（该车队司机下没有未完成的运单，未与车辆绑定），具体如图3-36所示。

图3-36 车队长邀请司机页面

（4）万金油余额查询操作。单击车队司机界面中的万金油余额按钮即可查看车队万金油账户余额，具体如图3-37所示。

图3-37 万金油余额页面

（5）万金油余额回收操作。若需回收车队柴油或者天然气账户的全部余额到平台企业账户，可单击车队司机界面中的万金油余额回收按钮，具体如图3-38所示。

图 3-38　万金油余额回收页面

（6）万金油待领取撤销操作。若撤销司机未领取的柴油或者天然气金额到平台企业账户，单击车队司机界面右侧操作栏中的万金油待领取撤销按钮，具体如图 3-39 所示（注意：企业可在万金油平台设置分配油点后司机是否需要领取）。

图 3-39　万金油待领取撤销页面

## 3.6　银行卡管理

网络货运平台管理系统对银行卡实现账户线上管理、高频次支付结算、全流程账务核对等功能，以保证网络货运平台业务的有序开展。

打开网络货运平台管理系统，左边工具栏中选择基础信息（图 3-40），打开银行管理界面，完成相关信息填写，具体如图 3-41 所示。银行管理的内容包括：机构名称、是否默认卡、联系人姓名、用户电话、角色类型、开户名、银行预留手机号、银行卡号、开户银行、开户城市、开户网点、账户类型、创建时间、修改时间信息。

图 3-40　银行管理页面

图 3-41　填写信息页面

## 3.7　数据字典

### 3.7.1　数据字典的概念及作用

数据字典是一种记录和描述数据元素的工具，它可以用来存储和管理相关数据的定义、结构、属性和关系等信息。它是一种用户可以访问的记录数据库和应用程序元数据的目录。在网络货运中，数据字典可以用来定义和描述数据元素的基本信息，包括数据的名称、类型、长度、格式、取值范围等。例如，通过数据字典，可以清楚地了解数据的含义和特性，方便数据的使用和理解。数据字典可以作为数据管理和共享的工具，通过记录和管理数据元素的定义和描述信息，可以方便地查找、访问和维护数据，实现数据的共享和共用。数据字典的作用主要包括以下几个方面：

（1）统一数据通用语言：数据字典可以提供统一的数据元素定义，使不同的人在不同的环境下都能够使用相同的术语，降低文档沟通的成本，提高协作效率。

（2）减少重复开发：在数据字典中定义好了数据元素之后，可以避免在系统中反复定义相同的数据元素，减少重复的开发工作；同时，也可以避免对同一个数据元素进行多种描述，降低维护成本。

（3）提高数据质量：通过数据字典的统一规范，可以保证数据元素的准确性，并且可以对数据的有效性、完整性、一致性、可操作性等进行有效的管理和控制，提高数据质量。

（4）方便系统维护和改进：通过数据字典的记录，可以提供对系统中数据的结构和流向的全面了解，使得在维护和改进系统时更加得心应手，减少出错概率。

（5）提高数据安全性和保密性：数据字典可以对敏感或者机密数据进行加密或授权访问，保证数据的安全性和保密性。

### 3.7.2 数据字典的使用

打开网络货运平台管理系统，左边工具栏中选择基础信息，打开数据字典界面。数据字典包括商品档案、车型管理、增值类型和银行类型这四个方面，具体如图 3-42 所示。

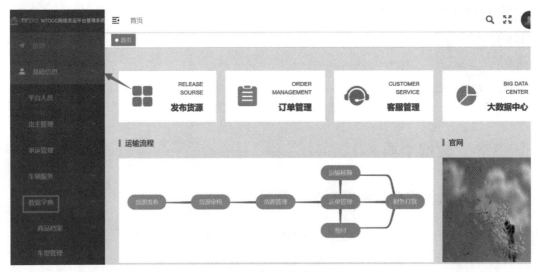

图 3-42 数据字典页面

商品档案中的商品类型是由父类和子类两部分组成，两者是包含关系，父类商品项下包含若干个子类商品类型。管理员可根据实际需求，选择相应的商品类型，点击数据字典下方的商品类型界面中的"+"按钮增加该商品种类的子类商品，具体如图 3-43 所示。

图 3-43 添加子类商品页面

卡车种类繁多，形式各异。按载重量划分，可以分为微型卡车、轻型卡车、中型卡车和重型卡车。重型卡车指车长大于等于 6 米，总质量大于等于 12 吨的大吨位的载货汽车，适用于拉运大型设备、机具等不可拆卸的物品。中型卡车指车长大于等于 6 米，总质量大于等于 4.5 吨且小于 12 吨，车长通常为 9.6 米、13 米、17.5 米，可以装载从 18 吨到 35 吨之间的货物。轻型卡车指车长小于 6 米，总质量小于 4.5 吨，均为两轴车辆，长度通常为 4.2 米、4.8 米、6.2 米、6.8 米、7.5 米、8.6 米，装载重量在 2 吨到 12 吨之间。微型卡车指车长小于等于 3.5 米，总质量小于等于 1.8 吨，驾驶室分为单排座和双排座的货车，这类车辆的载重在 0.3 吨到 1 吨之间。

车型管理包括的信息有：机构名称、车辆编码、车辆名称、状态。单击车型管理界面中的新增按钮（图 3-44），完成相关信息的填写，具体如图 3-45 所示。

图 3-44　车辆管理页面

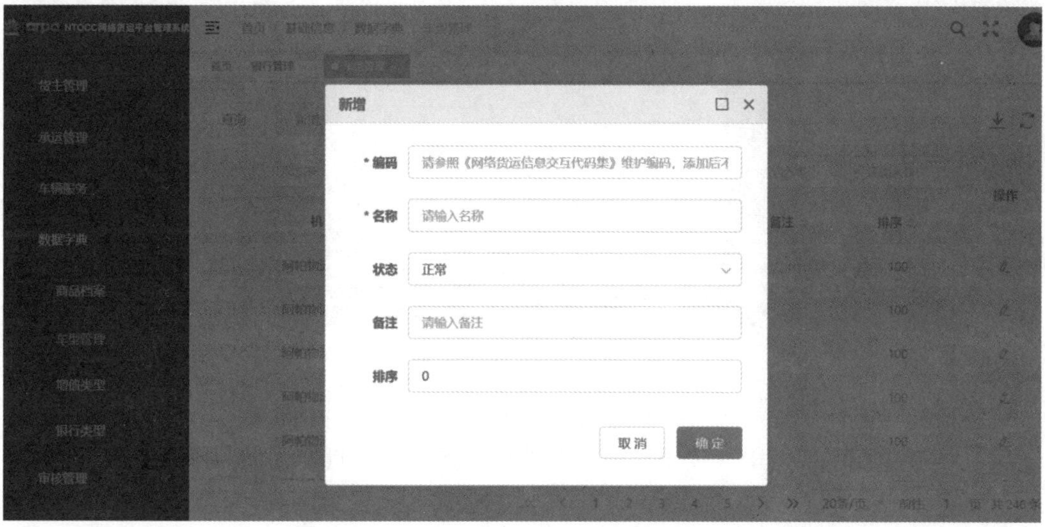

图 3-45　填写信息页面

增值类型包含的信息有：机构名称、增值类型的编码、增值类型的名称、状态和备注。常见的物流运输服务费用大致可以分为：运费、保险费、接货费、短运费、叉车费、打包费、送货费、卸货费、上楼费、开票费等等（图3-46）。单击增值类型界面的"新增"按钮，完成相关信息的填写，具体如图3-47所示即可完成新增操作。

图3-46 增值类型页面

图3-47 填写信息页面

银行类型包含的信息有：机构名称、银行编码、名称、状态、备注（图3-48）。单击银行类型界面的"新增"按钮，完成相关信息的填写，具体如图3-49所示，即可完成新增操作。

图 3-48 银行类型页面

图 3-49 填写信息页面

# 第 4 章　平台货源发布与承运管理

网络货运平台是连接司机、货主及网络货运经营者的纽带，他们通过网络货运平台进行交易，做到公平、公正、合法的交易，货主可通过平台发布货源信息，司机可在平台上面进行多种模式接单，网络货运经营者则通过审核相关资质，最终达成交易。

## 4.1　货源发布管理

网络货运经营者依托网络平台为托运人、实际承运人提供真实有效的货源及运力信息，并对货源及车源信息进行管理，包括但不限于信息发布、筛选、修改、推送撤回等功能。利用大数据、人工智能等数字技术集聚与整合物流资源，有力提高了物流效率，大大降低了物流成本，更好地解决了车货匹配的难题。

### 4.1.1　货源发布流程

#### 4.1.1.1　生成货源单

操作步骤：整车运输→货源管理→发布货源菜单，进入发布货源页面。

（1）填写装卸货信息。填写发货人和卸货人信息，装卸货地址都是根据国家规定的行政编码同步和平台信息上报相对应，具体如图 4-1 所示。

图 4-1　填写装卸货信息页面

点击选择装卸货地址，手动填写详细信息，包括装货人、卸货人及对应电话信息，具体如图 4-2 所示。

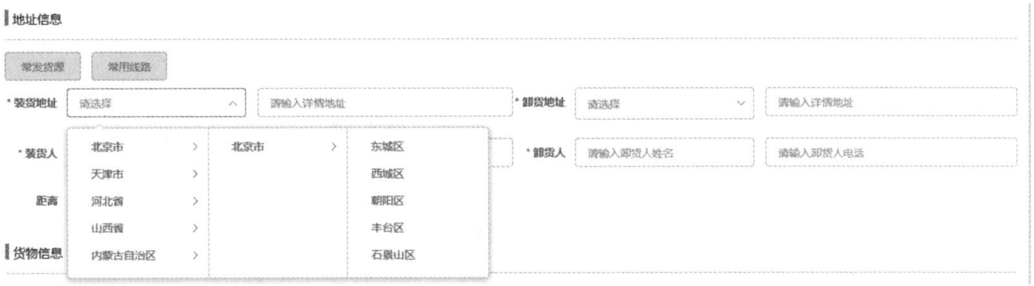

图 4-2　填写信息页面

点击上方的常用线路，完成选择常用线路操作后，系统将自动生成装卸货地址、装卸货人和对应的电话信息，之后进行货源装卸货时间选择操作，具体如图 4-3、图 4-4 和图 4-5 所示。

图 4-3　常用路线选择页面

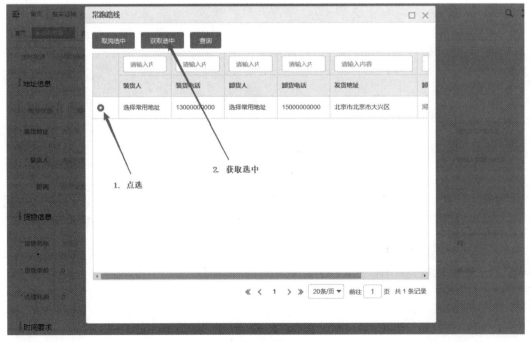

图 4-4　常用路线选取页面

图 4-5  选择货源装卸货时间页面

（2）填写货物信息。该模块主要填写货物相关信息，主要包括货物数量、货物单价、运费单价、合理损耗、车数需求等信息，具体如图 4-6 所示（注意：在选择货物名称前，需提前维护好该货物名称大类下的小类名称，维护路径为选择基础信息下方的数据字典，打开商品档案界面进行相关操作）。

图 4-6  填写货物信息页面

（3）填写货物单价操作。货物本身价格，用于司机运输中亏吨时计算运费，同时计算单位与货物计量单位互通统一，具体如图 4-7 所示。

图 4-7  填写货物单价页面

（4）填写运费单价操作。计费模式共有两种类型，分别为按车计费和按承运数量计费，具体如图 4-8 所示。其中，按车计费，不论每车承运多少货物固定一车运费为运费单价；按承运数量计费，总运费＝运费单价 × 货物数量。

第 4 章 平台货源发布与承运管理 | 55

图 4-8 填写运费单价页面

（5）填写合理损耗信息操作。合理损耗共有三种情况，分别为不计、固定数量和千分比，具体如图 4-9 所示。其中，不计为无论运输中亏吨多少都按照装货数量计算；固定数量为无论在运输中每车损耗多少，到达设定的固定数量时，多余损耗数量不再计算；千分比为按照每车承运数量进行千分比计算；亏吨超出合理损耗部分数量按照货物单价计算扣除司机运费，填写为 0 代表不允许损耗；选择不计代表无论亏吨多少都不对司机进行扣费。

图 4-9 填写合理损耗信息页面

（6）填写车数要求操作。系统信息通常默认为 0，代表不对车数进行限制，司机可根据实际情况自行选择接单数量，数量为 1 时代表司机一车全部接取完毕，大于 1 时根据需求车数对货物数量进行均分。填写车数要求时，司机不可进行选择每车承运数量，只可选择接取车数，当选择购买保险时，车数要求必须填写。具体如图 4-10 所示。

图 4-10 填写车数要求页面

（7）报价信息费用。报价信息主要包括展示的该货源单，是否是竞价单，如果选择是，需要填写一个允许的最高报价，系统默认展示"否"，若司机填写一个小于最高竞价价格，需要货主在该货源单下，进行选择竞价承运（注：司机填写竞价价格小于等于运费单价时，该货源单直接竞价成功），具体如图 4-11 所示。

图 4-11 选择报价信息费用页面

（8）其他信息。其他信息主要包括指定司机、用车类型、车长选择、购买保险等相关信息，具体如图 4-12 所示。其中，指定司机为选择指定司机后，该货源单为指定运输单，发布货源后该货源单只会被指定的一个或几个司机所看到；用车类型为可以选择一种货主想要使用的车型来选择性承运；车长选择为根据需求选承运的车辆长度；购买保险为选择购买保险后，则对该货源单下的均购买相同金额保险（该选项不选择时默认为：不购买）；对于上游客户先维护上游客户的单价，选择吨单位运输，应收：吨 × 单价吨（方）× 单价 × 公里。应收金额可以进行修改，用于企业货主与其上游客户对账使用。

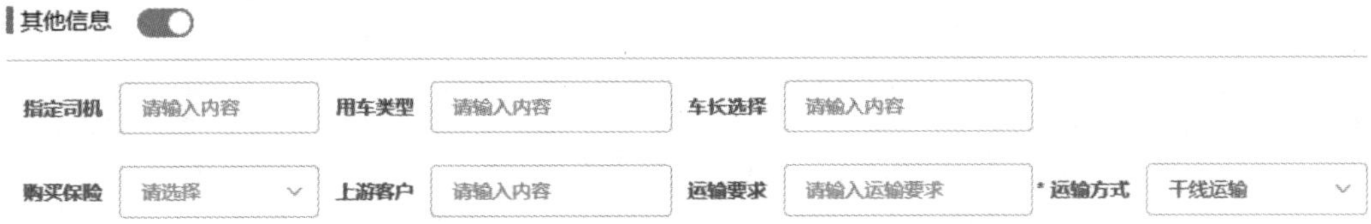

图 4-12 其他信息页面

#### 4.1.1.2 货源单审核

货源单是否需要审核和货主的状态有关，如该货主在新增或编辑时勾选了"货源是否需要平台审核"，则该货源单发布后，不会直接被司机看到，需要平台进行审核后，司机才可以接单，具体如图 4-13 所示（注：如果该货主，货源需要平台审核，那么发布的货源单不会被司机立即看到；如果该货主的货源需要平台审核，没有勾选，那么发布的货源单会立即被司机看到）。货源单审核具体操作步骤：货源管理→货源审核，查看所有需要审核的运单，如图 4-14 所示。点击审核按钮，确定司机承运单价，如图 4-15 所示；审核通过后，才可以在货源大厅看到。

图 4-13 货源单审核页面

图 4-14 查看审核运单页面

图 4-15　价格调整页面

#### 4.1.1.3 移动端 App 发布货源单

近年来,物流业发展迅速,而随着移动互联网和智能手机的普及,物流业开始逐渐向数字化、智能化、信息化方向发展。在这个背景下,各种物流 App 层出不穷。作为货主,通过移动端 App 可以发布货源单,快速找到物流公司和司机,轻松管理货物信息,实时查询货物运输状态。同时,还可以通过物流 App 实现订单委托、价格比较、物流费用结算、评价司机等多种功能,让物流管理更高效。

(1) 发布货源单。操作步骤:点击首页→发布货源,填写货物名称、货物数量、货物单价、运输单价、装车时间、卸车时间(卸车时间需大于装车时间)等信息,完成相关信息输入操作后,点击"下单"按钮,则下单成功。(图 4-16)

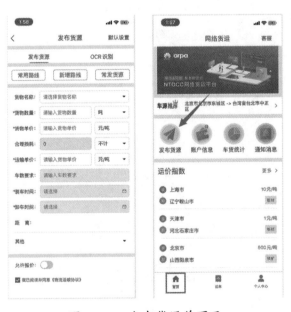

图 4-16　发布货源单页面

(2) 修改货源单。若该货源单未有司机接单,则进行该操作;如果未有司机接单,则无法进行修改货源单操作。操作步骤:进入我的货源→查看未有司机接单的订单→点击修改按钮→修改货源单信息，具体如图4-17所示。

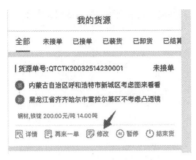

图4-17　修改货源单页面

（3）删除货源单。若该货源单未有司机接单，则进行该操作；如果未有司机进行接单，则无法进行删除货源单操作。操作步骤：进入我的货源→查看未有司机接单的订单→点击删除按钮→删除货源单信息，如图4-18所示。

图4-18　删除货源单页面

（4）货源单详情。操作步骤：进入我的货源→点击详情，可查看该货源单的接单情况和货源单信息。（图4-19）

图4-19　货源单详情页面

### 4.1.2　货源管理

货源管理主要包括发布货源、货源管理、货源大厅、货源审核四个部分。

#### 4.1.2.1 发布货源

填写货源相关信息,进行货源单发布操作,具体内容如图 4-20 所示。

图 4-20 发布货源页面

#### 4.1.2.2 货源管理

货源单管理主要包括查询、修改等操作。单击货源管理右侧操作栏的相关按钮即可进行查询、修改等相关操作,具体如图 4-21 所示。

图 4-21 货源管理页面

#### 4.1.2.3 货源大厅

司机可以在后台查询货源,并进行接单操作。具体操作为单击货源管理下的"货源大厅",打开货源大厅界面,根据需求填写相关信息,单击"查询"按钮即可完成查询操作,具体如图 4-22 所示。

图 4-22 货源大厅页面

#### 4.1.2.4 货源审核

在完成货源相关信息的填写操作后,需要对货源信息进行审核,单击货源管理下方的"货源审核",打开货源审核界面,对需要进行审核的货源单进行查询,单击右侧操作栏的审核按钮进行审核操作,具体如图4-23所示。

图4-23 货源审核页面

## 4.2 承运接单管理

### 4.2.1 承运管理

承运管理主要包含车队管理、司机管理、平台车辆、车辆地图四个部分。具体打开相关界面操作步骤为:单击基础信息→承运管理(车队管理、司机管理、平台车辆、车辆地图)。

#### 4.2.1.1 车队管理

车队管理主要包括查询、修改等操作。单击车队管理右侧操作栏的相关按钮即可进行查询、修改等相关操作,具体如图4-24所示。

图4-24 车队管理页面

#### 4.2.1.2 司机管理

司机管理主要包括查询、修改等操作。单击司机管理查询、新增和右侧操作栏的相关按钮即可进行查询、修改等相关操作,具体如图4-25所示。

图 4-25  司机管理页面

#### 4.2.1.3 平台车辆

平台车辆具体包括车辆信息、查看车辆位置、冻结车辆等相关信息。单击司机管理查询、新增和右侧操作栏的相关按钮即可进行查询、修改等相关操作，具体如图 4-26 所示。

图 4-26  平台车辆页面

#### 4.2.1.4 车辆地图

车辆地图可为平台车辆提供定位查询、回放轨迹等功能。打开承运管理下的车辆地图界面，单击"查询车辆"即可进行查询操作，如图 4-27 所示。

图 4-27  车辆地图页面

## 4.2.2 承运接单

### 4.2.2.1 指派司机

（1）操作步骤：打开货源单列表界面，通过"勾选操作"指派独立司机、挂靠司机或者车队长，完成选择操作后，单击"确定"按钮，具体如图4-28所示。打开货源管理界面，单击右侧操作栏的推送功能按钮，可将货源相关信息进行推送，具体如图4-29所示。

图4-28 勾选页面

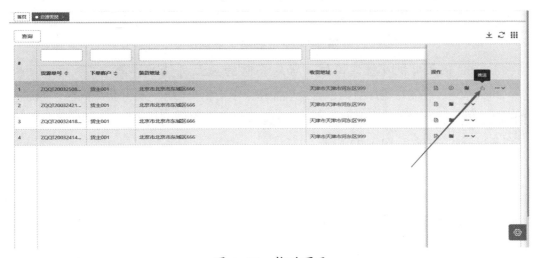

图4-29 推送页面

（2）指定司机功能。发布或者修改货源单时指派独立司机、挂靠司机或者车队长（可选择一个或多个承运角色），具体如图 4–30 和图 4–31所示。

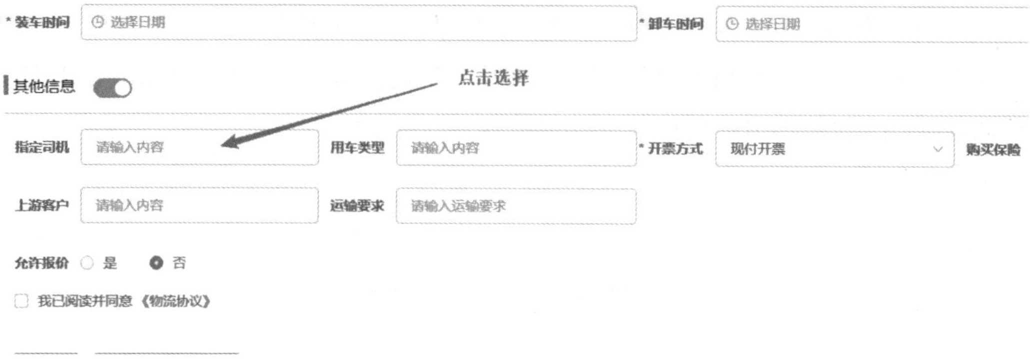


图 4–30　指定司机页面

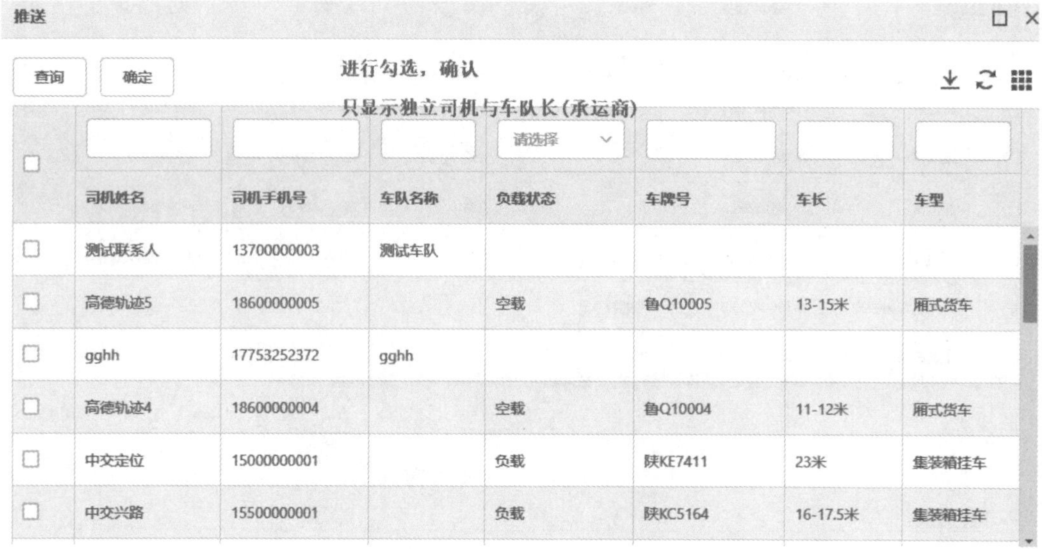


| 司机姓名 | 司机手机号 | 车队名称 | 负载状态 | 车牌号 | 车长 | 车型 |
|---|---|---|---|---|---|---|
| 测试联系人 | 13700000003 | 测试车队 | | | | |
| 高德轨迹5 | 18600000005 | | 空载 | 鲁Q10005 | 13-15米 | 厢式货车 |
| gghh | 17753252372 | gghh | | | | |
| 高德轨迹4 | 18600000004 | | 空载 | 鲁Q10004 | 11-12米 | 厢式货车 |
| 中交定位 | 15000000001 | | 负载 | 陕KE7411 | 23米 | 集装箱挂车 |
| 中交兴路 | 15500000001 | | 负载 | 陕KC5164 | 16-17.5米 | 集装箱挂车 |

图 4–31　勾选确认页面

#### 4.2.2.2 独立司机及挂靠司机（加入车队的独立司机）接单

司机承运：在货源大厅页面进行接单操作。单击整车运输，打开货源大厅，通过查询相关信息，选择符合需求的货源单，单击右侧操作栏的“司机承运”按钮，即可进行司机承运操作，具体如图 4–32 所示。

图 4-32　司机承运页面

（1）当完成司机承运按钮的点击操作后，对于承运无车数要求类型的货源单，应填写车载数量，具体如图 4-33 所示。

图 4-33　车载数量页面

（2）承运有车数要求的货源单，直接承运该货源单，每单根据货源总数与车数量要求进行均分，具体如图 4-34 所示。

图 4-34　确定承运页面

#### 4.2.2.3 承运商（车队长）抢单

车队承运：在货源大厅页面进行接单操作。单击整车运输，打开货源大厅，通过查询相关信息，选择符合需求的货源单，单击右侧操作栏的司机承运按钮，即可进行车队承运操作，具体如图 4-35 所示。

图 4-35 车队承运页面

（1）当完成司机承运按钮的点击操作后，承运没有车数量要求的货源单，车队长填写承运车数量和每车承运数量，具体如图 4-36 所示。

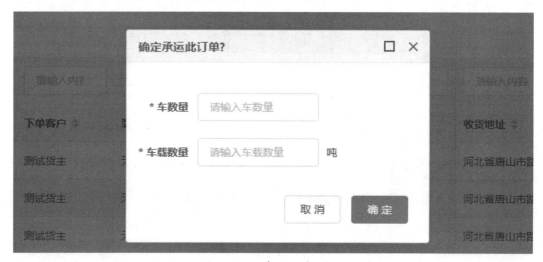

图 4-36 填写信息页面

（2）承运有车数量要求的货源单，车队长填写承运车数量，每单根据货源总数量与车数要求进行均分，具体如图 4-37 所示。

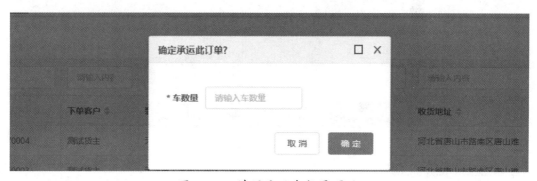

图 4-37 填写承运车数量页面

（3）车队长接单完成后进行派单，指派给车队内司机进行运输（该派单列表只展示审核通过且绑定车辆的司机）。单击整车运输下方的运输管理，打开运单跟踪界面，单击右侧操作栏的派单按钮，即可完成派单操作，具体如图 4-38、图 4-39、图 4-40 和图 4-41 所示。

图 4-38　派单入口页面

图 4-39　派单页面

图 4-40　派单选择司机页面

图 4-41 派单填写司机页面

#### 4.2.2.4 报价单

在进行报价操作时,司机提交单价大于货主的允许报价最大值时无法进行报价;司机报价大于货主运费单价且小于等于允许报价最大值时,司机报价提交至货主,货主进行选择承运方操作,货主选择完成后生成对应运输单,未被货主选择,则无法生成运输单;当司机报价小于等于货主运费单价时,则无需货主进行选择,直接生成相应运输单。

(1)对于承运无车数量要求且允许报价的货源单,司机应进行选择每车承运数量、到达时间和报价单价,具体如图 4-42 所示。

图 4-42 确定承运页面

(2)对于承运有车数量要求且允许报价的货源单,司机应进行填写承运车数量、到达时间、报价单价,具体如图 4-43 所示。

第 4 章 平台货源发布与承运管理 | 69

图 4-43 填写信息页面

### 4.2.3 移动端 App 司机接单

#### 4.2.3.1 独立司机接单

（1）操作步骤：进入司机 App 货源大厅，或者通过首页点击进入货源单详情，具体如图 4-44 所示。

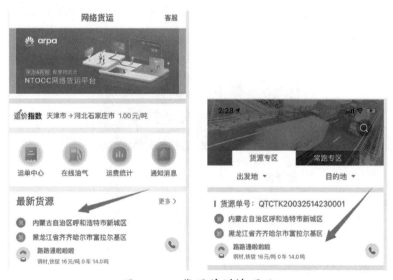

图 4-44 货源单详情页面

（2）点击进入详情，输入接单数量，点击接单，具体如图 4-45 所示。

图 4-45　接单页面

（3）输入承运的吨位（方/件），点击"接单"按钮，该订单被承运。如果选择拆单，可输入承运吨位，如果是不可拆单，则所有吨位（方/件）全部承运。

（4）接单成功后，进入运单中心操作。（图 4-46）

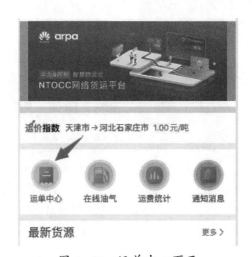

图 4-46　运单中心页面

#### 4.2.3.2 车队长（承运商）接单

操作步骤：

（1）进入车队 App 货源大厅，或者通过首页点击进入货源单详情，具体如图 4-47

所示。

图 4-47　货源单详情页面

（2）点击进入货源详情，具体如图 4-48 所示。

图 4-48　货源详情页面

（3）进入运单详情页面，具体如图 4-49 所示。

（4）输入承运数量（吨/方/件），输入承运车辆后点击批量接单，具体如图 4-50 所示。

图 4-49 运单详情页面　　　图 4-50 批量接单页面

## 4.3 运单管理

运单管理的主要目的是协调并控制运输中的各个环节，保证货物能够在规定的时间到达目的地。物流运单管理包含了多个方面，例如货物跟踪、运输路径优化、计费管理等，这些方面的配合协调，能够提高物流运输的效率和货物的安全性。

### 4.3.1　网络货运平台运单管理

#### 4.3.1.1　运单跟踪

在承运方接取货源后，系统自动生成运输单。该网络货运平台提供了一个高效的管理平台，能够更好地掌握货物的运输情况，及时处理异常情况。通过运单跟踪系统，能够实时掌握货物的运输情况，并随时更新货物的位置和状态，具体如图 4-51 所示。

第4章 平台货源发布与承运管理

图 4-51　运单跟踪页面

### 4.3.1.2 运单补录

运单补录操作：补录运输单→选择货源单→选择承运司机填写装卸时间/吨位/单据→补录货源单数量→额外补录运输单进行核算打款，具体如图 4-52 所示。

图 4-52　运单补录页面

### 4.3.1.3 运单管理

操作步骤：运输管理→运单管理，在该界面展示所有运输单的相关信息，可通过查询按钮查询相关信息，具体如图 4-53 所示。

图 4-53　运单管理页面

### 4.3.2 移动 App 运单中心

（1）在完成接单操作后，单击进入运单中心操作，具体如图 4-54 所示。

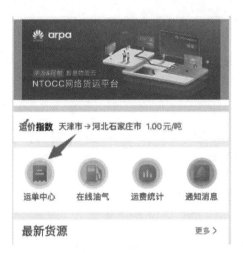

图 4-54　运单中心页面

（2）选择司机操作：查询所需的运输单，点击"派单"按钮进行操作，弹出选择司机页面。如果司机是负载状态，说明已经有订单进行，则需要司机完成订单后再派单；如果司机是空载状态，则可以进行派单操作，选择后点击确认，具体如图 4-55、图 4-56 所示。

图 4-55　选择司机页面

图 4-56　派单页面

## 4.4　运输监控

### 4.4.1　运单跟踪（图 4-57）

网络货运平台通过数字化技术，以一定的通信标准协议为基础，进行信息交换和通信,实现人到人、人到物、物到物之间的互联,对运输全程进行可跟踪和可视化管理,提升运输安全保障。承运方接取货源后生成运输单,根据运输单状态进行操作。

图 4-57 运单跟踪页面

### 4.4.2 客服运维

(1)运输异常,统计运输中司机上报的异常。单击客服运维的运输界面,单击"查询"按钮可查询运输单相关信息,可通过批量标记已读对信息进行处理。

网络货运平台对通信系统进行统一管理。现阶段车载通信、卫星定位跟踪系统等技术已经相当成熟,例如用于监测司机驾驶行为的摄像头,用于实时采集引擎排放、动力等故障数据的 OBD(On Board Diagnostics) 等。网络货运平台对在途车辆进行含有时间和地理位置信息的实时行驶轨迹数据记录,并通过无线通信将相关数据上传至云端,反馈至平台系统内,形成海量数据。当出现风险预警或异常时,平台通过计算与分析,形成个性化解决方案,可在第一时间进行处理,实现对运输的安全性管理,如图 4-58 所示。

图 4-58 运输异常页面

(2)投诉处理,主要分为司机投诉与货主投诉,平台可对相关投诉信息进行处理,通过查询按钮查询相关运输单,点击右侧操作栏的相关按钮,可对信息进行相关操作,具体如图 4-59 所示。

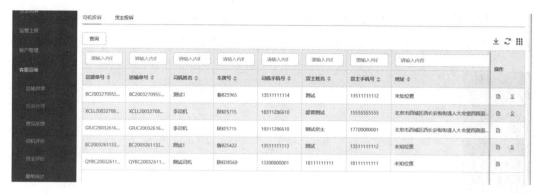

图 4-59 投诉处理页面

（3）意见反馈，接受从移动端用户反馈的意见，具体如图 4-60 所示。

图 4-60 意见反馈页面

（4）司机评价，综合统计承运方的被评价记录，可通过司机评价界面的评价详情按钮查看详情，具体如图 4-61 所示。

图 4-61 司机评价页面

（5）货主评价，综合统计托运方的被评价记录，可通过货主评价界面的评价详情按钮可查看详情，具体如图 4-62 所示。

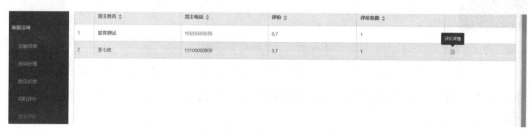

图 4-62 货主评价页面

（6）撤单统计，统计平台用户撤销运单的记录，根据撤单操作人进行区分，分为司机与货主，可通过撤单统计界面的查询按钮查询相关信息，具体如图4-63所示。

图 4-63 撤单统计页面

**【项目实战】**

**任务 1　通过网络货运平台 / 货主 App 发布货源**

货主可以在线发布货源，平台入驻的汤博嘉货主（联系方式：165587707××）是从事煤炭行业的相关业务，该货主要发布一单从山西省晋城市高平市北诗镇北诗村北到山东省日照市岚山区沿海路600号的货物，两地运输距离经测算有738.684公里，货物为煤炭及制品，收货人为李军（联系方式：179302318××），该单运输数量为50吨，货物单价在300元/吨，该货主运费定价为31元/吨，需求为1车，货主汤博嘉设置了此单的合理损耗0.5吨，规定的装车时间为2022年9月5日10:00:00，卸车时间为2022年9月6日10:00:00。

**任务 2　通过网络货运平台进行承运接单**

司机可以在货源大厅查看发布的货源，并进行接单操作，请完成某一货源单的接单操作。

# 第 5 章　平台费用结算与金融支付

网络货运平台的平台费用结算与金融支付功能是现代物流行业的重要组成部分。通过这个功能，货主和承运商可以方便快捷地完成费用结算和支付流程，提高货物运输的效率和安全性。

网络货运平台的平台费用结算与金融支付功能为货主和承运商提供了便捷、安全、透明的费用结算和支付方式，提高了物流行业的效率和可信度。这一功能的应用将进一步推动物流行业的数字化和智能化发展，为货物运输提供更加便利和可靠的服务。

本章主要通过账户管理、货主结算、承运结算、预付管理和发票管理五个方面对网络货运平台的费用结算与金融支付功能进行介绍。

## 5.1　账户管理

账户管理，即对用户账户进行管理和维护的一系列操作和过程。网络货运平台下的账户管理，其目的是为用户提供货物运输支付和结算的操作，可以方便用户进行资金管理，提高资金使用效率，同时也方便平台对用户资金进行监管。

### 5.1.1　绑定支付方式

在账户主页中，用户可以选择绑定支付方式，如银行卡（图 5-1）或第三方支付账户。同时用户也需要填写相关支付信息，并将其与账户进行关联。平台同时会对用户提供的

图 5-1　银行卡管理界面

支付信息进行验证，并确保其真实性和安全性。

### 5.1.2　充值

在账户主页中，用户可以选择充值操作并选择充值金额，选择所绑定的支付方式进行支付。（图5-2）

图5-2　账户充值界面

### 5.1.3　变更记录（图5-3）

网络货运平台的变更记录界面提供了一系列详细的信息，包括充值、运费、保费、罚款、保证金、提现以及信息费的变更记录，这些记录可以帮助用户跟踪和管理他们的货运活动。变更记录有如下作用：

（1）保障双方权益。变更记录能够详细记录货运平台与货运服务提供商之间费用结算方式的变动情况，确保双方权益得到保障。通过记录变更的内容和时间，并经过双方确认，可以减少纠纷产生，保证费用结算的公正性和透明度。

（2）提高管理效率。网络货运平台通常有大量的货运服务提供商，按照不同的需求和市场变化，可能会对费用结算方式进行调整。通过记录变更可以使货运平台能够及时了解费用结算方式的变动情况，进而准确地与货运服务提供商、用户等各方进行沟通和信息传递，提高管理效率。

（3）数据分析和统计。变更记录可以提供大量的数据，方便货运平台根据这些数据进行分析和统计，以了解不同费用结算方式的使用情况、费用结算方式的变动对服务供应商和用户的影响等。这些数据可以作为平台发展和优化的参考依据，帮助平台提供更好的服务。

图 5-3　变更记录界面

### 5.1.4　提现（图 5-4）

在网络货运平台的费用结算模块中，用户可以将自己在平台内积累的金额提取至银行账户或其他支付渠道。提现的流程如下：

（1）填写信息。用户需要填写提现金额和提现方式（如银行卡），并提交提现申请。由于所填写的信息被用于后续提现流程，所以用户需要确保填写的信息准确无误。

（2）平台汇款。平台会将用户申请的提现金额通过指定的提现方式进行汇款。这个过程通常包括以下步骤：首先，平台会验证用户的提现请求，包括提现金额和提现方式；其次，平台会从用户的账户中扣除相应的金额，并通过指定的方式将这笔钱汇款给对方；最后，对方会收到到账通知，汇款完成。

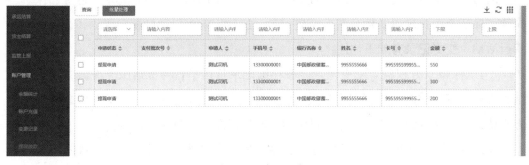

图 5-4　提现界面

### 5.1.5　平台公户

进入公户信息页面后，可看到当前的公户信息（图 5-5）。如果想进行更改或添加新的信息，可点击"编辑"或类似的按钮。在编辑模式下可以填写或更新公户信息的各个字段。这些字段包括姓名、联系方式、地址、银行账户信息等。

第 5 章 平台费用结算与金融支付

图 5-5 平台公户界面

### 5.1.6 支付和结算（图 5-6）

（1）生成订单。在进行货物运输服务时，用户可以选择相应的服务并生成订单，订单生成的过程包括选择货物的类型、重量、目的地等信息，然后系统会根据这些信息计算出运费。用户在确认所有信息无误后，可以点击生成订单，此时订单的信息会在系统中被记录。

（2）支付方式。在确认订单后，用户需要选择支付方式，并从资金账户中扣除相应的金额。平台通常会提供多种支付方式，如银行转账、信用卡、第三方支付平台等。用户可以根据自己的需求选择最方便的支付方式。在用户确认支付后，系统会立即从用户的资金账户中扣除相应的金额。

（3）资金暂留。平台会将支付的金额暂时保留，直至货物的运输完成或交易顺利完成后才进行结算。这是为了保护双方的权益。如果运输过程中出现任何问题，如货物损坏或丢失，平台可以根据具体情况决定是否退款。只有在交易顺利完成后，平台才会将资金转给服务提供者。

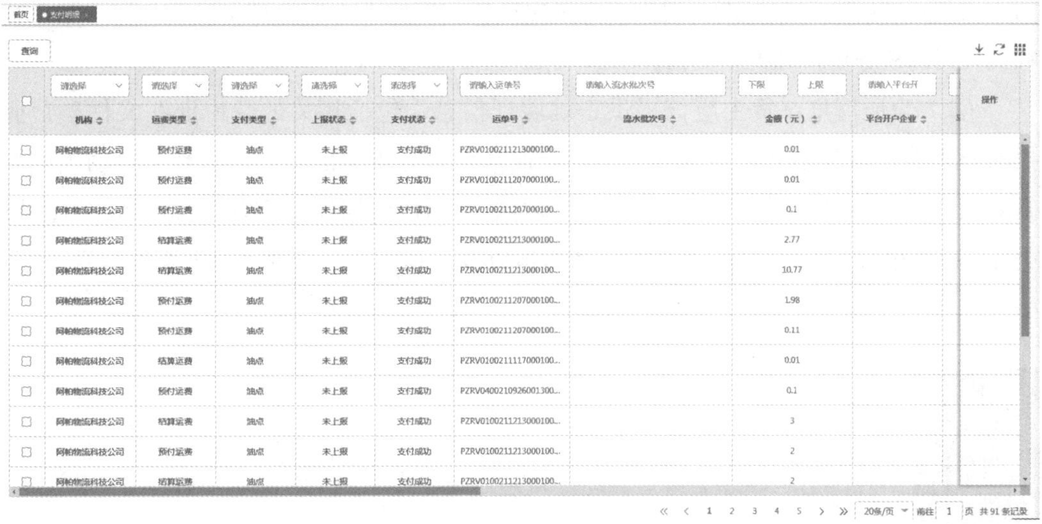

图 5-6 平台支付与结算界面

### 5.1.7 客户支持

在账户主页或相关页面,用户可以找到客户支持的联系方式,如在线聊天、客服热线等,向客服人员咨询有关资金账户管理的问题、寻求帮助或提供反馈。

## 5.2 货主结算

网络货运平台的货主结算是指在货主使用平台进行货物运输服务后,平台根据运输订单的实际情况,计算并结算与货主之间的费用及相关款项的过程,通过网络货运平台可以方便货主进行资金管理,提高资金使用效率,同时也可以方便平台对货主资金进行监管。

### 5.2.1 对账

对账是指将账户或交易记录与其他相关方进行核对,以确保账户的准确性和一致性。对账时需注意以下几点:

(1)填写信息。货主应该正确填写相关公户信息,包括银行账户信息、公司抬头、纳税人识别号等。首先,对于银行账户信息:货主需要提供正确的银行名称、账户名称、银行卡号和银行代码。这些信息是进行金融交易的基础,任何错误都可能导致交易失败或者资金流向错误的账户。其次,对于公司抬头:公司抬头通常是公司的全称,这是公司法律身份的重要组成部分。在进行对账时,公司抬头需要与银行账户上的名称完全一致,以确保资金能够正确地流入公司账户。最后,对于纳税人识别号:纳税人识别号是用于税务目的的唯一标识符。货主需要确保提供的纳税人识别号是正确的,因为这将影响到公司的税务申报和税款支付。

(2)验证信息。货主应该提供正确验证信息,包括相关的身份证明文件、营业执照等来验证填写的公户信息的真实性。通常在填写相关信息后,平台会自动生成收款对账界面以及收款对账列表界面。收款对账界面详细描述了机构名称、货主、所属企业、运输单号、应付运费、装货地、卸货地以及承运司机、下单时间等详细信息。(图 5-7)

图 5-7 收款对账界面

第 5 章 平台费用结算与金融支付 | 83

对账列表界面主要是让用户能够详细查询或者导出所需要对账的列表，包括机构名称、单号、账期运费、货主名称、对账单类型等详细信息。（图 5-8）

图 5-8　对账列表界面

### 5.2.2　收款

网络货运平台的货主结算界面的收款部分，主要分为制作收款单据及查看收款列表两大功能。

（1）收款单据（图 5-9）。在网络货运平台上制作收款单据十分便捷，通常必填的信息有单据编号、收款日期、客户名称及收款金额等内容。其中，单据编号是每个收款单据的唯一编号，以便于跟踪和记录。这个编号通常由系统自动生成，也可以由货主自定义。收款日期是指货主收到款项的日期。这个日期对于财务报告和税务申报非常重要。客户名称是指付款方的名称。在制作收款单据时，货主需要确保客户名称的准确性，因为这将影响到款项的归属。收款金额是指货主收到的款项的金额。货主需要确保金额的准确性，因为这将影响到公司的财务状况和税务申报。

图 5-9　收款单据界面

（2）收款列表（图 5-10）。货主可以详细看到已收款信息，包括单据号、货主名称、结算方式、手机号、本单位银行、本单位账号、款项类型及交款人等信息。其中，单据号是收款单据的唯一标识符，可以用来跟踪和记录每笔交易；货主名称是指收款方的名称，这个名称需要与银行账户上的名称完全一致，以确保款项能够正确地流入货主的账户；结算方式是指货主收款的方式，如银行转账、支付宝、微信支付等，货主需要根据自己的实际情况选择最适合的结算方式；手机号是货主的联系方式，可以用来接收支付通知和进行身份验证；本单位银行与账号是货主银行信息，用于接收款项；款项类型是指款项的性质，如货款、运费、保险费等，货主需要根据款项的类型进行正确的财务处理；交货人是指将货物交付给货主的人，在某些情况下，交货人的信息可能需要记录在收款列表中。

图 5-10　收款列表界面

## 5.3　承运结算

承运结算是指在货物运输过程中，平台对承运人与货主之间的费用结算进行管理和处理的过程。利用网络货运平台，可以方便承运人进行资金管理、提高资金使用效率，同时也可以方便平台对承运人资金进行监管。其实现的功能如下：

### 5.3.1　运费核算（图 5-11）

平台根据货物的重量、体积、距离等因素计算运输费用，确定货主需要支付的运费金额。通过运费核算可以实现如下功能：

（1）提高费用透明度。运费核算可以确保费用的透明度，让货主和承运商清楚地了解运输过程中产生的具体费用。通过明确的运费核算规则，可以减少费用争议和纠纷，增加合作的透明度和互信度。

（2）成本控制。运费核算可以帮助货主和平台管理方控制运输成本。通过对运输距离、货物重量、特殊服务等因素进行核算，可以准确计算出运费，并从整体的成本控制角度进行优化。

（3）实现公平竞争环境。运费核算可以为平台上的承运商提供公平竞争的环境。通过制定统一的运费核算规则，不同承运商在竞标过程中可以按照相同的标准进行报价，确保市场价格的合理性和公平性。

（4）服务质量评估。运费核算可以作为评估承运商服务质量的重要指标。运费核算不仅考虑了运输成本，还考虑了是否按时交付、货物的完好程度等因素，从而评估承运商的综合服务质量。

（5）利润管理。运费核算可以帮助平台管理方进行利润管理。通过核算运费、扣除相关成本和费用，可以计算出平台的实际利润，并为平台的业务发展和盈利能力提供参考。

图 5-11　运费核算界面

### 5.3.2　货主打款

打款主要分两步：货主先打款到平台，平台再打款给司机，打款界面如图 5-12。该打款模式下可以使交易实现如下功能：

（1）保障货款安全。货主将货款打到平台，可以有效避免货款被恶意骗取或丢失的风险。平台作为中介方，承担了货款的管理和支付责任，确保货款安全到达司机手中。

（2）提高交易效率。平台作为中介方，可以提供快速的货款结算服务。货主打款到平台后，平台可以立即将货款支付给司机，避免了货款的传统线下支付流程中的烦琐和延迟。

（3）降低交易纠纷。通过平台作为第三方的介入，可以有效减少货主与司机之间的交易纠纷。平台可以对交易进行监管和管理，确保双方的权益得到保障，减少因货款支付问题引起的纠纷和争议。

（4）增加信任度。货主和司机在平台上进行交易时，双方对平台的信任度更高。货主知道自己的货款安全可靠，司机也知道自己的货款会按时支付。这种信任度的提升有助于促进平台上的交易活动，增加平台的用户和交易量。

货主收款具体操作如下：

货主打款菜单列表中展示已经核算完成的运单，打款时先判断货主平台虚拟余额是否充足，如充足，先扣除货主虚拟余额；若虚拟余额不充足，则扣除货主网商余额到平台网商账户（前提：货主已开通网商）。点击打款，或进行多条数据勾选再点击批量打款。

图 5-12 打款界面

同时网络货运平台也可以统计打款记录，方便货主查看。（图 5-13）

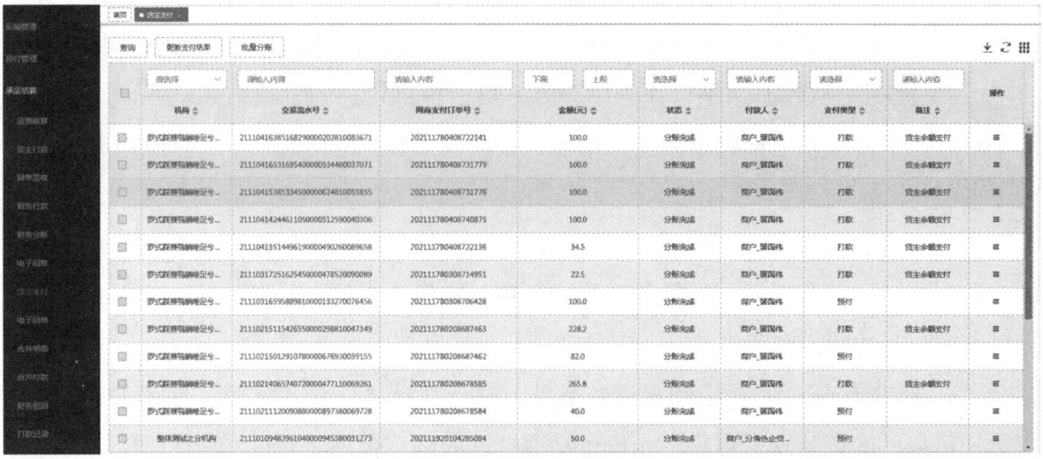

图 5-13 打款记录界面

打款通常有四种方式：

（1）余额支付（网商支付）（图 5-14）。余额支付是一种便捷的在线支付方式，用户可以通过在网络货运平台上预先充值，形成一定的余额，然后在需要支付运费时直接从这个余额中扣除。这种支付方式的优点是快速且方便，用户不必每次都进行银行转账或信用卡支付。此外，余额支付还支持单条支付和合并支付（批量支付）。单条支付指的是每完成一次运输任务后立即支付相应的运费，而合并支付则允许用户在一定时间内完成多个运输任务后一次性支付所有的运费，这样可以节省用户的操作时间。

图 5-14 余额支付界面

（2）分配油点（图 5-15）。分配油点时可选择柴油或者天然气，如司机未注册万金油加油平台[①]，在分配油点时自动给司机分配账户；如司机已入驻万金油加油平台，分配油点时油点金额进入司机万金油账户。

图 5-15 分配油点界面

（3）转账支付（图 5-16）。转账支付是一种更传统的支付方式，货主可以通过线下转账或线下打款的方式支付运费。这种支付方式虽然相对烦琐，但在某些情况下可能更为安全可靠，特别是对于一些不常使用在线支付或者对在线支付不太熟悉的用户来说。在支付完成后，货主需要上传付款凭证和支付流水号，以便网络货运平台确认支付并进行后续的结算操作。

---

① 万金油加油平台：一款专为货车驾驶员设计的加油软件，可以实现快捷加油、油卡管理、油站查询、账单查询与优惠查询等功能。

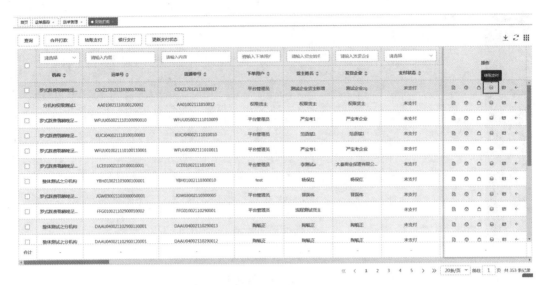

图 5-16 转账支付界面

（4）银行支付（图 5-17）。银行支付是一种直接的支付方式，可以实现卡对卡支付，即货主通过自己的银行卡直接付款到司机的银行卡内。这种支付方式的优点是直接且明确，货主可以清楚地知道自己的钱款去向，而司机也可以直接收到运费，无需等待网络货运平台的中介结算。然而，这种支付方式可能需要双方提前交换银行账户信息，并且在支付过程中可能需要支付一定的银行手续费。

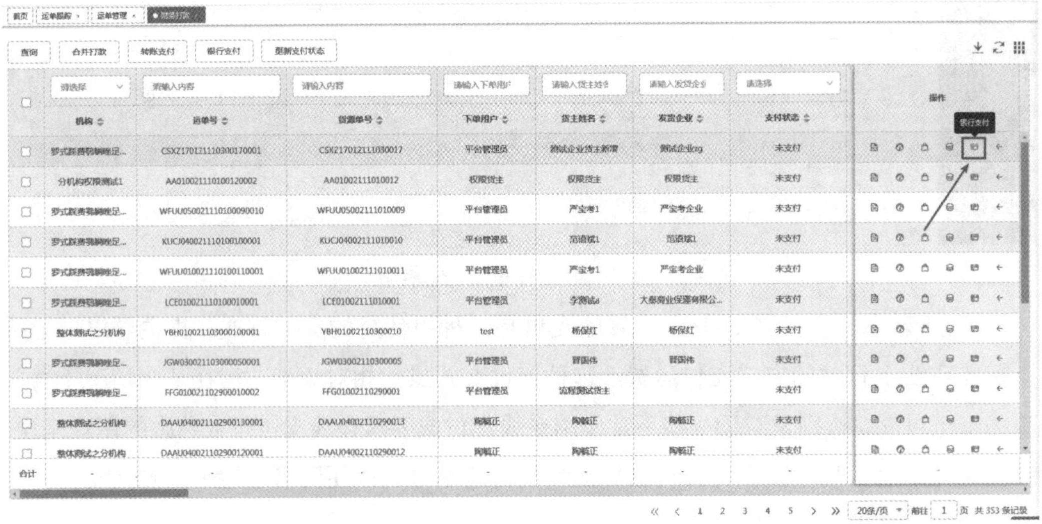

图 5-17 银行支付界面

### 5.3.3 回单签收

回单签收（图 5-18）是网络货运平台的一个重要功能，通过回单签收列表来确保司机是否回单。这个列表会记录所有的运输任务，包括已经完成的和正在进行的，每个任务都会有一个对应的回单状态，比如"未回单""已回单"等。司机在完成运输任务并将货物送达目的地后，需要在平台上提交回单，表明他已经完成了任务。

回单签收的主要作用是确认货物已经送达。通过查看回单状态，货主可以知道自己的货物是否已经安全到达目的地。这对于货主来说是非常重要的，因为他们需要确保自己的货物能够准时并且安全地送达。

此外，回单签收还可以用来核实货物的状态。司机在提交回单时，通常需要提供一些关于货物状态的信息，比如货物的数量、重量、外观等。这样，货主就可以通过查看回单来了解货物的实际状态，如果发现有任何问题，可以及时与司机或者平台进行沟通。

回单签收还可以提供证据和凭证。回单本质上是一种交易凭证，它证明了司机已经完成了运输任务，并且货物已经送达。这对于货主来说是非常有用的，因为他们可以用这个凭证来证明自己的货物已经被送达，如果有任何争议，可以用回单来作为证据。

回单签收还可以确保付款的安全性。在司机提交回单并且货主确认货物已经送达后，平台会将运费支付给司机。这样，货主就不需要直接与司机进行金钱交易，可以避免发生交易风险。

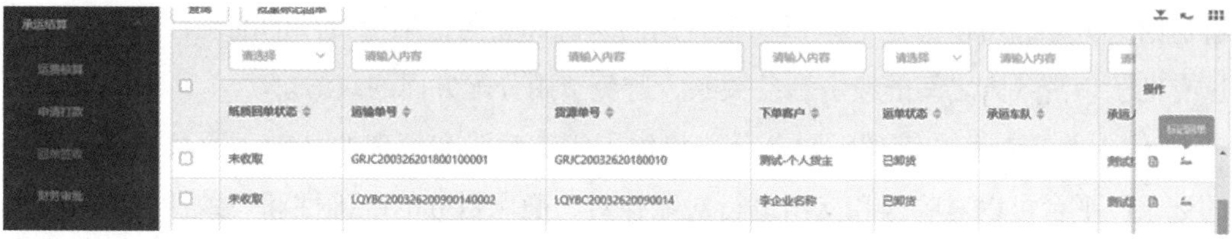

图 5-18　回单签收界面

### 5.3.4　财务打款

财务打款（图 5-19）是网络货运平台的一个重要环节，它涉及平台将代收的货主所支付的运费打款给司机。这个过程通常在货物成功送达并且货主确认收货后进行。

其一，货主在运输任务完成后，需要通过平台支付运费。这些运费会被平台暂时代收，存放在一个专门的账户中。这样做的好处是可以保护货主的权益，避免司机在未完成任务的情况下提前收取运费。

其二，当货物成功送达，货主确认收货，并且司机提交了回单后，平台就会启动财务打款的流程。平台会将代收的运费从专门的账户中转出，打款到司机的银行账户或者其他指定的支付账户中。这个过程通常由平台的财务部门负责，他们会确保每一笔运费都准确无误地打款给司机。

同时需要注意，财务打款的过程通常会有一定的延迟，这是因为需要进行一系列的核对和审计工作，以确保每一笔运费的准确性。

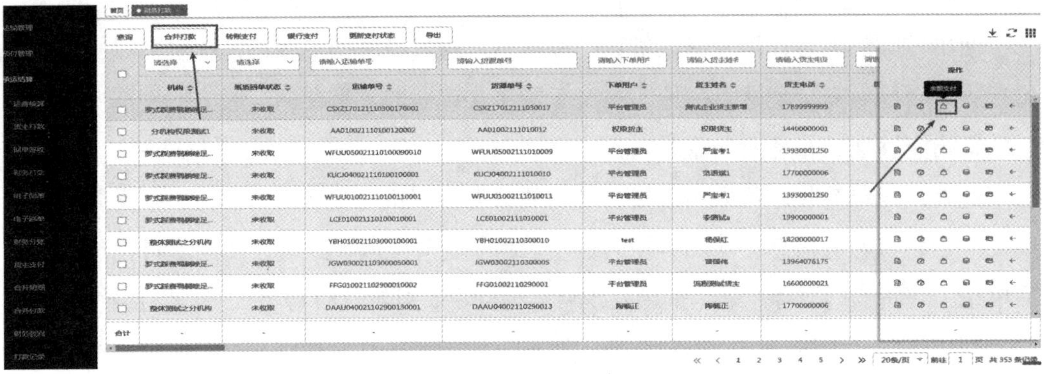

图 5-19 财务打款界面

### 5.3.5 财务分账

财务分账（图 5-20）指平台对货运交易中的款项进行分账处理的过程，可以实现如下功能：

（1）费用分配和核算。财务分账可以对货物运输过程中产生的费用进行分配和核算。通过财务分账，可以清楚记录每一笔费用的来源和去向，确保费用的准确性和合规性。这有助于理清各方之间的经济利益关系，避免费用分配方面的纠纷。

（2）收支对账和管理。财务分账提供了收支对账和管理的基础。通过对每笔费用的记录，平台可以对收入和支出进行对账核对，确保财务的准确性和一致性。同时，财务分账也为平台提供了整体的收支管理，帮助管理方掌握平台的经济状况和盈亏情况。

（3）利润计算和分配。财务分账对于利润的计算和分配具有重要意义。通过对收入和支出的明确记录和核算，平台可以计算出实际的利润情况。基于利润的分配规则，可以合理分配利润给相关的参与方，促进参与方的积极性，达到利益共享。

（4）税务合规。财务分账也在税务合规方面具有重要意义。准确记录费用的来源和去向，可以为平台和参与方提供税务申报和纳税的依据，避免税务合规风险。

（5）决策支持和数据分析。财务分账的数据可以用于运营决策和数据分析。通过对收支情况的整理和统计，可以为平台提供对经营状况、盈利能力等方面的深入了解，为业务发展提供决策支持和数据驱动。

第 5 章　平台费用结算与金融支付　91

图 5-20　财务分账界面

### 5.3.6　货主支付

网络货运平台的货主支付（图 5-21）是指货主在平台上完成货物运输服务的支付过程。网络货运平台中，货主需要确认支付的金额，该金额通常是根据货物运输服务的费用计算得出的，并且可以查询支付记录。确定数据来源，支付记录的数据来源主要包括以下几个方面：

（1）货主输入的支付金额。在网络货运平台中，货主在支付过程中需要输入支付金额。这个金额通常是根据运输任务的具体情况（如货物的重量、体积、运输距离等）以及司机的报价来确定的。货主输入的支付金额将作为支付记录的一部分，这对于后续的费用结算和财务审计非常重要。此外，这也有助于提高支付的透明度，让货主清楚地知道钱款去向。

（2）平台生成的订单信息。网络货运平台在接收到货主的运输需求后，会生成相应的订单信息。这些信息包括货物的基本信息（如名称、重量、体积等）、运输路线（如起点、终点、预计的运输时间等）以及费用（如运费、保险费等）。这些信息会被记录在订单中，并作为支付记录的一部分。当货主进行支付时，他们可以查看这些订单信息，以确认自己的支付金额是否正确。同时，这些信息也可以为货主和司机提供一个清晰的交易记录，有助于解决可能出现的争议。

（3）第三方支付平台提供的支付信息。如果货主选择使用第三方支付平台进行支付，支付平台会提供支付记录的相关信息。支付记录对于货主和平台都有一定的积极意义，对于货主来说，支付记录是货主支付费用的凭证，可以作为日后维权的依据。同时，支付记录也可以作为货主对自己财务状况的一种记录，方便进行财务管理和报账。对于平台来说，支付记录是平台运营和财务管理的重要数据来源。通过支付记录，平台可以了解到货主的支付习惯和支付偏好，进而进行运营策略的调整和优化。

总之，网络货运平台的货主支付功能是为了方便货主完成货物运输服务的支付过程，并通过支付记录来记录支付信息，为货主和平台提供支付凭证和数据来源，以及进行后续的财务管理和运营优化。

图 5-21　货主支付界面

### 5.3.7　电子回单

传统的货运回单通常以纸质形式存在，需要通过邮寄或传真等方式进行传递和存档。而网络货运平台的电子回单（图 5-22），可以实现货物运输过程中回单的快速、准确和便捷处理，通常有以下几个好处：

（1）环保与节省成本。电子回单取代了传统纸质回单，可以有效减少纸张的使用量，降低运输过程中的资源消耗和环境负荷。同时，电子回单可以减少打印、存储和管理纸质回单的成本，提高效率和降低费用。

（2）实时数据传输与准确性。电子回单通过网络平台实现实时的数据传输和更新，可以快速准确地记录货物的交接、签收等关键信息。货主和承运商可以即时查看和确认相关的操作和状态，确保数据的准确性和一致性，减少人为错误和数据丢失的风险。

（3）方便查询与存档管理。电子回单存储在网络系统中，方便用户在任何时间和地点进行查询和查看。用户无需翻阅纸质文件，只需登录平台即可获得所需的回单信息。同时，电子回单的存档管理也更加方便，可以长期保存并进行数据备份，减少了纸质回单的管理和存储工作。

（4）提升效率与协同合作。电子回单可以实现货主、承运商和其他参与方之间的信息共享和协同合作。通过电子回单，各方可以实时了解货物的运输情况，避免了信息不对称和沟通延迟的问题，提高了运输流程的效率和协同能力。

（5）法律依据与纠纷解决。电子回单可以作为法律依据用于证明货物的交接和签收情况。在遇到货物损失、交付纠纷或索赔等问题时，电子回单记录的信息和时间戳可以为纠纷解决提供重要的证据。

图 5-22 电子回单界面

## 5.3.8 合并明细（图 5-23）

查看网上合并打款记录，可以推进合并支付，实现如下功能：

（1）简化和减少手续。通过合并明细，可以将多个单独的费用项目合并为一笔总费用，简化了费用结算的手续和流程。货主和承运商无需一项项处理烦琐的费用，只需处理一笔综合费用，减少了人力和时间的消耗。

（2）降低管理成本。合并明细能够降低管理成本。当平台上有大量的费用项目需要处理时，合并明细可以减少相关的记录和管理工作，减少了人力和资源的投入。同时，通过减少费用记录和确认的次数，也减少了可能产生的错误和纠纷等潜在风险。

（3）提高效率和对账准确性。通过合并明细，可以提高费用结算的效率和对账的准确性。对于平台和客户来说，处理一笔综合费用要比处理许多小额费用更快、更方便。同时，合并明细也可以降低对账时的出错率，减少费用核对和调整的时间和精力。

（4）降低费用结算争议。合并明细可以减少费用结算过程中的争议和纠纷。当费用项目逐一细化并清晰记录时，可能会存在不同理解和解释的情况，容易引发争议。通过合并明细，可以降低争议的发生，简化对费用的确认和结算流程，加快费用结算的进程。

（5）提升合作伙伴关系。合并明细可以促进平台和合作伙伴之间的良好合作关系。通过简化费用结算流程和降低相关操作的复杂性，平台和合作伙伴之间的沟通和合作变得更加高效和顺畅，有助于建立长期的合作伙伴关系。

图 5-23　合并明细界面

### 5.3.9　财务驳回

财务驳回（图 5-24）是网络货运平台在进行财务打款过程中的一个重要环节。在某些情况下，平台的财务部门可能会发现一些问题，比如支付金额与订单金额不符，或者司机的银行账户信息有误等，这时，财务部门就会选择驳回这次打款。

当财务驳回发生时，平台会生成一条驳回信息。这条信息会详细记录驳回的原因，如因为支付金额错误，或因为银行账户信息错误等。同时，这条信息也会记录驳回的时间，以便货主和司机了解驳回发生的具体时间。

货主和司机可以通过平台查看这些财务驳回的信息。这对他们来说非常重要，因为他们可以通过查看驳回信息来了解驳回的原因，然后采取相应的措施，比如修改支付金额，或者更新银行账户信息等，以确保下次打款能够顺利进行。

图 5-24　财务驳回界面

### 5.3.10 打款记录

打款记录（图5-25）通常可以实现如下功能：

（1）费用核算和结算依据。打款记录可以作为网络货运平台进行费用核算和结算的重要依据。通过记录每笔打款的金额、时间和受益方，可以清晰了解各个环节的费用支出和收入情况，确保费用结算的准确性和合规性。

（2）资金流向和监控。打款记录可以追踪和监控资金的流向。平台可以通过打款记录的数据分析，了解资金的流入和流出情况，确保资金安全和合理运作。

（3）支付风险管理。打款记录可以用于支付风险的管理和审计。通过记录和监控打款记录，平台可以及时发现异常的支付行为，如未经授权的打款或重复支付等，保护用户的资金安全。

（4）业务分析和决策支持。打款记录可以作为业务分析和决策支持的重要依据。平台可以通过对打款记录的统计和分析，了解各项费用的情况，为平台的战略决策和运营优化提供数据支持。

（5）合同履约证明。打款记录可以作为合同履约的证明。平台可以通过打款记录来确认各方之间的交易关系和履约情况，为纠纷解决和法律诉讼提供必要的证据。

图 5-25 打款记录界面

## 5.4 预付管理

网络货运平台的预付管理是指平台对货主在下单时预付款项进行管理和处理的过程。通过预付管理，网络货运平台可以确保货主按照规定支付预付款项，并提供安全、便捷的支付方式。同时，预付管理也为平台提供了预付款项的管理和追踪的便利，确保款项的正确分配和使用。

### 5.4.1 预付运费（图5-26）

货主在下单时需要支付一定的预付款项作为货物运输的预付费用。预付款项的金额通常是根据货物的重量、体积、距离等因素计算得出的。通常有如下意义：

（1）确保货运服务的顺利进行。预付运费可以确保货运服务的顺利进行。货主在发货前预先支付运费，确保了承运商能够在货物发出后及时提供运输服务，避免因为资金不足而延迟或中断货物的运输。

（2）提供资金来源和流动性。预付运费为网络货运平台提供了稳定的资金来源和流动性。预付的运费资金不仅能够用于支付承运商的运输成本，确保平台能够及时返还资金给承运商，还有助于维护平台与承运商之间的合作关系，促进平台的良性运营。

（3）缩短货款周期。预付运费可以缩短货款周期，提高货主的现金流。货主在预付运费后，可以更快地收到货款，减少了货款回收周期和资金占用的时间，提高了货主的资金效率。

（4）减少付款延误和风险。预付运费可以减少付款延误和风险。货主通过预付运费，在发货前就完成了费用支付，避免了因为货物或服务未按期完成而导致的付款延误和纠纷风险，有助于维护平台与货主之间的信任和合作稳定性。

（5）提升交易安全性。预付运费有助于提升交易的安全性。货主通过预付运费，相当于在平台上建立了一笔预付款项，确保资金已付给平台。这减少了交易中的资金风险和诈骗风险，保障了交易的安全性和可靠性。

图5-26 预付运费界面

### 5.4.2 预付统计

平台会记录和管理货主的预付款信息，包括预付款的金额、时间、订单号等。平台会将预付款与具体的订单关联，确保款项的正确分配和使用。预付统计（图5-27）通常会有如下意义：

（1）资金管理和运营决策。预付统计可以提供对平台资金管理和运营决策的重要数据支持。通过对预付款项的统计和分析，可以了解平台的资金流动情况、预付款项的占比和趋势等信息。这有助于平台进行资金规划和管理，优化运营决策，确保平台的资金充足和稳定运营。

（2）风险控制和信用评估。预付统计可以帮助平台进行风险控制和信用评估。对于预付款项的统计可以提供对承运商和货主的支付能力和信用状况的评估。基于统计数据，平台可以对支付风险进行定量评估和控制，采取相应的风险防范措施，保证平台和参与方的安全和可靠性。

（3）费用管控和优化。预付统计可以用于费用管控和优化。通过对预付款项的统计，平台可以了解不同费用项的预付比例和分布情况，识别费用结构的短板和潜在改进点。据此可以进行费用优化和调整，提高平台的盈利能力和经济效益。

（4）合作伙伴管理和服务升级。预付统计可以用于合作伙伴管理和服务升级。对预付款项的统计数据可以为平台提供不同合作伙伴的贡献度和付款能力的参考。基于统计结果，平台可以对重要合作伙伴进行精细化管理和服务，推动服务质量的提升，建立良好的合作伙伴关系。

（5）经营报告和透明度展示。预付统计可以用于经营报告和透明度展示。通过对预付款项的统计分析，平台可以向内部和外部利益相关者提供经营报告，展示平台的财务状况和业务表现，增加透明度和信任度。

图5-27 预付统计界面

## 5.5 发票管理

网络货运平台的发票管理是指平台对货运交易中的发票进行管理和处理的过程。随着税务政策的变化，现在网络货运平台开票都需要对接税务平台，以确保发票的合规性和准确性。具体操作是在满足监管要求下，先将运单上报，然后通过与税务平台对接，替司机代开发票。通过对接税务平台，网络货运平台可以更加准确和合规地进行发票管理。这样不仅可以方便货主和承运商的财务管理，也符合税务政策的要求，促进了税务的规范征收和管理。目前货运平台可以显示的内容如下：

（1）发票索取（图5-28）。发票索取是指货主或其他参与方在货运交易完成后向平台申请或请求获得相应的发票的过程。一般包括申请发票、发票生成、发票传递、发票纠纷处理等。

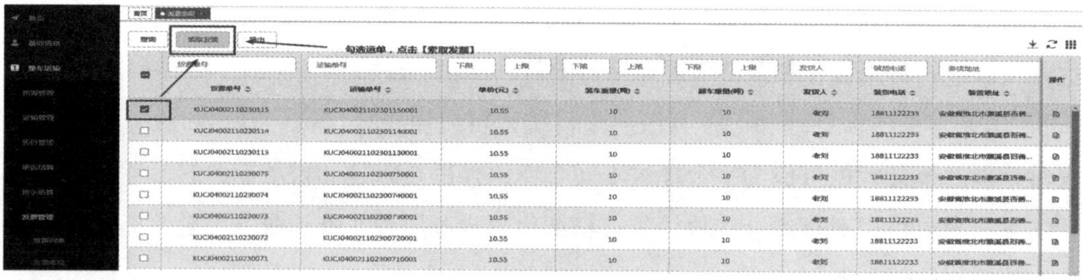

图 5-28 发票索取

（2）发票列表（图5-29）。主要展示开票审核进度，审核完毕后平台上传发票信息。

图 5-29 发票列表

【项目实战】

**任务 1**

某网络货运平台费用结算操作流程为：

（1）货主在网络货运平台上发布货物信息，并选择承运商进行承运。

（2）承运商确认承运请求，并提供报价。

（3）货主选择合适的承运商，并确认运输协议。

（4）货主在平台上预付运费，并生成电子回单。

（5）承运商接收货物，并向货主提供回单签收确认。

（6）承运商上传电子回单和签收确认到平台上。

（7）平台根据电子回单和签收确认，进行费用核算和结算。

（8）平台将结算结果通知货主和承运商，并进行打款或退款操作。

以上述网络货运平台操作流程为例，回答下列问题：

（1）网络货运平台的费用结算操作流程中，货主在哪个步骤进行预付运费？

（2）在操作流程中，承运商向谁提供回单签收确认？

（3）平台进行费用核算的依据是什么？

（4）平台通知货主和承运商结算结果的方式是什么？

（5）货主在什么情况下会收到打款？

**任务2**

假设你是某网络货运平台的财务主管，某用户在平台上发布了一次货物运输需求，货物从上海发往北京，总运费为5000元人民币。该用户选择使用平台提供的在线支付服务进行付款。

（1）请设计一种费用结算流程，确保用户能够准确支付运输费用，并能及时收到支付确认。

（2）描述一种金融支付方式，确保平台能够安全地接受和处理该用户的支付，并将付款转发给货运服务提供商。

# 第 6 章　平台监管及税务上报

网络货运平台实现了将分散的运输资源集约整合、精准配置，解决了当前货运物流行业普遍存在的运力空闲和货物长时间等待等突出问题，降低了交易成本，促进物流降本增效。然而，一些网络货运平台为了实现快速扩张和低成本的目标，不择手段地规避了车辆人员合规准入和服务安全管理等关键环节的主体责任，从而导致网络平台责任难以落实，监管跟进不及时等问题相继出现。

为了解决这些问题，网络货运平台方应该加强自律，完善内部管理，提高服务质量和安全标准，履行社会责任，保护用户权益和数据安全。通过网络货运平台对运力信息、路单、基础税务信息、税务运单的上报，监管机构可以对网络货运平台的合规性进行监督，保护消费者权益，维护市场秩序。下文网络货运平台以 NTOCC 网络货运平台为例。

## 6.1　监管运力信息上报

### 6.1.1　监管运力信息上报的作用

#### 6.1.1.1 提高信息准确性和可靠性

通过要求运力提供商上报相关信息，平台可以获得更准确、更全面的运力数据，有助于提高信息的准确性和可靠性，减少虚假信息和误导性信息的存在。准确的运力信息可以为用户提供可靠的选择依据，提升用户满意度。

#### 6.1.1.2 增强用户信任和满意度

通过监管运力信息上报，平台可以提供更多的运力信息给用户，使用户能够更好地了解运力提供商的实际情况。用户可以根据运力信息的真实性和全面性做出更明智的选择，增加对平台的信任感。

#### 6.1.1.3 保障货物安全和运输质量

监管运力信息上报可以帮助平台确保运力提供商的合规性和专业性。平台可以要求提供商上报相关的资质证件、车辆信息、驾驶员信息等，以确保其具备合法运输资质和符合标准的运力条件，这有助于保障货物的安全运输和提高运输质量。

#### 6.1.1.4 促进行业规范和竞争力

通过监管运力信息上报，平台可以促使运力提供商遵守相关规定和标准，推动行业规范化发展。平台可以设定运力信息上报的要求，包括实名认证、资质审核等，从而提高运力提供商的整体素质和竞争力，这有助于推动行业的健康发展，提升整体服务水平。

#### 6.1.1.5 防止欺诈和不当行为

监管运力信息上报可以帮助平台及时发现和防止欺诈和不当行为。通过要求提供商上报真实和全面的信息，平台可以更好地识别潜在的风险和问题，采取相应的措施进行监管和处置，这有助于维护平台的安全和信誉，保护用户的权益。

### 6.1.2 运力信息

运力信息指有关可用于货物运输的运力资源的相关信息，上报详细的运力信息在监管方面具有重要的作用。它可以帮助监管机构进行合规监管、安全监管、数据监控和风险管理，确保货物运输活动的合法性、安全性和顺畅性。监管机构可以根据运力信息对平台进行监督和管理，维护市场秩序，保护用户权益，促进行业的健康发展。运力信息如表 6-1 所示。

表 6-1 运力信息

| | | |
|---|---|---|
| 驾驶员信息和资质 | 驾驶员姓名 | 货主可以通过这些信息了解驾驶员的背景和能力，确保运输过程的安全和可靠性 |
| | 驾驶员身份证执照 | |
| | 驾驶员评级 | |
| | 驾驶员资质信息 | |
| | 联系方式 | |
| | 驾驶记录 | |
| 车辆信息 | 车牌号码 | 货车的唯一标识符，用于识别和区分不同的车辆 |
| | 车辆类型 | 货车的类别或种类，如卡车、货车、挂车、冷藏车等 |
| | 车辆品牌和型号 | 具备冷藏设备，用于运输需要保持低温的货物 |
| | 车辆注册日期和年份 | 可以用于判断货车的使用年限和车龄，对于货车的保养和维修有一定的参考价值 |
| 车辆属性 | 载重能力 | 车辆能够承载的最大货物重量，常用单位为吨 |
| | 车辆尺寸 | 包括车长、车宽和车高等尺寸参数，判断车辆的适用性和装载空间 |
| | 车辆状态 | 描述车辆的使用状况和维护情况，如新车、二手车、良好状态等 |

续表

| | | |
|---|---|---|
| 车辆属性 | 车辆年限 | 车辆的使用年限，一般以车辆注册日期为准 |
| | 车辆颜色 | 货车的外观颜色，用于识别和区分不同的车辆 |
| 车辆位置 | 实时位置 | 提供车辆当前的实时位置信息，可以通过北斗定位获取。这样的信息可以帮助用户准确了解车辆的位置，方便进行货物调度和跟踪 |
| | 最近位置更新时间 | 显示车辆位置信息的最后更新时间，以便用户了解信息的时效性 |
| 车辆可用性 | 可用车辆数量 | 指可供使用的车辆数量，用于评估运输能力和满足货物的需求 |
| | 可用车辆类型 | 列出可供选择的车辆类型 |
| | 预计可用时间 | 提供车辆的预计可用时间段，帮助用户安排货物的运输时间 |
| 运输信息 | 运输价格 | 网络货运平台的价格通常根据多个因素确定，这些因素包括货物的重量、体积、运输距离、紧急程度以及所需的额外服务等。用户可以通过平台上的报价系统或询价功能获取运输服务的价格信息，并选择最符合其需求和预算的方案 |
| | 运输服务 | 网络货运平台提供各种类型的运输服务，以满足不同用户的需求。这些服务可以包括货物配送、运输、仓储等。平台通常会提供多种车辆类型选择，如货车、卡车、面包车等，以适应不同货物的大小和重量。此外，平台还可能提供跟踪货物位置和状态的服务，以及提供货物保险等增值服务 |
| | 运输历史和评价 | 通过查看运输历史，用户可以了解该提供商的运输能力、经验和可靠性。平台通常会记录每次运输的相关信息，如运输时间、货物状态、配送准时率等 |

### 6.1.3 运力信息在监管上存在的问题

#### 6.1.3.1 虚假运力信息

（1）车辆数量虚假：货运服务提供商可能夸大其车辆数量，声称拥有大量车辆可提供运力支持。然而，实际情况可能是他们并没有足够的车辆来满足需求方的运输需求。

（2）运力能力夸大：一些货运服务提供商可能夸大其运力能力，声称可以承担大规模的货物运输任务。然而，实际上他们可能无法按时、高效地完成任务，导致货物延误或其他问题。

（3）服务范围虚假：货运服务提供商可能宣称覆盖广泛的服务范围，包括全国各地或特定地区的运输能力。但实际上他们可能只能提供有限的服务范围，无法满足需求方的特定运输需求。

（4）资质和许可虚假：一些货运服务提供商可能提供虚假的资质和许可证明，声称具备合法的运输资质。然而，实际上他们可能没有经过合法的注册和许可，没有符合运输法规的要求。

#### 6.1.3.2 无资质运力

（1）缺乏合法运输许可证：货运服务提供商在平台上提供运力服务，但实际上他们没有获得合法的运输许可证。在许多国家和地区，从事货物运输需要特定的运输许可证或执照，以确保运输活动符合法律法规和安全要求。

（2）无保险覆盖：合法的运力通常需要购买货物运输保险，以保障货物在运输过程中的安全。无资质运力可能没有购买合适的保险，这会增加货物损失的风险，并给货运需求方带来经济损失。

（3）违反劳动法规：无资质运力可能违反劳动法规，例如未按规定支付员工工资、未提供必要的工时和休息安排等。这不仅损害了员工的权益，也可能导致员工不稳定和服务质量下降。

#### 6.1.3.3 运力质量监管问题

（1）服务质量不达标：平台难以直接控制运力提供商的服务质量，例如货运过程中的准时性、货物安全性等。一些运力提供商可能存在服务不稳定、不可靠的情况，导致货物延误、损坏或丢失，给用户带来不良体验。

（2）违规操作：部分运力提供商可能存在违规操作，如超速行驶、超载运输、违规停车等。这些违规操作不仅违反交通法规，还可能危及货物安全和公共安全。平台难以实时监控和控制运输过程中的违规行为。

（3）责任界定问题：在运力质量问题发生时，平台与运力提供商之间存在责任界定的问题。由于平台与运力提供商之间的合作关系，责任的归属可能模糊不清，导致用户难以获得有效的解决方案和赔偿。

（4）信息不对称：平台难以全面了解运力提供商的运力质量情况。运力提供商隐藏一些负面信息，如事故记录、违规记录等，而平台无法完全获取和核实这些信息。这可能导致平台对运力提供商的评估和监管不够准确和全面。

#### 6.1.3.4 平台主体责任长期不落实

为增加城市覆盖率和提高驾驶人注册数量，网络货运平台追求快速扩张，未严格落实安全主体责任，安全风险不确定性加大。

（1）人车准入门槛低：平台仅要求驾驶人上传身份证、驾驶证、行驶证进行审核，不涉及驾驶人的背景核查、驾驶技术、安全意识、车辆安全性能等方面。并且平台对车辆型号没有严格限制，如将面包车也列入备选车型。

（2）安全管理不完善：平台在功能和管理上存在缺失，安全事件应对机制不健全，不能及时发现异常订单，缺少全程录音功能和安全预警功能，在驾驶人偏航后也不能及时介入。

（3）货物监管不到位：驾驶人通过电话方式向用户了解货物信息，往往存在货单不符问题。平台方面只是提醒驾驶人不得违规载货和拍照上传，而对装载物品是否属于危险品、易燃易爆物、违禁物品未进行实质性审查，且对货物运输过程无动态的审核监管。

### 6.1.4 网络货运平台加强运力信息监管的措施

加强运力信息监管是网络货运平台确保运力信息的准确性、可靠性和合规性的重要手段。这对于提高用户体验、保障货物安全、促进行业发展具有积极的影响。

#### 6.1.4.1 卸货实名制监管

卸货实名制是指在货物卸货过程中，要求卸货人员进行实名登记，并提供真实、准确的个人信息。平台可以通过技术手段，如人脸识别、身份验证等，确保卸货人员的身份真实可信。同时，加强对卸货过程的监控和记录，以便追溯责任和解决问题。

#### 6.1.4.2 轨迹验证

轨迹验证是指通过上传和验证货物运输过程中的轨迹信息，以确保货物的安全和运输的可信度。

（1）上传轨迹：货物运输过程中，可以通过北斗定位技术记录货车的轨迹信息，并将其上传到网络货运平台或相关系统中。这样可以实时监控货物的位置和运输状态，确保货物按照规定的路线进行运输。

（2）大货车自带轨迹：一些大型货车或物流公司的车辆配备了自带的轨迹记录系统。这些系统通常使用北斗定位技术，能够记录车辆的行驶轨迹和相关信息，这些轨迹信息可以作为验证货物运输过程的依据。

（3）交通运输部实时轨迹：交通部门提供实时的轨迹监控系统，通过卫星定位等技术追踪和记录货车的行驶轨迹。这些系统可以提供准确的货车位置和行驶信息，对货物运输过程进行监管和验证。

#### 6.1.4.3 强化审核和验证

（1）数据验证和比对：对运力提供商提交的信息进行数据验证和比对。平台可以与相关机构和数据库进行数据对比，核实运力提供商提交的信息的真实性和一致性。例如，核对车辆信息是否与车辆登记数据库一致，核对驾驶员信息是否与驾驶证数据库一致等。

（2）实地考察和审核：平台可以派出工作人员进行实地考察和审核。通过实地访察，平台可以验证运力提供商的实际运输能力、车辆状况、设施设备等。同时，可以与驾驶员进行面对面的交流和验证，确保其合规和专业性。

（3）合作伙伴审核：与相关机构和合作伙伴建立合作关系，共享信息和资源，进行更全面的审核和验证。例如，与运输管理部门合作，核实运输公司的许可证件和合规情况。与保险公司合作，核实货运服务提供商的保险情况。

#### 6.1.4.4 定期更新和审核

平台应定期更新运力信息，并对已发布的运力信息进行审核，确保信息的准确性和时效性。通过定期更新和审核，网络货运平台可以确保运力信息的及时性、准确性和合规性。这有助于提高平台的服务质量，增强用户的信任和满意度，防止不当行为和欺诈的发生。同时，平台也应加强内部管理和培训，确保审核和监管工作的有效性和可持续性。

（1）定期更新运力信息：平台应要求运力提供商定期更新其运力信息，包括车辆信息、驾驶员信息、运输能力等。这有助于确保提供的信息时效性和准确性，以满足用户的实际需求。

（2）定期审核运力提供商：平台应定期对运力提供商进行审核，确保其资质和合规情况符合要求。这可以包括审核许可证件、保险证明等，以确保其合法性和可靠性。

#### 6.1.4.5 建立投诉和举报机制

通过建立健全的投诉和举报机制，网络货运平台可以及时发现和处理违规行为和不当行为，保护用户的利益和权益，维护平台的信誉和声誉。同时，平台也应加强对投诉和举报的数据分析和挖掘，发现潜在的问题和改进空间，持续提升运力信息监管的效果和水平。

（1）设立专门的投诉和举报渠道：平台应设立专门的投诉和举报渠道，为用户提供方便快捷的途径来提交投诉和举报信息。这可以包括在线投诉平台、客服热线、电子邮件等多种方式，以满足用户的不同需求。

（2）明确投诉和举报的范围和要求：平台应明确规定投诉和举报的范围和要求，包括投诉的内容、举报的对象、所需提供的证据等。这有助于用户准确地提供相关信息，提高投诉和举报的效果和可信度。

（3）快速响应和处理投诉和举报：平台应设立专门的团队负责处理投诉和举报，并确保快速响应和处理。及时回复用户的投诉和举报，并采取相应的调查和处理措施，保证用户的权益得到有效保护。

（4）保护投诉和举报人的隐私和安全：平台应保护投诉和举报人的隐私和安全，确保其身份和相关信息不被泄露。这可以通过建立严格的信息保密制度和安全措施来实现，以鼓励用户积极参与投诉和举报。

（5）高效的投诉和举报处理机制：平台应建立高效的投诉和举报处理机制，确保投诉和举报案件得到及时、公正、透明的处理。这可以包括建立相应的流程和标准，进行调查和取证，采取相应的纠正措施和惩罚措施。

（6）提供反馈和结果通知：平台应向投诉和举报人提供及时的反馈和结果通知。告知他们投诉和举报的处理进展和结果，增加透明度和信任度。

## 6.2 监管路单上报

监管路单上报是指网络货运平台作为中介平台，在货物运输过程中负责向相关监管部门上报运输过程中产生的路单信息。这些路单信息包括货物的描述、数量、价值、起始地点和目的地、收发货人信息等。通过上报监管路单，监管部门可以了解货物的运输情况，进行监管和核查，确保货物运输符合法规要求。网络货运平台在这个过程中扮演着重要的角色，负责收集、生成、传输和报送监管路单信息，以确保货物运输的合规性和透明度。

### 6.2.1 路单

路单，也称为货运单或运单，是一种记录货物运输信息的文件或单据。它是货物从发货地到目的地运输过程中的重要文书，用于记录货物的基本信息、运输细节和相关方的责任和权益。

路单的作用是记录货物运输过程中的关键信息，确保货物的安全运输和交付。它不仅是物流运输过程中的重要凭证，也是货主、承运商和收货方之间的合同和约定的依据。通过路单，各方可以清楚了解货物的起始地、目的地、途经地和运输细节，以便进行跟踪和协调。

在现代物流管理中，路单通常以电子形式存在，可以通过网络货运平台或物流管理系统进行创建、传输和管理。这样可以实现信息的实时更新和共享，提高运输过程的效率和可视化管理。

### 6.2.2 路单上报的作用

（1）有利于划分货物道路运输责任。实施路单上报，能够更好地推动解决企业对所属人员及车辆"运输货物不清楚、承托双方不清楚、起讫地点不清楚、运输路线不清楚"的行业难题。落实运单制度，职责划分清楚，有助于强化托运人、装货人的责任，帮助货物道路运输企业同各环节的责任主体间划清责任边界。

（2）弥补行业监管缝隙，打击非法托运和违法运输行为。通过路单上报，有利于进一步加强货物托运环节的监管，可在货物托运、装卸环节强化对企业、车辆、人员资质的严格审核，对于不具备资质的企业、车辆，不予以装载运输、不给其充装货物，有利于从源头上遏制事故的发生。

（3）数据分析与决策支持。路单上报提供了大量的货物运输数据，监管部门可以利用这些数据进行统计分析、趋势预测和政策制定。通过对货物运输数据的分析，监管部门可以了解货物运输的规模、流向、运输效率等情况，为制定更科学的政策和规范提供依据。

（4）提升运输安全。通过路单上报，监管部门可以实时了解货运平台的运输情况，包括运输车辆的出发地、目的地、途经路线等信息。这有助于监管部门对运输过程进行跟踪和监控，及时发现和处理可能存在的安全隐患，提升货物运输的安全性。

（5）信息共享与协作。路单上报促进了监管部门与网络货运平台、物流企业之间的信息共享和协作。监管部门可以通过与平台合作，获取实时的运输数据和信息，及时了解行业动态和风险情况，提升监管效能。

### 6.2.3 路单上报

#### 6.2.3.1 路单上报的具体信息

路单信息的上报通过网络货运平台的系统进行，发货方或物流公司可以在系统中填写相关信息并提交。这样可以实现信息的统一管理和实时更新，方便各方实时查看运输情况和交流沟通。同时，这些信息也有助于货物的跟踪和监控，提高运输的可视化和透明度。路单具体信息如表 6-2 所示。

表 6-2 路单信息

| 收发货人信息 | | 包括姓名/公司名称、联系方式（电话号码、电子邮件等）、地址等 |
|---|---|---|
| 货物信息 | 货物名称 | 货物名称可以帮助平台和运力提供商了解货物的种类和性质 |
| | 货物数量 | 如件数、包裹数、托盘数等，可以帮助确定货物的规模和运输需求 |
| | 货物重量 | 通常以千克或吨为单位，是确定运输工具和运输成本的重要因素 |
| | 货物体积 | 通常以立方米为单位，有助于确定运输工具和货物堆放的空间需求 |
| | 货物特性 | 例如易碎、易腐品等，影响运输方式的选择和运输过程的安全性要求 |
| | 包装方式 | 例如纸箱、木箱、托盘等 |
| | 货物价值 | 货物的估计价值，用于确定货物的保险需求和安全措施 |
| 起始地和目的地 | | 准确提供起始地和目的地的信息对于货物的运输非常重要，可以帮助平台和运力提供商更好地规划和执行货物的运输方案，确保货物能够按时、安全地送达目的地 |

续表

| 收发货人信息 | 包括姓名/公司名称、联系方式（电话号码、电子邮件等）、地址等 |
| --- | --- |
| 运输时间 | 记录货物的发货时间和预计到达时间。这有助于平台和用户了解货物的运输进度，及时调整计划和安排 |
| 运输方式 | 例如公路运输、铁路运输、航空运输、海路运输、管道运输、多式联运等 |
| 运输车辆信息 | 包括运输车辆的车牌号码、车辆类型和车辆状态等 |
| 运输路线及距离 | 记录货物的运输路线，包括途经的城市、道路等，并计算运输的距离 |
| 运输费用 | 记录货物的运输费用和结算方式 |
| 其他备注信息 | 如特殊要求、装卸方式、运输合同等 |

#### 6.2.3.2 路单上报的流程

（1）数据收集。网络货运平台通过与物流企业和相关参与方的连接，收集货物运输的相关信息。这些信息包括货物的起始地点、目的地、数量、价值、运输工具、司机等。数据收集可以通过在线填写表单、接口对接、扫描文件等方式进行。

（2）电子监管路单生成。网络货运平台根据收集到的数据，自动生成电子监管路单。电子监管路单是一份包含货物运输信息的电子文档，符合监管机构规定的格式和要求。生成的电子监管路单可以包括运单号、发货人信息、收货人信息、货物描述、运输工具信息、司机信息等。

（3）电子监管路单数据传输和报送。网络货运平台将生成的电子监管路单数据进行传输，并报送给监管机构。传输方式可以采用加密的网络通信方式，确保数据的安全性和完整性。常见的传输方式包括数据接口对接、文件传输协议（FTP）、网络服务等。

（4）提供合规性支持。网络货运平台在上报过程中提供合规性支持，确保上报的数据符合相关法规和监管要求。平台可以通过验证机制，对数据进行检查和筛选，防止错误或不完整的数据上报。同时，平台还可以提供实时更新的监管要求和法规信息，帮助用户及时了解和遵守相关规定。

（5）监管机构审核和核实。监管机构接收到上报的电子监管路单后，进行审核和核实。监管机构可能会对上报的数据进行比对、核实货物信息、核查运输环节等步骤，以确保数据的准确性和合规性。如果发现问题或不符合要求的情况，监管机构可能会要求补充或修改相关信息。

（6）数据安全和隐私保护。网络货运平台在数据传输和报送过程中需要采取相应的安全措施，保护数据的安全性和隐私。平台应遵守相关的数据保护法规，确保用户的个人信息和商业机密不被泄露或滥用。对于敏感信息，可以进行加密处理或脱敏处理，以降低风险。

### 6.2.4　网络货运平台路单上报操作

进入华为 & 阿帕 NTOCC 网络货运平台系统，单击"监管上报"中的"路单上报"，进入路单上报页面，在这里可以查询到已完成的路单，单击右方操作下方的"上报"按钮完成路单上报操作。（图 6-1）

图 6-1　路单上报

## 6.3　监管税务基础信息上报

通过上报税务基础信息，网络货运平台能够遵守税法规定，确保纳税义务的履行，并与税务部门建立良好的合作关系。同时，税务部门可以通过这些信息对网络货运平台进行税收管理和监督，确保税收的合规性和公平性。

### 6.3.1　网络货运行业发展面临的涉税难题

#### 6.3.1.1　货运司机办理税务登记存在困难

网络货运平台参与其经营活动的货运司机遍布全国且十分分散，大部分司机并未进行市场主体登记，提高了税务机关准确确认税收管辖权、税收归属地的难度。并且由司机自行刷脸认证进行个体工商户登记、定期税务申报、工商年报等手动操作方式，不适用于网络平台行业，上百万数量级的司机进行手动操作执行，效率偏低。

#### 6.3.1.2　平台内经营者申报纳税存在困难

（1）增值税方面：按照增值税起征点优惠政策规定，自然人持续开展经营业务的，如办理了税务登记，并选择按期纳税，履行按期申报纳税义务，则可以按规定享受小规模纳税人月销售额起征点以下免税政策；自然人不经常发生应税行为的，如未办理税务登记，或只选择了按次纳税，则应按规定享受按次纳税的起征点优惠政策。目前存在的问题主要是，网络货运平台内的大量自然人货运司机分布在全国各地，经常发生应税行为，多数未办理市场主体登记，无法享受增值税相关税费优惠政策。

（2）企业所得税方面：我国企业所得税政策允许网络货运平台企业以收款凭证或内部凭证为依据进行税前扣除。这在一定程度上解决了网络货运平台企业难以从数量众多的自然人货运司机处取得正规发票，难以进行企业所得税税前扣除的问题。但现行企业所得税相关政策仅要求收款凭证列明收款单位名称、支出项目等相关信息，内部凭证填制和使用应当符合国家会计法律、法规等相关规定，并未对收款凭证和内部凭证的格式和种类做出明确要求，给税务机关鉴别税前扣除凭证的真实性和合规性带来了不小的困难。

（3）个人所得税方面：在工作实践中，由于对货运司机如何计征个人所得税依然较为模糊，对未注册个体工商户的货运司机个人所得性质的确认、货运行业个人所得税应税所得率等问题，各地仍存在政策执行标准不一致的情况。

#### 6.3.1.3 税费流失的风险

由于网络货运平台内货运司机人数众多且十分分散，通常不是税法定义下的固定业户，网络货运平台企业在购进货运司机的劳务、服务时，大多难以获得合规票据，所购进应税服务的税款抵扣和所得税税前成本费用列支凭证无法保障。为了降低企业所得税税负，部分网络货运平台企业会将全国零散税源汇集到本地代开发票，以作为平台企业自身所得税成本列支的凭证，这就有可能发生虚列成本的情况。部分网络货运平台企业存在代扣代缴个人所得税不到位的问题，也为货运司机个人所得税征管带来漏洞。

#### 6.3.1.4 虚开增值税发票的风险

由于网络货运平台交易双方业务发生地可能遍布全国各地，实践中部分网络货运平台企业通过虚增业务量甚至直接虚构交易对外开票，形成虚开发票行为，以此获取非法利益。特别是存在的大量"两头在外"的情况，即销售地不在本地、结算地也不在本地，导致企业业务真实性很难把控。税务机关在信息化监管手段相对有限的情况下，对网络货运普通企业业务真实性的监管可能存在漏洞。

### 6.3.2 网络货运平台加强税务监管采取的措施

#### 6.3.2.1 线上交易

通过在线交易平台，货主和货车司机可以直接进行交易，减少中间环节，提高交易效率。货主可以发布货物信息，货车司机可以浏览并选择合适的运输任务。这种方式可以简化货物配送的流程，提高货物运输的效率。线上交易通过网络货运平台可以提供清晰的交易数据和信息，增强税务监管的能力，确保税收的透明度和合规性。这对于税务部门来说是一种有效的工具，可以提高税收的征管效率和准确性。

#### 6.3.2.2 金融支付

在线货运平台可以提供安全的金融支付系统，方便货主向货车司机支付运输费用。货主可以选择多种支付方式，如银行转账、电子支付等。这种方式可以减少现金交易的风险，提高支付的便捷性和安全性。金融支付系统通过与网络货运平台的集成，提供了交易流程监控、交易数据记录和追踪、税务信息共享、税收申报和缴纳便利性以及电子发票管理等功能，有助于加强税务监管的能力，确保税收的透明度和合规性。这为税务部门提供了更便捷、更高效的手段来监管和管理网络货运平台的交易活动。

（1）交易流程监控：金融支付系统可以与网络货运平台进行集成，实时监控交易流程。这包括货物运输费用的支付和结算过程。税务部门可以通过监控支付流程，确保交易的真实性和准确性。

（2）交易数据记录和追踪：金融支付系统可以记录和保存交易的相关数据，包括交易金额、交易时间、参与方信息等。这些数据可以被用于税务监管，提供交易的凭证和证据。

（3）税务信息共享：金融支付系统可以与税务部门进行数据共享，提供交易数据和相关信息。税务部门可以通过金融支付系统获取交易信息，加强对纳税人的监管和管理。

（4）税收申报和缴纳便利性：金融支付系统可以提供便捷的税收申报和缴纳渠道。货主和货车司机可以通过金融支付系统直接完成税费的申报和缴纳，减少了烦琐的纸质流程，提高了缴税的便利性和效率。

（5）电子发票管理：金融支付系统可以与电子发票系统进行集成，实现电子发票的自动生成和管理。税务部门可以通过电子发票系统获取交易的发票信息，进行核查和管理。

#### 6.3.2.3 电子合同管理

通过电子合同管理系统，货主和货车司机可以在线签订运输合，这种方式可以减少纸质合同的使用，提高合同签订的效率和便捷性。另外，电子合同可以记录交易的详细信息，便于后续的管理和纠纷解决。同时，电子合同管理系统可以提供合同数据记录、验证、存证和共享的功能，有助于税务部门加强对网络货运平台交易的监管和管理。通过电子合同管理，税务部门可以更好地了解交易的真实性、合规性和税务履约情况，提高税收的征管效率和准确性。

（1）合同数据记录和验证：电子合同管理系统可以记录和保存网络货运平台上的

合同数据，包括合同条款、参与方信息、交易金额等。税务部门可以通过这些数据验证交易的真实性和准确性。

（2）合同签署和存证：电子合同管理系统可以提供合同的电子签署和存证功能。这意味着合同的签署和存储过程都可以在系统中进行，确保合同的完整性和可追溯性。税务部门可以通过电子合同的存证信息核查交易的合规性。

（3）合同信息共享：电子合同管理系统可以与税务部门进行数据共享，提供合同数据和相关信息。税务部门可以通过合同信息了解交易的细节和参与方的责任，加强对纳税人的监督和管理。

（4）税务合规性监测：电子合同管理系统可以监测合同中的税务条款和义务，确保交易各方履行税务方面的责任。税务部门可以通过系统监测合同的税务合规性，加强对纳税人的税务监管。

### 6.3.3 网络货运平台如何合规运营

#### 6.3.3.1 业务真实有效性

"五流合一"能够最大程度地确保物流业务中各要素的数字化、真实化，无论是对企业、个体还是对行业、国家来说，都是目前行之有效的确保业务真实性的关键途径。这五流分别是：业务流、信息流、资金流、票据流、货物轨迹流。

业务的真实有效性将是网络货运平台关注重点，因为网络货运平台涉及运费的交易环节，必然产生资金流，从而涉及缴税纳税、发票开具等税务问题。若是网络货运平台的运输主体信息、运输业务不真实，则会陷入虚假开票，触碰法律法规的底线。

网络货运作为新生业态，刚兴起时遇到一些问题不足为奇，但随着该业态逐渐发展成熟、相关政策法规逐步出台，网络货运平台势必会走向规范化运营。网络货运平台不能确保运输主体的信息真实性，就保障不了货物运输的安全。同时网络货运平台也将无法吸引全国的货主与货车司机用户，实现服务全国物流从业者、物流行业降本增效的目标。此外，网络货运平台离开了真实用户，也将无法开展基于大量用户的衍生服务，无法延伸平台的业务范围。因此，运输主体信息的真实性与货物运输的安全性是网络货运平台长久发展的基石。

#### 6.3.3.2 税务筹划

在验证个体运输户的身份信息、运输资质、运力信息、交易信息的真实性后，由平台代个体运输户到平台所在地税务局缴纳税款，并开具3%的增值税专用发票，最终借此获得进项税抵扣。其进项税额准予从销项税额中抵扣：

（1）成品油和道路、桥、闸通行费，应用于纳税人委托实际承运人完成的运输服务。

（2）取得的增值税扣税凭证符合现行规定。国家税务总局在相关公告中明确了运输业务外包给个体司机是执行该文件的前提条件，对应的实际操作就是支付司机运费，司机对企业开具运输发票。然后，对应该业务所产生的成品油与道路、桥、闸通行费可以依据符合规定的增值税扣税凭证进行抵扣。

#### 6.3.3.3 风控能力

网络货运平台涉及交易、资金、票据、保险等各类重要资源，平台的风控能力尤其重要。以实现三级等保为基础，实现后续系统和服务器的稳定性非常重要。无论是自建还是租赁网络货运平台，确保安全性至关重要。

网络货运平台处理和管理大量的个人数据、交易数据、税务数据和地理数据等，需要确保网络运输业务数据链的完整性，还需要同等重视数据隐私的安全性，确保在使用大数据开展业务的同时保护数据安全。

## 6.4 监管税务运单上报

网络货运平台税务运单上报是指在货物运输过程中，网络货运平台作为中介平台负责向税务部门上报相关的税务运单信息。通过税务运单的上报，网络货运平台可以协助用户确保在货物运输活动中的税务合规性，并为税务部门提供数据支持和依据。同时，税务部门可以利用这些数据进行税务管理和征收，确保纳税人按规定履行税务义务。

### 6.4.1 税务运单

税务运单是指在税务管理中用于记录货物运输和交易信息的单据。税务运单的主要目的是确保货物运输和交易活动的合规性和纳税义务的履行。税务部门可以通过税务运单对货物的运输和交易进行监管和核对，确保税款的准确计算和征收。税务运单也是税务部门对纳税人进行税务审计和税收管理的重要依据。

### 6.4.2 税务运单上报的作用

税务运单的上报对于税务部门和纳税人来说都具有重要意义。对于税务部门来说，税务运单是税收管理和监管的重要工具；对于纳税人来说，税务运单是履行纳税义务、合规经营的必要环节。

（1）纳税申报。税务运单是纳税人向税务部门申报纳税信息的重要依据。通过上报税务运单，纳税人可以向税务部门提供准确的货物运输、收入和支出等相关信息，以便税务部门核实和计算应纳税款。

（2）税收监管。税务运单的上报可以帮助税务部门进行税收监管和风险控制。税务部门可以通过对税务运单的审核和分析，识别潜在的税收风险，进行税收调查和审计，确保纳税人遵守税法规定，减少税收逃漏税行为。

（3）数据分析和统计。税务运单的上报可以为税务部门提供大量的货物运输和交易数据。税务部门可以利用这些数据进行分析和统计，了解行业发展趋势、市场需求和经济状况等，为税收政策的制定和调整提供参考依据。

（4）信息交流和合作。税务运单的上报也为税务部门和纳税人之间的信息交流和合作提供了基础。税务部门可以通过与纳税人的税务运单进行对比和核查，建立起与纳税人的沟通渠道，解决纳税人在税务申报过程中遇到的问题，并提供相关的税务咨询和指导。

### 6.4.3 税务运单信息

#### 6.4.3.1 税务相关的名词解析

当涉及网络货运平台时，以下是一些与税务相关的名词解析：

（1）增值税：增值税是一种按照商品和服务的增值额计征的税种。在货运过程中，网络货运平台可能涉及增值税的征收和申报。

（2）进项税：进项税是指企业在购进货物或接受服务时支付的增值税。网络货运平台作为企业，在采购运输服务、运输工具、办公用品等方面支付的增值税可以作为进项税进行抵扣。

（3）销项税：销项税是指企业销售货物或提供服务时收取的增值税。网络货运平台作为企业，在提供货运服务时收取的增值税即为销项税。

（4）纳税申报：纳税申报是企业向税务部门报告自己的税务情况和缴纳税款的过程。网络货运平台需要按照税法规定，定期向税务部门申报自己的销项税和进项税，并缴纳相应的税款。

（5）税务合规：税务合规是指企业按照税法规定，合法、准确地履行纳税义务的行为。网络货运平台需要遵守相关税法规定，如按时申报税款、保留准确的税务记录等，以确保税务合规。

（6）发票管理：网络货运平台在货运过程中，需要开具和管理相应的发票。发票是税务部门认可的凭证，记录了交易的金额和税额等信息。网络货运平台需要遵守税法规定，正确开具和保存发票。

#### 6.4.3.2 税务运单具体信息

税务运单信息是指在货物运输过程中，涉及税务方面的相关信息记录，如表6-3所示。

**表 6-3　税务运单具体信息**

| 税务运单编号 | | 每张税务运单都应有一个唯一的编号,用于标识和跟踪 |
|---|---|---|
| 税务运单日期 | | 填写税务运单的日期,通常是报送的日期或报告期的结束日期 |
| 发货人和收货人信息 | | 包括纳税人识别号、名称、地址等 |
| 运输路线信息 | | 包括起始地点和目的地点 |
| 货物运输收入 | | 记录平台在报告期内所获得的货物运输收入,包括运输服务费、运输保险费等 |
| 税率和税额 | 增值税 | 增值税是一种按照货物和劳务的增值额计征的税种 |
| | 所得税 | 根据企业或个人所得额计算的税种 |
| | 关税 | 对进口和出口货物征收的税款 |
| 其他税务信息 | | 根据当地税务机关的要求,可能需要填写其他相关的税务信息,如增值税专用发票号码、税务登记证号码等 |
| 签字和日期 | | 用户需要签署税务运单,并填写上报日期 |

### 6.4.4　税务运单上报流程

#### 6.4.4.1　用户填写税务信息

在进行货物运输交易时,用户需要填写与税务相关的信息,如发货人和收货人的纳税人识别号、货物的数量和价值、运输车辆信息等。

#### 6.4.4.2　平台收集税务数据

网络货运平台需要收集用户填写的税务信息,确保数据的准确性和完整性。这可以通过在线表单、电子数据采集等方式进行。

#### 6.4.4.3　编制税务运单

基于用户提供的税务数据,平台需要编制税务运单,包括填写发货人和收货人的税务信息、货物的详细描述、运输车辆和司机信息等。

#### 6.4.4.4　核对和审核

平台可能会对用户填写的税务信息进行核对和审核,确保信息的准确性和合规性,包括与用户进行沟通、要求补充信息或进行数据验证等。

#### 6.4.4.5　提交税务运单

完成税务运单的编制和核对后,平台将税务运单提交给税务部门。具体的提交方式根据地区和国家的税务法规而有所不同,可以是电子递交、邮寄或亲自前往税务部门提交。

(1)电子递交:通过税务部门提供的在线平台或系统,允许通过电子方式递交税务运单。平台可以将税务运单以电子文件的形式上传到税务部门的系统中。

（2）邮寄递交：平台将填写好的税务运单打印出来，通过邮寄或快递的方式寄送给税务部门。

（3）亲自递交：平台将税务运单打印出来，由用户或平台代表前往税务部门提交。

## 6.5 缴纳税款

根据税务部门的要求，用户需要按时缴纳相应的税款，并保留相关的缴款证明和记录。

（1）遵守税务机关的核查和审计。税务部门有权对用户的税务运单进行核查和审计，用户需要配合并提供相关的支持和解释。

（2）联系方式。包括平台的联系电话、电子邮件地址等联系方式，方便税务机关与平台进行沟通和联络。

网络货运平台资金流水上报操作：进入 NTOCC 网络货运平台系统，单击"监管上报"中的"资金上报"，进入资金上报页面，单击右方操作下端的"上报流水"按钮完成上报。（图 6-2）

图 6-2 资金流水上报

# 第 7 章　平台增值服务管理

网络货运平台增值服务是指在运输过程中，为满足客户多元化、个性化的需求，提供的除运输基础功能以外的附加服务，包括但不限于在线客服咨询、运输方案优化、保险服务、金融服务、数据分析等。这些增值服务不仅有助于提升客户体验和运输效率，还能增强平台的竞争力，推动整个行业的升级和转型。随着物流行业的快速发展和市场竞争的加剧，网络货运平台增值服务逐渐成为行业发展的新引擎，有效带动物流市场的资源整合和行业规范发展。本章将深入探讨网络货运平台增值服务的管理策略，以期为相关企业和行业提供参考和借鉴。

## 7.1　油品服务

### 7.1.1　油品服务市场规模庞大

据中国物流与采购联合会《2023 年全国物流运行情况通报》数据显示，2023 年，全国社会物流总额 447.6 万亿元，同比增长 5.4%；社会物流总费用 27.8 万亿元，同比增长 4.4%；社会物流总费用与 GDP 的比率为 14.7%，比上年提高 0.1 个百分点。从结构上看，运输费用 9.55 万亿元，增长 4.0%；保管费用 5.95 万亿元，增长 5.3%；管理费用 2.26 万亿元，增长 3.7%。2023 年物流业总收入 12.7 万亿元，同比增长 4.7%。

物流运行情况与油品服务市场规模相互影响、协同发展。随着物流运输量的增加，对油品的需求量相应上升，为油品服务市场提供了更多的业务拓展机会，有助于扩大油品服务市场的规模。油品服务市场是物流行业的重要支撑，对物流企业的成本控制产生直接的影响。物流公司，尤其是涉及公路运输的企业，高度依赖油品供应。油品服务市场规模的扩大意味着物流行业能够得到更稳定、更充足的油品供应，从而确保物流运行顺畅。

### 7.1.2　平台油品服务模式

网络货运平台通过与中石油、中石化、中海油等大型供油企业以及民营油站建立紧密的合作关系，有效整合油品采购资源，进行批量购买，从而获得较低的价格折扣。由于大型供油企业和民营油站的网络覆盖广泛，网络货运平台可以借此保障油品供应的稳定性和灵活性。

通过这种合作模式，全面打通油气服务商系统，实现油气采购、开票、划拨、结算、抵扣、对账等全流程在线操作，通过数据流向清晰，操作效率高，并可追溯每笔交易。司机可以使用电子卡代替实体卡，实时掌握油站信息，系统根据位置和油价规划加油路线，自主查询消费账单，提高记账清晰度。全流程数字化操作不仅提升了员工工作效率，减少了人力成本，还避免了票据丢失和操作失误，确保数据安全。用户可以在网络货运平台上进行多品类油品的询价、比价、采购、支付结算等一站式服务，这种方式不仅大大简化了采购流程，还显著降低了中小企业的油品采购成本。在这个过程中，网络货运平台根据实际用油比例，设定相关服务费率进行赢利。

### 7.1.3 平台油品服务案例

（1）万金油。万金油成立于 2016 年，切入高速公路加油场景，针对物流企业加油过程烦琐、不透明以及开票难等问题，利用平台实现管油、加油、开票线上一体化，一改线下粗放的加油流程，提高了效率。通过万金油平台接口统一管理，企业可以替代传统多张油卡的办理实现跨品牌直接加油，减少资金沉淀，实现灵活分配调动。（图 7-1）

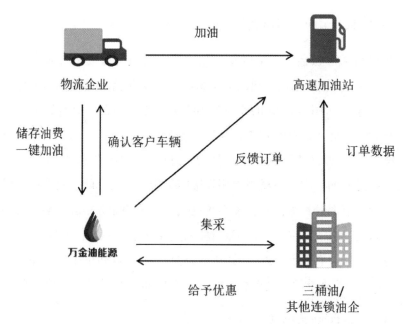

图 7-1　万金油平台油品服务

（2）车主邦。车主邦创立于 2016 年，以二线国资、外资、合资、民营连锁企业为平台供应商，主要服务于城配、专快车等商用车平台以及零散商用车司机。针对加油成本高、物流行业利润率低等痛点，车主邦切入城配及叫车平台市场，集中采购、定点加油。通过与加油站合作采购油品获得优惠，服务于广大物流企业及个体司机。司机通过车主邦 App、微信公众号及第三方平台的一键加油接口进行加油，车主邦为完成系统认证的司机提供最近、最优惠的加油站导航、支付服务。（图 7-2）

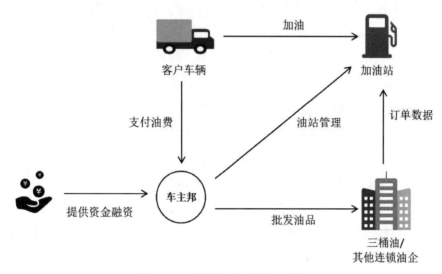

图 7-2　车主邦平台油品服务

### 7.1.4　平台油品服务存在的问题

在实际操作中，各地监管部门为防止虚开虚抵增值税发票及国家税收流失，对网络货运平台相关进项税抵扣的标准进行了严格且非统一的规定。但在业务实际操作中，由于运输场景复杂，"现实实践"和"监管要求"往往存在冲突。

（1）不能证明进项油气发票抵扣为实际承运车辆自用。根据《国家税务总局关于跨境应税行为免税备案等增值税问题的公告》（国家税务总局公告 2017 年第 30 号）中的相关规定，无论是网络货运平台还是传统物流企业，以承运人身份签订合同后，委托实际承运人运输的，对其采购的进项油气可以抵扣的必要条件包括：一是采购油气交付给了实际承运人使用，一般还要求实际承运人应为平台注册会员，如车辆挂靠在物流公司名下或为其他物流公司所有，则会引发对货运平台整个运输服务业务链条真实性的稽查；二是使用在网络货运平台委托实际承运人承运的业务中。

从税务机关执法角度来看，如果网络货运平台进项抵扣中包含了油、气等发票，则意味着要承担抵扣部分符合上述两条件的举证责任。具体来说，若税务机关口头要求企业提供，企业不能按要求提供的，在稽查程序中，稽查局会通过下发《税务事项通知书》的形式，要求企业就自行采购的成品油、液化气交给实际承运人使用的业务，限期内提供包括但不限于以下材料：企业与油、气供应商结算款项的银行流水清单；与公司有合作关系的加油气、站的具体名称和地址；逐笔提供实际承运人的订单日志、含有时间和地理位置信息的实时行驶轨迹数据、加油加气的网上交易日志和款项结算信息。

如企业不能逐笔提供上述资料，承担不了举证证明所抵扣进项符合国家税务总局相关规定的，税务机关会首先要求企业对抵扣进项税额转出，追缴增值税。

（2）企业可以证明进项油气发票抵扣为实际承运车辆自用，但难以证实是不是用到了承运业务中。以油费抵运费会遭到司机抵制，司机不愿配合；司机、货运路线分布全国各地，司机在运输过程中，油箱时满时空，无法证明是为了完成承运业务而加油；加油金额与实际承运业务的油耗无法精确匹配对应。

例如，某公司无法按照要求逐笔提供加油明细，会员加油信息不一定通过App支付呈现，此时无法反映出加油的车号；支付给供应商的记录以及供应商处司机实际加油的记录，能够调取并提供给税务机关，但供应商处调取的实际加油记录仅显示加油站点、加油时间、加油数量、金额、品类等，无法显示加油车号，也无法与付款人信息对应。

（3）油品进项税抵扣存在滞后性。购买的油品需要发放给运单对应的实际运输者，且实际运输者在对应运单中消耗了油品，并出具对应的加油凭证回笼记录，才可开具增值税发票。但油品的进项发票获取的进度往往取决于司机的消费习惯，司机、货运路线被分配的燃油费，需要一定的消耗周期，消耗完后才可以开具发票，网络货运平台则在发票回笼后，才可进行进项抵扣，导致油品进项税抵扣存在严重的滞后性。

### 7.1.5 平台油品服务的价值

为充分发挥油品服务在降本增收方面的价值，赋能网络货运企业高质量发展，网络货运平台可以通过整合多家优质油气服务商，集采优势明显，降低燃油采购成本，为园区企业、下游司机提供低价、优质、便捷的能源服务。同时，凭借技术创新和应用能力，帮助企业自动获得油气发票进行进项抵扣，全面降低网络货运企业运营成本。

除了网络覆盖广，油品的价格折扣也是非常重要的，网络货运平台的油气增值服务覆盖中石油、中石化、民营及各类撬装加油站。燃油直接从合作炼油厂采购，消除传统油品采购环节中的中间商差价，最低可以为企业提供相对于国家指导价的优惠，并且可以根据不同企业的采购量给予 0.8%~1.5% 的返利，进一步降低企业油费成本。同时，部分平台企业已经开通油卡付的司机运费在线奖励产品功能，让司机更愿意接受油卡支付运费，帮助网络货运企业赚取更多的返点和折扣差价。

通过数字化实现加油轨迹校验，通过北斗卫星技术、大数据技术对车辆所在的加油站点、加油金额等进行记录，对线路油耗进行比对分析，实现加油数据的在线化、可回溯。

通过数字化实现交易合规。线上发布订单，运输途中对轨迹实时监控、在线支付留痕，运输全流程在线化、可视化监控，对运输轨迹和财务付款信息进行校验，解决个体司机完税问题，实现合同流、运输流、信息流、资金流、票据流五流合一，确保运输线上交易真实合规。

## 7.2 物流金融

物流金融面向物流业提供资金融通、结算、保险等服务的金融业务，为金融机构、供应链企业以及第三方物流服务商之间的紧密合作搭建良好的平台，使得合作达到"共赢"的效果。物流金融是物流与金融相结合的复合业务概念，不仅能提升第三方物流企业的业务能力及效益，还可以提升资本运用的效率。对于金融业务来说，物流金融的功能在于帮助金融机构扩大贷款规模、降低信贷风险，在业务扩展服务上协助金融机构处置部分不良资产、有效管理CRM客户，提升质押物评估、企业理财等顾问服务项目。

### 7.2.1 物流金融的类型

（1）仓单质押。仓单质押业务涉及仓储企业、货主和银行三方的利益，因此要有一套严谨、完善的操作程序。货主按照约定数量送货到指定的仓库，仓储企业接到通知后，经验货确认后开立专用仓单；货主当场对专用仓单作质押背书，由仓库签章后，货主交付银行、提出仓单质押贷款申请。银行审核后，签署贷款合同和仓单质押合同，按照仓单价值的一定比例放款至货主在银行开立的监管账户。贷款期内实现正常销售时，货款全额划入监管账户，银行按约定根据到账金额开具分提单给货主，仓库按约定要求核实后发货；贷款到期归还后，余款可由货主（借款人）自行支配。

（2）动产质押。动产质押是指债务人或者第三人将其动产移交债权人占有，将该动产作为债权的担保。债务人不履行债务时，债权人有权依照本法规定以该动产折价或者以拍卖、变卖该动产的价款优先受偿。前款规定的债务人或者第三人为出质人，债权人为质权人，移交的动产为质物。

（3）保兑仓。企业向合作银行交纳一定的保证金后开出承兑汇票，且由合作银行承兑，收款人为企业的上游生产商，生产商在收到银行承兑汇票前开始向物流公司或仓储公司的仓库发货，货到仓库后转为仓单质押，若融资企业无法到期偿还银行敞口，则上游生产商负责回购质押货物。

（4）开证监管。开证监管是指银行为进口商开具立信，进口商利用信用证向国外的生产商或出口商购买货物，进口商会向银行缴纳一定比例的保证金，其余部分则以进口货物的货权提供质押担保，货物的承运、监管及保管作业由物流企业完成。

### 7.2.2 物流金融操作模式

网络货运平台企业采用物流金融的方式，主要是为了更好地整合物流资源和金融资源，提升资金利用效率，降低运营成本，增强市场竞争力。

阿里巴巴菜鸟网络推出的供应链融资服务"入仓即可贷"是物流金融的典型案例。这一服务于 2018 年开始试点并全面推广，使得所有商家在货物入仓后即可获得贷款。菜鸟网络利用自身的智能物流骨干网，将金融服务覆盖到其云仓体系，帮助物流企业和入仓商家解决资金问题。具体操作模式包括：

（1）仓单质押融资。网络货运平台与银行合作，为货主提供仓单质押融资服务。货主将货物存入指定仓库，并将仓单作为质押物向银行申请贷款。银行根据仓单的价值和货物的流通性，为货主提供一定比例的贷款。

（2）运费融资。平台基于运单信息为货主和司机提供运费融资服务。货主发货时，可以选择将运费作为融资对象，由平台提供资金支持。司机完成运输任务后，平台会扣除融资款项和利息，将剩余运费支付给司机。

（3）供应链金融。网络货运平台可以利用其在供应链中的核心地位，为上下游企业提供金融服务。例如，平台可以为供应商提供应收账款融资，为经销商提供预付账款融资等。

此外，网络货运平台还可以利用大数据、云计算等技术手段，对物流金融进行风险控制和优化。通过对物流数据的分析和挖掘，平台可以更准确地评估借款人的信用状况和还款能力，降低金融风险。

## 7.3 保险服务

物流货运保险综合传统货运保险和财产保险的责任，承保物流货物在运输、储存、加工包装、配送过程中由于自然灾害或意外事故造成的损失和相关费用，不仅可以为客户提供全面、无缝式的保险保障，还能最大程度地简化客户的投保手续，方便客户。

### 7.3.1 物流保险险种

当前，我国物流业的保险险种主要包括物流货物险和物流责任险两大类。

物流货物险是指货物在中国境内的运输、仓储、配送等物流环节可能遇到的风险而进行的保险，根据功能不同，分为财产保险和物流货物运输险。财产保险指的是承保机器设备、厂房、仓储物品等处于静态财产的保险，也可称为仓储险。物流货物运输险是以运输过程中的货物作为保险标的，保险人承担因自然灾害或意外事故造成损失的一种保险。这两种险种主要针对物流过程中运输和仓储两个主要功能。

目前，第三方物流在我国发展十分迅速，经营第三方物流的企业承担着安全仓储、流通加工及运输的责任。因此，物流责任保险为专业经营第三方物流业务的物流公司提供全面、有效的保障，综合传统货运保险和财产保险的责任，承保物流货物在运输、储存、加工包装、配送过程中由于自然灾害或意外事故造成的损失和相关费用。

物流货物保险和物流责任保险的区别在于被保险人不同、承担责任不同、保障范围不同等。货物运输保险的被保险人通常是货主，保险公司向货主支付赔款后将向承运人进行追偿；而物流责任保险的被保险人就是承运人，赔款赔付给物流运输企业。货运险的被保险人发生货损后就可以向保险公司主张赔付。货运险的保障范围包括自然灾害和意外事故，物流责任保险的保障范围限于列明的意外事故后要承担的法律责任。

### 7.3.2　网络货运平台保险服务流程

网络货运平台为防控运输过程中可能出现的风险，保障司机与货主的利益，可以建立多种约束机制和货物运输保险机制，平台为每一笔非指定运单购买货物运输保险，保障货物运输安全。网络货运平台的保险服务流程大致为：

（1）平台与各大保险公司进行签约合作，将投保流程线上化，并嵌入物流相关环节。这使得物流运输过程中的相关人员能够一键在线自助投保，其优点在于能够大大简化操作难度与相关流程，实现物流保险的智能化。货主和司机可以在业务 App 或微信小程序中按需选购保险服务，让投保过程变得更为简单、快捷和有保障。

（2）当货物在运输过程中出现损失或损坏时，客户可以通过网络货运平台及时提交理赔申请。平台会协助客户提供必要的材料，如货物运输合同、托运单据、货物清单、损失照片等，并填写理赔申请表格，与此同时，平台还会对申请材料进行审查，如现场勘察和损失评估，以确保理赔的准确性和公正性。

（3）互联网保险服务还提供车辆定位和信息监控功能，通过技术手段实时了解货物的行程和状态。这有助于保险公司及时掌握货物的安全情况，并在出现异常情况时采取措施，进一步保障货物的安全。

同时，用户也可在公司网站链接中进行保单查询。确认装货完成后，根据货源单选择保额与运输数量生成保单，对应到该运输单，货主与司机均可查看。

### 7.3.3 网络货运平台保险险种

对于货主企业而言，若在途货物因意外事故损毁，要承担经济受损的风险。对于货车司机而言，如果遇到货损超出正常范围，货物没有投保，也将面临赔偿风险，这对于本就高昂的运输成本来说更是雪上加霜。考虑到此类问题，网络货运平台充分发挥及利用专业保险合作方的作用，通过与保险方的合作开发针对型险种，尽量规避、减少、避免及转移货主与平台的经济风险及损失，否则若发生货值较高赔偿或者较为严重的货运事故，仅靠平台方及下游的偿付很难保障客户及平台企业自身的权益。

法律规定网络货运经营者无法免除承运人的全部责任，但网络货运平台作为责任方可以从业务流程本身出发，与专业保险合作方建立合作，将成熟的保险业务应用与具体的网络型物流应用场景结合。例如，为货主托运货物按单购买货物运输险，为实际承运人提供货物运输险、车辆保险、人员意外保险等多重投保选择。网络货运平台基于业务场景开发定制化的网络型物流责任险，争取在赔偿及条件上向平台倾斜，保障平台与上下游的整体利益。

当前，网络货运平台的险种包括但不局限于一些常见的货运险，主要包括以下几种：

一是承运人责任险。承运人责任险是货运公司稳步发展的重要举措，因此必须及时投保、续保。由于物流行业一般都将仓库或者转运平台设置在偏僻地段，发生偷抢事件的概率相对较大，而发生意外事故或者火情时也很难及时救援，因此承运人责任险是非常必需的。

二是员工意外伤害保险。由于物流从业人员经常和车辆打交道，而且在物流装卸货平台上发生不可预知风险的概率比较大，基本上，物流业从业人员不论什么工种，都应购买意外伤害保险。

三是单票货物保险。如客户有特别要求，如下雨天要求当天必须将货物送到等特殊情况，或者货物价值特别贵重，且客户能提供货值证明时，一定要购买单票货物保险，并向客户收取一定数额的保费，确保货物安全无风险。

四是自有车辆保险。包括交强险和第三者责任险及货物保险。第三者责任险（简称三责险）是指被保险人或其允许的驾驶人员在使用保险车辆过程中发生意外事故，致使第三者遭受人身伤亡或财产直接损毁，依法应当由被保险人承担的经济责任，保险公司负责赔偿；货物保险又叫货运保险，是以运输途中的货物作为保险标的，保险人对由自然灾害和意外事故造成的货物损失负责赔偿责任的保险。

除了风险之外，"理赔难、理赔慢、手续多"这三大保险行业痛点，让众多货主和司机用户颇为犹豫，降低了投保意愿。尤其面对货运风险，在货运险投保过程中，司机、货主最为关注的无疑是保金多少、保障能力和理赔时效。为解决货主和司机共同面对的难题，在线投保就是网络货运平台的便捷操作，平台通过与各大保险公司的签约合作将投保流程线上化，嵌入到物流相关环节，让相关人员在物流运输过程中能够一键在线投保，大大优化了操作流程，简化了操作难度，实现了物流保险的智能化，保障物流全流程各方的权益。

### 7.3.4 网络货运平台保险案例

林某为某货运公司平台上注册的货运司机。2020年10月20日，林某通过线上平台接到A公司搬运货物的订单，当货物到达卸货地点后，A公司发现货物中有4个显示屏在运输途中损坏，双方经过协商，林某赔偿A公司1888元。因某货运公司赠送林某"拉货宝"保险，故保险公司对此进行理赔，理赔金额为8300元，支付至A公司账户。A公司收到理赔款后同意退回1888元给林某。

该案例中，网络货运平台赠送林某的保险"拉货宝"实际名称为"××物流网约车货损责任保险"，属于车上货物责任险，保险车辆在使用过程中发生意外事故，致使所载货物遭受直接损失的，依法应由被保险人（司机）承担的赔偿责任，转嫁由保险公司负责赔偿，保险理赔接受方原则上为寄货方。A公司在平台下单后，其货物在货运途中受损，司机负有赔偿责任。司机购买或者获赠保险后，依法应由其承担的赔偿责任，转嫁由保险公司赔偿。

## 7.4 电子签约

### 7.4.1 电子签约的产生与发展

电子合同是一种被法律认可的合同签订形式，一份加载了可靠电子签名、第三方取时服务、防篡改等技术的电子合同具有同纸质合同一样的法律效力。《中华人民共和国民法典》明确了电子合同的订立时间、地点等相关规则，从基本法的角度确立了电子合同的地位。电子签约是一种利用数字证书和时间戳技术，对电子文档进行签名和保全的方式，具有法律效力和安全性。

近年来，数字经济的快速发展成为中国经济发展的新动能，作为企业数字化转型中重要的一环，电子签约技术逐渐走向成熟，随着产业数字化程度的加深快速渗透到各行业。电子签约可以实现线上化、远程化、自动化的合同和单据管理流程，规避了纸质合同面签或邮寄、打印、扫描的麻烦，签约双方无须长途奔赴或等待快递送达，只需通过手机、电脑、平板等电子设备，足不出户就可以在线签署合同，简化了纸质合同反复修改、审批、邮寄等环节，大大缩短了合同和单据的处理时间，提高了签约效率；同时，线上签约模式流程化的操作有效降低了人力成本，将人力成本用于更有价值的工作，从而创造更高的价值。

电子合同采用可靠电子签名技术，可确保签约主体真实身份、防止合同文件被篡改、精确记录签约时间，具有很高的法律效力。相比纸质合同易被损坏、涂改、冒签等隐患，电子签约技术极大地降低了企业签约的风险隐患。

### 7.4.2 物流服务合同

网络货运平台是经营者依托互联网进行运输资源的配置整合，以承运人的身份与委托人签订运输合同，委托实际承运人完成道路货物运输，并承担承运人责任的道路货物运输经营活动。在实际经营的过程中，平台企业以承运人的身份与货主签订运输合同，而与实际承运人签订的是托运合同。平台企业对于货主而言，具备与承运人一样的法律地位，享有所有承运人应有的权利并承担相应的义务；而对实际承运人来说，平台企业却变成了货物的托运人，享有托运人的权利并承担相应的义务。由于网络货运平台实际上具有承运人和托运人的双重身份，这种双重身份是在不同的法律关系中表现出不同的身份地位。如果要保障运输参与方合法权益、明确各自责任，合同的重要性不言而喻。

物流服务涉及大量合同和单据，如运输合同、货运单、收货单、验收单等。传统的合同和单据管理方式，需要大量的纸张、油墨、印章等物料，以及人力、管理等资源，存在效率低下、成本高昂、安全风险等问题。电子签约技术的出现，支持了物流服务的数字化转型。

根据统计，一家拥有2万多名货运司机的大型网络货运平台，通过引入电子签章，平均每天可以缓解1.5万~2万份运输文件的签署压力，一年平均消除300万~700万份文件的用纸、签署成本，电子签可以全面释放人力，推动平台合规、高效、安全服务。

当前，全国多地已经实施"一车一单"制，网络货运平台必须启用电子运单，否则无法运营。这里的电子运单根据"运输合同"生成，需要托运人、司机及收货人三方签字确认。引入电子签章实现线上签署，消除"接单、派单、运输、交货、回执"过程中的纸质文件是网络货运合规运营的重要条件。

### 7.4.3 网络货运平台电子签约步骤

在电子签约的链条中，网络货运平台主要的签署对象包括发货方、仓储中心、承运商、收货方。电子签约资源配置如图7-3。签署的合同类型分为两种，主要类型为承运协议、运输合同、电子回单、入仓以及出仓单、融资保理协议等，次要类型则包括站点租赁协议、授信贷款协议、代理合作协议、商家入驻协议、员工劳务合同等。

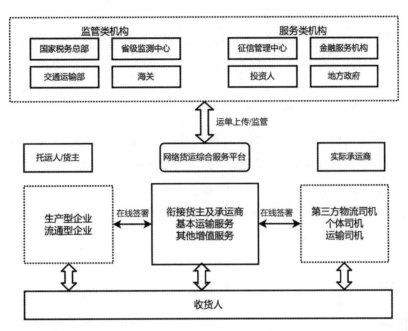

图 7-3　电子签约资源配置图

根据《中华人民共和国民法典》和相关规范，合法有效的电子合同是指合同当事人利用可靠的电子签名技术，通过第三方电子签名平台在互联网上形成的数据电文。确认装货完成后，根据运输单价与运输数量生成运输合同，分为货主与平台一份、司机与平台一份。

在网络货运平台中，电子签约的完成主要遵循以下步骤：

（1）实名认证：这是电子签约的首要步骤，目的是验证用户资料的真实性。用户需要按照平台要求提供个人信息，并进行身份验证，确保电子合同的有效性。

（2）在线签署：完成实名认证后，用户需要设置自己的专属电子签名。之后，用户可以在平台上上传需要签署的合同，填写必要的相关信息，并使用自己的专属电子签名进行签署。在签署过程中，平台会采用加密登录、预留手机随机动态密码等技术手段，确保签署行为由签署人本人控制，保证合同签署的安全性。

（3）发送合同：当用户完成签署后，可以将合同发送给对方等待对方签署。在这个过程中，平台会使用先进的第三方取时、防篡改等技术手段，精确记录发送时间，并确保电子合同在传输过程中不被篡改和丢失。

（4）对方签署：对方在收到合同签署提示后，可以登录平台，阅读合同内容，并使用本人的电子签名完成签署。

此外，一些网络货运平台还提供与其他物流组织常用管理软件的集成服务，如运输管理、仓储管理、订单管理等，以实现电子回单、货运单、提货单等物流单据的在线签署，从而提高物流效率，降低运营成本。

完成以上步骤后，电子签约过程即告完成。双方可以在平台上查看和管理已签署的电子合同，这些合同具有与纸质合同同等的法律效力。

### 7.4.4 网络货运平台电子签约场景

（1）平台与司机签署入驻协议、运输协议。运输协议签署流程如图7-4所示。司机接单并进行实名认证登录后，即可在线确认运输信息并签署运输合同，随后装车配送；对于平台方，司机签署运输合同后，平台通过设置可自动完成合同的一键签署。相比使用电子签之前，如今全流程线上进行的合同/文件签署方式，不仅能大大提升货运效率，还能规避冒签、代签等问题，保障签约安全有效。

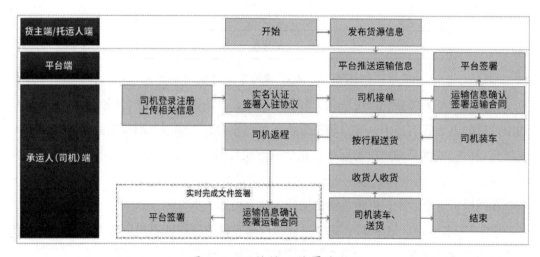

图7-4 运输协议签署流程

（2）收货人签署收货协议，其流程如图7-5所示。司机送货到指定地点后，平台方可以实时收到货物送达提醒并发起收货协议签署，收货人收到协议签署提醒后在线签署即可。此外，管理员还能在电子签系统中根据收货人的实际情况，对实际的收货签署人进行修改、删除、新增等状态调整，确保签署身份真实有效。

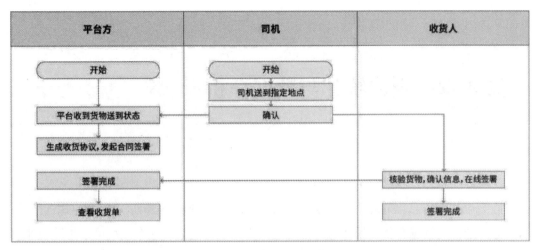

图 7-5　收货协议签署流程

（3）签署增值服务协议——ETC 在线办理，其办理签署流程如图 7-6 所示。在 ETC 办理过程中，平台可以通过电子签在线发起委托书/代扣协议签署，用户收到签署提醒后在线签署即可，全流程线上进行的办理方式让签署效率显著提升。

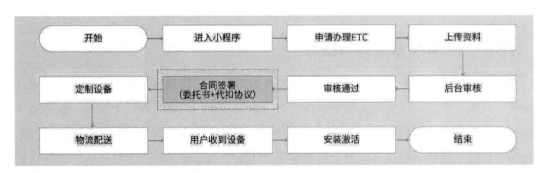

图 7-6　ETC 在线办理签署流程

# 第8章 查询统计与数据分析

在当今这个信息化的时代，数据已经成为企业运营的核心驱动力。对于网络货运平台，查询统计与数据分析模块的重要性与意义更是不可忽视。这个模块可以帮助企业更好地理解客户的需求，优化运营策略，提升服务质量，增强企业的竞争力。

网络货运平台应具备信息查询功能，包括运单、资金流水、运输轨迹、信用记录、投诉处理等信息分类分户查询，以及数据统计分析的功能。本单元基于阿帕的 NTOCC 平台介绍了一般网络货运平台的运营数据查询、统计与分析等功能，主要包括运单数据查询与统计、财务数据查询与统计、平台运力数据分析和报表管理。

## 8.1 运单数据查询与统计

网络货运平台与托运人、货车司机共同签署运输合同后自动生成电子运单，需要托运人、司机及收货人三方线上签字确认并进行派发，使得网络货运线上交易、服务效率得到了全面提升。平台建立了电子运单数字档案，随时上报省级网络货运平台，推动接单、派单、运输、交货、回执、监管全面数字化，缓解纸质运输文件的签署压力，消除运输文件的用纸、签署成本，全面释放人力，推动平台合规、高效、安全服务。

### 8.1.1 后台管理员端

网络货运平台系统管理员可以从 PC 端对平台所产生的交易运货单的各项运输信息进行查询与管理，即进入系统首页的运输管理界面，其中主要包含运单跟踪和运单管理两个方面。

#### 8.1.1.1 运单跟踪

运单跟踪即跟踪交易中的货运单的运行状况。承运方接取货源后生成运输单，管理员可以根据运输单状态进行展示以及各项功能操作，包括查看定位、收发货确认及删除、信息保存等，从而能够实时动态掌握货物的运输情况，保证平台运单能够准确、按时完成。

在"运单跟踪"界面中，可以查看到全部运单的运单号、货源单号、下单客户、货主和发货企业、结算类型、货物名称、货物单价、运输要求、装卸货地址、里程数、车队名称等信息，也可以根据待运输、运输中和已卸货三种不同的运输状态进行分类查询，这些信息可以新增、修改、删除和导出，同时对状态异常的运单进行标记，及时反馈给平台，从而能够及时、有效地解决交易问题。

后台管理员要进入该界面所要进行的操作步骤为：依次点击整车运输→运输管理→运单跟踪，如图 8-1 所示。

图 8-1　运单跟踪

#### 8.1.1.2 运单管理

运单管理模块允许管理员对所有运单信息进行综合管理，如查询、筛选、导出、修改和删除等操作。管理员可以根据需要，按照运单号、下单时间、发货人、收货人等多个维度对运单信息进行快速检索，从而更高效地处理运单相关事项。同时，运单管理还包括对异常运单的处理，例如延误、丢失或者货物损坏等情况，管理员可以根据实际情况进行调查、处理和记录，以便更好地解决问题并优化运输服务。其中运输单信息包括：运输单号、货源单号、下单客户、状态（包括已接单、已打款、已卸货等）、货物类型、运输要求和货主成交单价等。这些信息同样可以导出形成表格方便进行分析与处理。

后台管理员要进入该界面所要进行的操作步骤为：依次点击整车运输→运输管理→运单管理，如图 8-2 所示。

图 8-2 运单管理

### 8.1.2 司机端

司机（实际承运人）可以在网络货运平台 App 端查询信息，涉及信息发布、线上交易、全程监控、金融支付、咨询投诉、在线评价等，对基础功能的信息都可以进行分类分户查询，而且还可以对查询到的信息进行数据统计分析。

在司机端 App 中，用户可以在"运单中心"界面中查询到全部交易订单以及根据运单状况（待运输、运输中、待结算等）进行分类的运单，其中每个订单的显示信息包括运输单号、装卸货地址、运费单价、货物类型和货物重量等，从而帮助司机了解订单详情，提高配货效率、提升运力资源质量。

此外，在运单详情页，司机或承运车队还可对货主的违规行为进行投诉，使网络货运经营者接到投诉举报后给予有效响应，及时处理并将结果告知投诉方。网络货运经营者应加强对举报、投诉处理相关信息的汇总分析，在网络平台公示投诉信息及用户满意率。及时查找管理中的不足和漏洞，制定改进措施，不断提高服务质量。

司机可通过点击 App 端的"运单中心"进行查看运单详情，如图 8-3 所示。

图 8-3 运单中心（App 端）

### 8.1.3 货主端

发货人可以通过 App 对其所交易的订单信息进行分类查询，进入"运单列表"界面时，既可以查看全部已交易的运单信息，又可以根据运单的运输状态（已接单、已装货、已卸货、已结算等）进行分类查看，其中运单详情中包括运输单号、运输状态、承运司机姓名、司机评价等级、历史订单、电话和车牌号以及承运数量和成交单价等，帮助货主对司机的信用等级、服务态度和运输效率等方面有更精准的了解，有利于提升平台的服务效率以及货物的成交率。

在运单详情页面，货主可根据货物的实际运输状态选择重新装货、卸货确认、重新卸货等操作，以保证货主进行订单金额核算、打款等，从而实现网络货运平台运输全过程透明化动态管理。同时货主也可对司机的运输情况进行评价，有效积累了司机与货主的诚信信息，帮助网络货运平台通过信用体系的推广，用诚信管理加以约束，在促使司机和货主的诚信度日渐提升的同时，也有效地净化了平台内的服务环境。

货主可通过点击 App 端的"运单列表"进行查看货物的运输状态，如图 8-4 所示。

图 8-4 运单列表（App 端）

## 8.2 财务数据查询与统计

网络货运平台财务数据查询与统计是指对本平台上所有财务数据进行收集、整理、分析和展示的过程。这个过程对于平台管理者和投资者来说都非常重要，因为财务数据反映了平台的经济状况和未来的发展趋势，能够为管理者和投资者做出决策提供重要参考依据。本网络货运平台为托运人、实际承运人等客户提供对财务交易明细及历史明细进行查询、下载、打印以及发送邮件等操作。本功能中所指的明细包括通过平台网上银行和其他途径（银行柜台等）完成的各类交易的明细。其中财务数据主要包括运输订单收入、运输订单支出、付款记录、发票、账户余额、平台收入、平台支出、财务报表等。

此外，由于网络货运平台有无形性的特点，因此在线上支付时为保障平台使用者的安全交易，平台通过获取银行、第三方软件等接口形成不同的支付方式，使得用户的在线支付更加方便快捷、安全高效。企业通过直联银行形成银企直联的支付方式，银行可实现实时收款、账务信息银企同步，方便集中管理资金，实现一体化管理；企业也可以与专业的支付平台（支付宝、银联电子支付、财付通等）合作，将企业从复杂的资金结算管理中解脱出来，消除交易方对资金安全的担心，提供更好的业务伸缩性支持，有利于平台服务拓展业务。

### 8.2.1 后台管理员端

网络货运平台系统管理员可以通过 PC 端对平台所产生的各项交易明细进行查询与管理，包括运单收入与支出、账户余额、付款记录、发票、平台收入与支出、财务报表等。

#### 8.2.1.1 运输订单收入与支出

指运输订单所产生的各项收入与支出，包括货物的运输费用、保险费用、货物运输成本、保险成本、人力成本等。

（1）运单管理：即可列表展示查看所有运输单，其中运输单信息包括运输单号、货源单号、下单客户、状态（包括已接单、已打款、已卸货等）、货物类型、运输要求和货主成交单价等。在本界面，可以查询到具体每笔运单所对应的货主成交价。通过运单管理可以提高物流运输的效率、透明度和可靠性，方便用户对物流需求进行统一管理和监控。

后台管理员要进入该界面所要进行的操作步骤为：依次点击整车运输→运输管理→运单管理，如图 8-2 所示。

（2）预付记录：包含于预付管理菜单中。预付管理即在交易过程中，货主在下单时需要预付部分或全部运费给平台，平台再转付给承运方，以确保货物能够安全运输并准时到达目的地。该模块的实施是为了解决传统货运中存在的资金安全、承运方信誉度、货物交付等问题，提高货物运输的安全性和信誉度。

在该界面所展示的信息包括：货源单号、运输单号、付款人及其手机号、收款人及其手机号、付款类型、预付金额等。并且根据支付方式的不同，付款人可选择油点支付、线下加油站、转账支付、余额支付、平台余额支付、银行支付、在线支付等多种预付方式。

后台管理员要进入该界面所要进行的操作步骤为：依次点击整车运输→预付管理→预付记录，如图 8-5 所示。

图 8-5　预付记录

（3）保单查询：属于平台增值服务，指在货物运输过程中可以查询保险单的相关信息，如保险金额、保险期限、保险公司等，以确保货物得到充分的保障。该模块的实施是为了解决货物在运输过程中可能遇到的损失和风险问题，提高货物运输的安全性和信誉度。

在该界面所查询到的信息包括：货源单号、运输单号、投保单号、保单号、保额、保费、保险起期等，点击选择具体保单可以查看其他的详情信息。

后台管理员要进入该界面所要进行的操作步骤为：依次点击增值服务→保险服务→保单查询，如图 8-6 所示。

图 8-6　保单查询

### 8.2.1.2 账户余额

指用户在平台上充值后的余额，可以用于支付平台上的货物运输服务费用或提现到用户的银行账户中。它的实施不仅可以提高用户的支付效率、增加用户使用的便利性，同时提高了平台的安全性，促进用户消费。

（1）变更余额：即用户通过在线支付或转账支付等支付方式，进行线下充值、运费收支、提交罚款、提现等消费活动后的变动金额及所剩余额，通过线上支付让用户的每种平台活动实现交易留痕，帮助平台更好地管理财务信息，保障平台运营的安全性和可靠性。

该界面所展示的信息包括：客户名称、变动金额、变动类型、变动原因、账户余额、操作人姓名和备注信息等。

后台管理员要进入该界面所要进行的操作步骤为：依次点击基础信息→账户管理→变更记录，如图 8-7 所示。

图 8-7　变更记录

（2）余额统计：即平台统计全部平台用的账户余额信息，可查看变动记录。账户余额不但避免了用户频繁的支付操作，提高了支付效率，同时减少了用户银行卡信息泄露的风险，提高了平台的安全性。

该界面所查询到的信息包括：姓名、电话、角色（货主、司机）、账号金额和余额变动时间，同时在每个账户对应的操作中可以选择查看变动明细。

后台管理员要进入该界面所要进行的操作步骤为：依次点击基础信息→账户管理→余额统计，如图 8-8 所示。

图 8-8　余额统计

#### 8.2.1.3 付款记录

指平台记录用户在平台上进行货物运输服务付款信息的一个功能模块，该模块可以记录用户在平台上的支付信息，包括支付时间、支付金额、支付方式等，方便用户在需要查询支付记录时进行查询，同时也提高了平台的安全性，优化了支付流程，减少人工干预、降低人工成本，从而提高平台效率。

（1）运费预付记录：包括货主预付给平台的运费和平台预付给司机的费用支付记录。本界面所展示的信息包括：机构、货源单号、运输单号、结算类型（次结、月结）、预付状态（付款中、已完成）、失败原因、预付流水号、付款人、付款人手机号等信息。

后台管理员要进入该界面所要进行的操作步骤为：依次点击整车运输→预付管理→预付记录，如图 8-9 所示。

图 8-9　运费预付记录

（2）货主支付：指平台记录货主在平台上向司机或物流公司进行货款支付的一个功能模块。货主在平台上完成货物运输服务后需要向司机或物流公司支付货款，平台可以记录这些支付信息，包括支付时间、支付金额、支付方式等，方便货主在需要查询支付记录时进行查询，提高了支付的安全性，同时也优化了支付流程。

该界面查询的结果包括：机构、交易流水号、网上支付订单号、金额、状态、付款人、支付类型（打款、预付）、备注信息等。

后台管理员要进入该界面所要进行的操作步骤为：依次点击整车运输→承运结算→货主支付，如图 8-10 所示。

图 8-10　货主支付

（3）打款记录：指平台记录货主向司机或物流公司进行货款支付，以及司机或物流公司向货主进行结算的一个功能模块。在货物运输服务完成后，货主需要向司机或物流公司支付货款，而司机或物流公司则需要向货主进行结算，平台可以记录这些信息，包括支付时间、支付金额、支付方式等。

在该打款记录菜单中显示的信息包括：机构、货源单号、支付类型（转账支付、余额支付、油点、车队分账等）、支付状态、失败原因、流水单号、结算类型、车牌号、运输单号等。在每条记录后都可进行电子回单查看操作。

后台管理员要进入该界面所要进行的操作步骤为：依次点击整车运输→承运结算→财务打款，如图 8-11 所示。

图 8-11　财务打款

（4）对账列表：指平台为货主和物流公司提供的一个功能模块，用于记录货主和物流公司之间的结算信息。在货物运输服务完成后，货主需要向物流公司支付货款，而物流公司也需要向货主进行结算。平台可以记录这些结算信息，包括结算时间、结算金额、结算方向等，方便货主和物流公司在需要查询结算记录时进行查询，提高了结算的安全性，优化了结算的流程。

本界面包含单号、账期运费、补扣金额、货主名称、对账单类型、审核状态、审核人等。

后台管理员要进入该界面所要进行的操作步骤为：依次点击整车运输→货主结算→对账列表，如图 8-12 所示。

图 8-12　对账列表

（5）变更记录：指在货物运输过程中及完成后，平台所记录的用户（司机、货主）中的账户各项信息的变更情况，包括充值、保证金、运费、保费、罚款、提现、信息费等。通过记录变更历史，用户可以查看和追溯物流订单的变更历史，有助于用户了解订单的变更过程和原因，为后续的问题处理和改进提供依据。同时，变更记录可以帮助用户实时监控物流状态，发现异常情况并及时采取措施，有助于提升物流效率、降低成本、提高客户的满意度。

该界面信息包括：手机号、角色、收支类型（收入、支出）、支付类型（在线支付、现金支付）、消费项目（运费、充值、保费等）、变动金额、备注、操作人、变动时间等。

后台管理员要进入该界面所要进行的操作步骤为：依次点击基础信息→账户管理→变更记录，如图 8-13 所示。

图 8-13 变更记录

#### 8.2.1.4 发票

指平台用于记录和管理货物运输服务的发票信息的功能模块。发票信息包括发票类型、发票号码、发票金额、开票日期等，方便货主和司机在需要查询发票日期时进行查询，提高了发票的安全性，优化了发票流程。

发票列表：指展示货主所申请且平台审核通过的发票信息，包括发票抬头、税务登记证号、发票号码、开票总金额、发票状态、审核状态、货主名称、货主电话等。

后台管理员要进入该界面所要进行的操作步骤为：依次点击整车运输→发票管理→发票列表，如图 8-14 所示。

图 8-14 发票列表

#### 8.2.1.5 平台收入与支出

指平台从运输订单中获得的收入及为运输订单提供服务所产生的支出，包括平台服务费用、服务器租用费用、员工工资等。其收入与支出是平衡的，平台通过提供服务赚取收入，同时需要投入相应的费用来维护和改进平台服务，以提高用户体验和市场竞争力。

（1）平台收款列表：指平台通知月结货主查看对账列表并根据对账金额进行打款后所产生的月结客户回款记录。收款单列表不仅可以记录每一笔收款的信息，监控收款状态，还可以快速汇总和整理收款的记录，方便用户进行财务对账和结算，有助于提高财务处理的效率和准确性，降低财务风险。

该界面所查询到的收款单信息包括：单据号、货主名称、手机号码、结算方式、本单位银行、本单位账号、款项类型、交款人等。

后台管理员要进入该界面所要进行的操作步骤为：依次点击整车运输→货主结算→收款列表，如图8-15所示。

图 8-15　收款列表

（2）平台支付记录：即平台在货物运输过程中所进行支出的运单费用明细。

该界面所包含的信息有：机构、运费类型（预付运费、结算费用）、支付类型、上报状态、支付状态、运单号、流水批次号、金额、平台开户企业等。

后台管理员要进入该界面所要进行的操作步骤为：依次点击基础信息→账户管理→支付明细，如图8-16所示。

图 8-16 支付明细

#### 8.2.1.6 财务报表

通常包括资产负债表、利润表和现金流量表三个方面。

（1）资产负债表：反映了企业在某一特定日期的资产、负债和所有者权益的状况。

（2）利润表：反映了企业在一定期间内收入和支出的情况，通常列出企业的主营业务收入、成本、营业利润、税前利润、净利润等指标。

①运单利润：统计每个运单的利润和利润率。不仅记录了每项运输业务的收入和支出、计算出业务的净利润，而且能够帮助企业分析不同货源、运输方式和地区的利润水平，为业务拓展和业务优化提供决策依据，同时可以监测潜在的成本和风险，与历史数据对比可以分析运输业务的成长性和趋势，从而帮助企业制定更加合理的预算和计划。

后台管理员要进入该界面所要进行的操作步骤为：依次点击财务统计→运单利润，如图 8-17 所示。

图 8-17　运单利润

②月度利润：按月份统计货主所有运单利润。月度利润表还可以与其他财务报表（如资产负债表、现金流量表）进行对比和关联，提供更全面的财务状况视图。

后台管理员要进入该界面所要进行的操作步骤为：依次点击财务统计→月度利润，如图 8-18 所示。

图 8-18　月度利润

（3）现金流量表：反映了企业在一定期间内收入和支出的现金流动情况，通常分为经营活动现金流量、投资活动现金流量和筹资活动现金流量三个部分。

这些财务报表可以帮助企业管理者和投资者了解企业的财务状况和经营情况，为企业的决策提供重要的参考。在该网络货运平台中，通过对财务报表的分析，管理者可以更好地把握平台的盈利状况、成本情况和现金流状况。这些信息对于制订合理的财务计划和经营策略至关重要。同时，财务报表对于投资者也具有很大价值，投资者可以通过财务报表了解平台的经营状况、财务实力和盈利能力，从而判断该平台的投资价值和未来发展潜力。因此，在网络货运平台中，财务报表对于企业管理者和投资者都具有重要意义，有助于实现企业持续、健康发展。

### 8.2.2 货主端

货主在货物运输完成后通过App进行核算、打款等操作，同时可以在个人中心点击账户信息进行账户余额查询以及详细交易记录查询。

货主可以通过App端点击"账户信息"进行查看详细余额及交易记录，如图8-19所示。

图8-19 账户信息（货主端）

### 8.2.3 司机端

司机通过App端进行在线接单、装卸货操作后，可以在财务核算打款后进行账户余额的查询、保单列表查询、运费统计查询以及提现申请的提交。

#### 8.2.3.1 查询账户余额

司机可以通过点击App端的"账户信息"进行余额和交易记录查询，如图8-20所示。

图 8-20　账户信息（司机端）

#### 8.2.3.2 保单列表查询

司机可以通过点击 App 端的"个人中心"界面中的"保单列表"进行保单列表的查询，如图 8-21 所示。

图 8-21　保单列表（司机端）

#### 8.2.3.3 运费统计查询

司机可以通过点击 App 端的"个人中心"界面中的"运费统计"进行运费统计与查询，如图 8-22 所示。

图 8-22 运费统计（司机端）

#### 8.2.3.4 提现申请记录查询

司机可以通过依次点击 App 端的个人中心→账户信息→提现记录，进行提现申请记录查询，如图 8-23 所示。

图 8-23 提现记录（司机端）

## 8.3 平台运力数据分析

网络货运平台通过综合运用大数据、云计算、移动互联、卫星定位、物联网等技术为用户提供智慧物流服务,从而吸引更多货运企业的加入,使平台货源质量得到提高、优质运力得到补充,打破原有物流行业的"熟人经济"与"物流区域化"限制,实现平台运力资源的集约化、规模化。

网络货运平台在组织车源、货源时,需要注意交易订单风险控制。订单交易信息包括订单日志、网上交易日志、款项结算、含有时间和地理位置信息的实时行驶轨迹数据等。平台应建立运力信用体系,运用大数据积极推进跨领域、跨平台、跨部门的数据共享开放,营造诚信运力整体环境,让可以提供更加优质服务的司机群体获得更多的市场竞争优势。

平台运力数据分析是指通过对平台上的运力数据进行收集、整理和分析,以便平台管理者了解平台上的运力状况,并基于这些数据来制定有效的运营策略。具体来说,平台运力数据分析主要包括运力数量、运力质量、运力利用率和运力成本等方面。

### 8.3.1 运力数量

包括承运商的数量、车辆的数量等,这些数据可以帮助平台管理者了解平台的运力总量,以及不同城市、不同运输方式等的运力分布情况。平台通过完成交易的运单和基础信息情况对已注册的车队、司机数量和总运输货物吨数进行统计和汇总,形成运力数据,帮助企业对平台的运力运营情况进行评估,及时做出调整,以实现诚信运力环境的构建,提升企业信誉度。

(1)车队管理:"车队管理"界面显示所有车队列表,包含车队名、手机、身份证号、余额以及注册时间等。同时可进行新增车队信息操作。

后台管理员要进入该界面所要进行的操作步骤为:依次点击基础信息→承运管理→车队管理,如图 8-24 所示。

图 8-24　车队管理

（2）司机管理："司机管理"界面显示所有司机信息列表，包含姓名、手机、身份证号、余额以及驾驶证到期日期等。也可进行新增司机信息操作。

后台管理员要进入该界面所要进行的操作步骤为：依次点击基础信息→承运管理→司机管理，如图 8-25 所示。

图 8-25　司机管理

（3）平台车辆和平台运力统计：通过实时统计平台车辆和运力数据，一方面可以对平台的运营情况进行实时监控，及时发现和解决潜在问题，确保平台的稳定运行；另一方面可以更加合理地配置资源，提高运力利用效率和运输服务水平。平台对车辆和运力统计数据进行公开，不仅可以提高信息透明度，增加用户对平台的信任度，同时也有助于建立更加公平、公正的市场环境。

后台管理员可在首页查看运力信息，如图 8-26 所示。

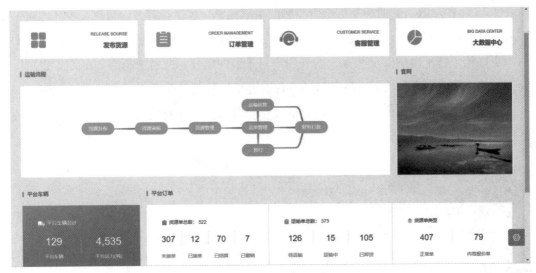

图 8-26　运力统计

## 8.3.2　运力质量

包括承运商的信誉度、车辆的质量等，这些数据可以帮助平台管理者评估承运商的能力和信誉，从而更好地选择合适的承运商。

（1）车辆违章：维护车辆违章信息，包括车牌号、车辆分类、违章条数、违章罚款合计、违章积分合计等。车辆违章界面不仅有助于用户了解车辆的违章情况，进行后续的改进和处理，同时可以实时监控车辆的违章状态，及时发现和处理异常情况。通过记录和分析车辆违章情况，可以帮助用户和企业发现潜在的安全隐患和问题，并进行针对性的改进和优化，有助于提高车辆的安全性能和管理水平，降低事故风险，并且可以优化司机驾驶行为，提高驾驶安全，加强运输业务的合规管理。

后台管理员要进入该界面所要进行的操作步骤为：依次点击基础信息→车辆服务→车辆违章，如图 8-27 所示。

图 8-27　车辆违章

（2）车辆事故：查询和维护平台车辆的事故信息，包括车牌号、司机、事故地点、事故原因、责任方、备注和事故日期等。通过记录和公示事故信息，增加透明度，帮助用户更好地了解平台的安全状况，增强用户对平台的信任，并且分析事故原因，也可以为平台的安全管理提供数据支持，帮助平台制定相应的安全措施。

后台管理员要进入该界面所要进行的操作步骤为：依次点击基础信息→车辆服务→车辆事故，如图8-28所示。

图8-28　车辆事故

### 8.3.3　运力利用率

包括车辆的运输量、运输距离、运输时间等，这些数据可以帮助平台管理者了解平台的运力利用情况，从而优化平台的调度策略，提高运力利用率。

（1）平台车辆：该界面可以查询到所有车辆的定位状态、车主姓名、车牌号、车辆分类、车辆可载重量、审核状态、载重状态、是否冻结等。

后台管理员要进入该界面所要进行的操作步骤为：依次点击基础信息→承运管理→平台车辆，如图8-29所示。

图 8-29 平台车辆

（2）车辆地图：该界面可以对平台车辆进行定位查询，回放轨迹。平台会对每辆货车安装定位器，既方便承运商查看车辆运输状况，通过轨迹回放、优化路线规范驾驶行为，保障货物安全准时送达；货主也可实时跟踪货物，减少货损，规避运输风险。通过定位技术对实际承运人车辆进行实时定位，货主在 App 端和 PC 端均能实时查看车辆位置，对运输情况了如指掌。企业和平台依托物联网和移动互联网，对车辆的运输过程进行可视化管理，既解决了货主对货物配送的担忧，又解决了运输效率、安全性等问题，为企业的运作降本增效。

后台管理员要进入该界面所要进行的操作步骤为：依次点击基础信息→承运管理→车辆地图，如图 8-30 所示。

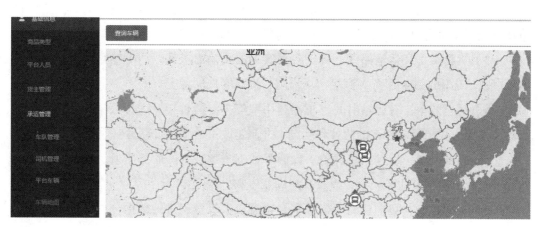

图 8-30 车辆地图

### 8.3.4 运力成本

包括承运商的运输费用、车辆的维护费用等，这些数据可以帮助平台管理者了解平台的运营成本,从而制定更为科学的运营策略,降低成本、提高赢利能力。

运价指数(图8-31):通过对平台运力数据的分析,平台管理者可以从以下几个方面了解平台的运营状况,发现问题和优化机会,从而提高平台的竞争力和赢利能力。

(1)运力供需匹配:分析平台整体以及各区域的运力供需情况,了解哪些区域存在运力过剩或运力不足的情况,进而优化运力分配,提高运力使用效率。

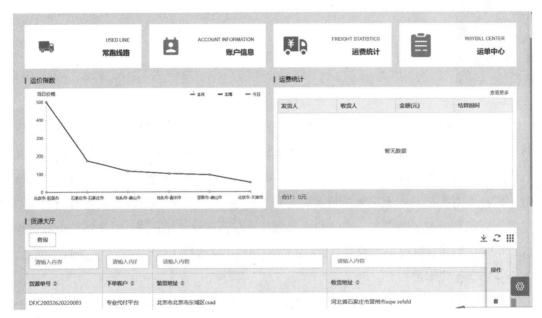

图8-31 运价指数

(2)价格策略:通过对货运价格数据的分析,了解平台的价格竞争力,调整价格策略以吸引更多客户,并在控制成本的同时提高赢利能力。

(3)货物类型和运输路线:分析各类货物的运输需求和热门运输路线,有针对性地开辟新的运输路线和服务,满足市场需求,提高客户满意度。

(4)运营效率:对运输时间、车辆利用率等关键运营指标进行数据分析,了解运营效率状况,找出可能存在的瓶颈和问题,并制定改进措施以提高运营效率。

(5)服务质量:通过用户评价、投诉等数据了解平台的服务质量,发现存在的问题并及时改进,提高服务质量,提升客户满意度和忠诚度。

(6)费用控制:对平台的运营成本、物流成本等费用进行数据分析,找出可以降低成本的环节,制定合理的费用控制策略,提高整体赢利能力。

通过对这些关键数据的持续监控和分析,平台管理者可以针对性地优化运营策略,不断提高平台的竞争力和盈利能力,从而实现平台的持续、健康发展。

## 8.4 报表管理

在网络货运平台中，报表管理模块是一个关键的组成部分，负责整合、处理、分析和展示平台的各种业务数据，从而提供对平台运营状态的深入了解。这些报表对于决策者来说是极其重要的，因为它们可以揭示业务趋势，指出潜在的问题，以及帮助识别改善运营效率的机会。该模块的主要功能有：

（1）数据整合：报表管理模块需要整合多个数据源，包括订单数据、客户数据、运力数据、财务数据等。这些数据往往来自平台的不同部门，因此需要进行整合和清洗，确保数据的准确性和一致性。

（2）数据处理和分析：对整合后的数据进行处理，包括数据分类、汇总、计算等操作。这样可以将原始数据转换成有用的信息，为决策和分析提供便利。同时该模块需要对处理后的数据进行深入分析，挖掘潜在的业务趋势、问题和优化机会。数据分析方法包括描述性分析、预测分析、诊断性分析等。

（3）数据呈现：将分析结果以图表、仪表板等直观形式展现给决策者，帮助他们快速了解平台的运营状况和需要关注的关键指标。数据可视化技术在此过程中具有重要作用。

（4）自定义报表：报表管理模块通常允许用户根据他们的需要定制报表。例如，如果一个管理者想了解特定时间段内的订单数量，他们可以设置参数以获取此信息。

（5）报表分享和导出：报表管理也允许用户将报表分享给其他人，或将其导出为各种格式，以便于打印或进一步分析。

（6）实时监控：报表管理模块还需要具备实时监控功能，随时捕捉和呈现平台的运营状态，便于决策者随时了解平台的运营状况并做出相应调整。

报表管理模块对于网络货运平台的决策者来说极其重要。通过这些报表，决策者可以了解业务发展趋势、发现潜在问题，将有限资源投入改善运营效率的关键环节。同时，报表管理模块还有助于监控平台内部的各项指标，确保平台在快速发展过程中的可持续性和健康性。

下面将结合本平台的财务统计模块展示报表管理的各项操作和信息查询。

（1）自定义报表：根据需求设置展示统计数据，例如设置报表名称、报表类型、报表内容等生成平台所需的各种报表。通过自定义报表，我们可以从平台的各项费用支出方面进行平台的费用分析，也可以从平台的收入来源和收入结构方面进行企业收入分析等等，帮助企业全面掌握财务状况，进行有效的数据分析和决策支持。

后台管理员要进入该界面所要进行的操作步骤为：依次点击财务统计→自定义报表，如图 8-32 所示。

图 8-32　自定义报表

（2）承运报表：统计平台司机接单且已完成运单的数量，页面信息包括姓名、手机号、运单数、运费、评价分数等。该报表所反映的运单情况，是帮助我们从节约成本（运费、油耗等）空间、运输效率优化以及提高收入和利润等维度进行深入分析。

后台管理员要进入该界面所要进行的操作步骤为：依次点击财务统计→承运报表，如图 8-33 所示。

图 8-33　承运报表

（3）货主报表：统计货主已完成的运单数量，信息包括姓名、手机号、运单数、运费等。该报表通过对不同货主的运单数及运费进行统计，有助于企业分析客户的消费行为和偏好，帮助挖掘潜在的价值客户，从而使企业及时调整营销策略，获取最优利润。

后台管理员要进入该界面所要进行的操作步骤为：依次点击财务统计→货主报表，如图 8-34 所示。

图 8-34　货主报表

（4）货主费用：统计货主的应收、已收、未收金额，统计信息包括机构、货主名称、手机号码、应收金额、已收金额、未收金额等。该报表反映货主在运输过程中所产生的费用，帮助企业从费用预算、财务风险管理等方面进行决策优化。

后台管理员要进入该界面所要进行的操作步骤为：依次点击财务统计→货主费用，如图 8-35 所示。

图 8-35　货主费用

（5）司机费用：统计司机的应收、已收、未收金额，统计信息包括司机名称、手机号码、应付金额、已付金额、未付金额等。该报表所反映的司机在订单运输过程中所产生的费用有助于企业在节约运输成本、整合运力资源、发掘潜在运力质量方面进行完善与优化。

后台管理员要进入该界面所要进行的操作步骤为：依次点击财务统计→司机费用，如图 8-36 所示。

图 8-36　司机费用

（6）上游费用：按月份统计上游客户费用，统计信息包括机构、上游客户名称、上游客户手机号、货主名称、归属年份、归属月份、归属年月、费用等。通过分析上游费用表，企业可以了解其成本构成，从而制定有效的成本控制策略，减少不必要的浪费；还可以预测未来企业的成本变化趋势，提前制定应对策略。

后台管理员要进入该界面所要进行的操作步骤为：依次点击财务统计→上游费用，

如图 8-37 所示。

图 8-37　上游费用

（7）运单利润：统计每个运单的利润和利润率，统计信息包括卸车时间、创建时间、司机合计收款、货主合计付款、利润、利润率等。该报表所反映的信息可以帮助企业从利润分析、成本控制、价格策略、风险管理等方面优化运营策略。

后台管理员要进入该界面所要进行的操作步骤为：依次点击财务统计→运单利润，如图 8-38 所示。

图 8-38　运单利润

（8）月度利润：按月份统计货主所有运单利润，统计信息包括机构、货主名称、货主电话、上游客户、归属年份、归属月份、归属年月、司机合计收款、货主合计付款、利润、利润率等。

后台管理员要进入该界面所要进行的操作步骤为：依次点击财务统计→月度利润，如图 8-39 所示。

图 8-39　月度利润

（9）运单开票：统计每个货主开票金额，统计信息包括机构、开票用户名称、开票用户电话、开票年月、地址、发票抬头、税务登记证号、开票类型、含税运费、运费税额等。该报表可以帮助企业掌握流动资金情况进行流动资金管理，分析不同客户的开票金额，了解各个客户的贡献度，并以此进行客户关系管理等，有利于企业进行全面的财务管理和决策。

后台管理员要进入该界面所要进行的操作步骤为：依次点击财务统计→运单开票，如图 8-40 所示。

图 8-40　运单开票

上述报表以视觉化的方式来帮助理解、分析大量的数据，并使得查看和比较性能指标变得简单。这让决策者能够迅速地识别问题，以及找出业务运营中的机会。并且随着数据驱动决策在商业环境中变得越来越重要，报表管理模块的角色也变得越来越重要。

本章对网络货运平台的数据查询和统计模块进行了详细说明以及操作步骤的演示，也让读者体会到该模块对平台实际应用场景所展现的意义与重要性。

# 第 9 章 客户服务与投诉处理

网络货运平台的客户服务与投诉处理是确保用户满意度和平台良好运营的关键环节。通过提供多渠道的客户服务、培训专业团队、提供清晰帮助文档，平台能够及时回应用户需求、解决问题，提升用户满意度。同时，建立投诉处理机制，及时回应和解决问题，收集用户反馈和建议，能够改进服务质量、增强用户信任，提供优质用户体验。

## 9.1 客户服务礼仪

客户服务工作是网络货运平台面向社会的窗口，它可以直接和客户交流，每位客户服务人员的个人形象便是企业在社会公众中的形象。客户服务礼仪占有很重要的位置，它对提高服务质量、增强企业竞争力有很重要的作用。在建设和运营过程中，网络货运平台必须一直围绕着用户需求和市场需求进行不断改进和创新，才能在日益激烈的市场竞争中不断发展和生存，进而为大众提供更好的服务。网络货运平台所提供的客户服务具体有：客户咨询、客户投诉、客户评价、预警管理等。

### 9.1.1 客户咨询管理

客户咨询，从狭义上来讲，是一种顾问及相应的客户服务活动。网络货运平台应具备咨询服务功能，为托运人、实际承运人等客户提供咨询服务。当托运人、实际承运人等客户向平台提出问题或遇到疑难点时，网络货运平台应给出相应的建议或解决方案。以下是网络货运平台提供良好客户咨询的几个关键步骤：

#### 9.1.1.1 保持良好的沟通

随着网络货运平台的发展，客户的需求也日益增长，因此网络货运平台需要与客户建立良好的沟通渠道。平台需提供多种渠道供客户进行具体咨询，具体包括 QQ、微信、电话、邮件和上门服务等。通过一系列的沟通方式，与客户进行明确、准确、专业的沟通，解决客户对网络货运平台产生的问题。

#### 9.1.1.2 提高服务效率

面对客户的咨询或投诉等需求，根据实际及时解决客户的需求，主动采取措施解决问题，提供透明的解决方案，尽力满足客户的需求。另外，可以根据用户反馈的问题，将常见的问题根据类型进行分类，为客户提供自助式咨询服务，这样可以大大提高平台的服务效率。

#### 9.1.1.3 建立专业的客服团队

网络货运平台需要专业的人员进行客户服务，客户服务人员应具备专业知识并熟悉相关业务，能够准确理解客户问题，并提供明确的解答和建议，提供有帮助、有针对性的解决方案，及时回复并解决托运人或实际承运人等客户的问题。保护客户隐私。客户服务人员应尊重客户的隐私和个人信息，并遵守相关的保密制度。保护客户的隐私权益是维护客户关系和平台声誉的重要方面。

#### 9.1.1.4 持续改进和学习

客户服务人员应不断学习和提升自己的专业素养和沟通技巧，适应不同类型客户的需求。与团队成员分享经验和最佳实践，不断改进客户服务流程和方法。

客户咨询模块主要功能为处理客户提出的问题，具体操作如下所示：

单击系统管理→问题咨询，打开界面，在界面输入标题、内容和类别并单击"查询"，下方出现相关信息，其中具体类别包括"常见问题"和"法律咨询"。选择需要导出的信息，单击"导出"可生成表格"问题咨询.xls"，如图9-1所示。单击"新增"，出现新增信息页面，增加问题咨询信息，如图9-2所示。在"操作"板块，可以通过点击对应按钮对当前信息进行编辑操作，单击对应按钮可以对当前信息进行删除操作。

图9-1 问题咨询页面图

图 9-2　问题咨询信息图

## 9.1.2　客户投诉管理

网络货运经营者应建立一个便捷有效的投诉举报机制，公开投诉举报方式等信息，包括服务电话、投诉方式、处理流程等，鼓励网络货运经营者建立投诉举报在线解决机制。同时网络货运经营者需要建立相应的处理措施，应在接到投诉举报后给予有效响应，及时处理并将结果告知投诉方。网络货运经营者应加强对举报、投诉处理相关信息的汇总分析，在网络平台公示投诉信息及用户满意率。及时查找管理的不足和漏洞，制定改进措施，不断提高服务质量。

## 9.1.3　客户评价管理

网络货运平台应具备对托运、实际承运人进行信用打分及评级的功能。在网络货运平台中，用户评价管理对于提高服务质量和用户体验至关重要。物流业务的数字化、标准化、规范化是网络货运平台最基本的特征，其中打造信用评价体系是网络货运作为新业态的核心竞争力之一。

## 9.1.4　预警管理

网络货运平台在承运人进行货物运输过程中通过利用自身或第三方平台对参与道路运输的营运车辆实行动态、有效的监控，可以实现疲劳预警、超速预警和偏离预警，具体介绍如下：通过对运输地点、轨迹和物流信息全流程跟踪进行动态监控可以实现偏离预警；通过检测司机实际行驶速度，将其与规定速度进行对比可实现超速预警；通过记录司机运输时间可以实现疲劳预警。

其中，运输过程监控的流程如下：网络货运经营者应在生成运单号码后，实时采集实际承运车辆运输轨迹的动态信息，并在货物起运和确认送达时，经驾驶员授权同意后，实时采集和上传驾驶员地理位置信息，实现交易、运输、结算等各环节全过程透明化动态管理。

#### 9.1.4.1 疲劳预警管理

在网络货运平台中，疲劳预警是指对参与货运运输的司机进行疲劳驾驶监测和预警，以确保道路安全和司机身心健康。本平台主要通过规定驾驶时间和休息时间、利用监控定位系统监测司机的驾驶时间和位置，通过行驶开始时间设置对司机的提醒时间，防止司机因疲劳驾驶造成损失。例如，预先在系统设置疲劳驾驶时长的阈值，利用车载北斗定位系统获取车辆运行时长，将实际时长与设置的阈值进行对比，若实际行驶时长大于阈值，则生成疲劳预警记录，并且在车辆移动过程中生成预警提醒，提醒司机进行休息。本网络货运平台主要统计内容为运输单号、货主名称、货主电话、司机姓名、司机电话、车队名称、车队电话、行驶开始时间、发生位置、经纬度、提醒时间，通过这些信息完成疲劳预警的统计。疲劳预警是网络货运平台保障道路交通安全和司机健康的重要措施。平台应重视疲劳驾驶的风险，并不断优化和改进疲劳预警系统，以提高货运运输的可靠性和安全性。

疲劳预警模块主要功能为统计运输中疲劳预警的详细信息，通过查询和导出等功能对出现疲劳预警信息进行统计或者下载，具体操作如下所示：

单击整车运输→客服运维→疲劳预警，打开界面，在界面内输入运输单号、货主名称、货主电话、行驶开始时间、发生位置、经纬度、提醒时间等并单击"查询"，下方出现相关信息，如图9-3所示。

图9-3 疲劳预警管理页面

#### 9.1.4.2 超速预警管理

在网络货运平台中,超速预警是指对参与货运运输的司机进行超速行驶的监测和提醒,以确保道路安全和合规驾驶。华为&阿帕网络货运平台主要通过监控系统对运输车辆的速度进行实时检测,防止其出现超速情况。例如,根据路线实际情况预先设置时速的阈值,利用车载定位系统获取当前车辆速度与预先设定的阈值做对比,若超过阈值则会生成超速预警并记录。本网络货运平台主要统计内容为运输单号、货主名称、货主电话、司机姓名、司机电话、车队名称、车队电话、发生时间、发生位置、经纬度、实时车速,通过这些信息完成超速预警的统计。超速预警是网络货运平台监管车辆行驶安全的重要措施之一。平台需要重视超速行驶的风险,采取上述措施,并不断优化和改进超速预警系统,以确保货物运输过程中的安全性和合规性。同时,驾驶员本身也应自觉遵守交通规则,确保行车安全。

超速预警模块主要功能为统计运输中超速预警的详细信息,通过查询和导出等功能对出现超速信息进行统计或者下载,具体操作如下:

单击整车运输→客服运维→超速预警,打开界面,在界面内输入运输单号、货主名称、货主电话、发生时间、发生位置、经纬度、实时车速等并单击"查询",下方出现相关信息,如图9-4所示。

图 9-4 超速预警页面

#### 9.1.4.3 偏离预警管理

在网络货运平台中,偏离预警是指对参与货运运输的车辆进行行车路线偏离的监测和提醒,以确保货物运输的准确性和安全性。网络货运平台通过监控系统与货车装有的定位系统,将高德地图的货车线路规划与实际运行线路对比向司机发出偏离预警。本网络货运平台主要统计内容为运输单号、货源单号、司机姓名、司机电话、车牌号、车队名称、首次偏移发送经纬度、首次偏离发生时间,通过这些信息完成偏离预警的统计。另外,本平台配有"轨迹事件"模块,可以实现对司机运输实际路线进行记录查询,进一步核实"偏离预警"的准确性。

偏离预警是网络货运平台确保货物运输可靠性和安全性的关键措施之一，通过偏离预警平台可以及时发现车辆的行车路线偏离情况，并采取相应的措施快速应对。同时，驾驶员在行车过程中也应密切关注路况和导航信息，确保遵守指定路线，减少偏离风险的发生。

偏离预警模块主要功能为统计运输中偏离预警的详细信息，通过查询和导出等功能对出现超速信息进行统计或者导出，具体操作如下：

单击整车运输→客服运维→偏离预警，打开界面，在界面内输入运输单号、货源单号、司机姓名、司机电话、车牌号、车队名称、首次偏移发送经纬度、首次偏离发生时间等并单击"查询"，下方出现相关信息，如图9-5所示。

图 9-5　偏离预警页面

#### 9.1.4.4 轨迹事件

轨迹事件模块主要功能为统计运输中车辆行驶路线的详细信息，通过查询功能对车辆行驶路线进行统计，具体操作如下所示：

单击整车运输→客服运维→轨迹事件，打开界面，在界面内输入运输单号、司机姓名、司机电话、记录时间、发送位置、经纬度、事件描述等并单击"查询"，下方出现相关信息，如图9-6所示。

图 9-6　轨迹事件页面

### 9.1.5　售后服务

网络货运平台的售后服务是指在货物运输过程中，为用户提供各种支持和协助的服务，确保货物在运输过程中的安全和顺利进行。平台会积极处理用户的问题和意见反馈，优化服务流程和提高用户满意度。用户在使用网络货运平台时，可以留意平台提供的售后服务，及时与平台联系并获取帮助。售后服务主要包含技术支持、服务承诺和服务方式三个方面，具体见表 9-1，通过一系列的售后服务可以大大提高用户的满意度，进一步维护平台与用户之间的关系，从而提高市场竞争力。

表 9-1　售后服务内容范围

| | | |
|---|---|---|
| 售后服务 | 技术支持 | 技术解答：针对客户提出技术问题进行免费解答 |
| | | 使用解答：客户软件使用培训和解答 |
| | 服务承诺 | 免费维护：免费维护期 1 年 |
| | | 服务器安装：免费提供服务器配置建议、安装配置 |
| | | 响应时间：工作日响应时间 1 小时，非工作日响应时间 4 小时 |
| | 服务方式 | QQ、微信、电话 |
| | | 邮件 |
| | | 上门服务 |

## 9.2　运输异常处理

随着网络货运平台中货运量的日渐增加，在司机运输过程中必然会存在运输异常，而运输异常是十分需要被关注的问题，因为其会影响货物的安全性、损害企业和消费者的利益,上报运输异常,减少其造成的损失,是企业物流管理的重要内容。

### 9.2.1 运输异常的识别与监控

#### 9.2.1.1 运输异常的定义

在物流运输过程中,偏离预期的情况、出现意外情况或异常情况被归类为运输异常。常见的异常类型为:磅差异常、货物异常、车辆异常、驾驶异常、线路异常等。

#### 9.2.1.2 运输异常的监控

运输异常的监控对于网络货运平台的运营和服务质量具有重要的意义,华为 & 阿帕网络货运平台主要通过两种方式进行运输异常的检测,分别为自动监控和客户上报。

自动监控为网络货运平台通过利用自身或第三方平台对参与道路运输的营运车辆实行动态监控,其主要应用于固定类型的运输异常。同时,网络货运平台具备的监控功能有以下几个方面:对运输地点、轨迹、状态进行动态监控;对装货、卸货、结算等进行有效管控;物流信息全流程跟踪、记录、存储、分析能力;应记录含有时间和地理位置信息的实时行驶轨迹数据;宜实时展示实际承运驾驶员、车辆运输轨迹,并实现实际承运人相关资格证件到期预警提示、违规行为报警等功能。

运输过程监控的流程如下:网络货运经营者应在生成运单号码后,实时采集实际承运车辆运输轨迹的动态信息,并在货物起运和确认送达时,经驾驶员授权同意后,实时采集和上传驾驶员地理位置信息,实现交易、运输、结算等各环节全过程透明化动态管理。网络货运经营者使用12吨及以上的重型普通载货汽车和半挂牵引车承担运输任务时,应督促实际承运人打开车载卫星定位装置。网络货运经营者不得虚构运输交易,应确保线上提供服务的车辆和驾驶员与线下实际提供服务的车辆和驾驶员一致。通过运输监控,将运输信息与制订的运输计划进行对比,来判断运输是否异常。

客户上报为人工处理运输异常的有效途径,主要指用户在发生运输异常的情况时,尤其是非固定运输异常或非常规运输异常,通过平台固定渠道进行上报异常或直接通过电话等沟通方式进行上报,系统进行核实查验,从而实现运输异常的监控。

#### 9.2.1.3 运输异常情况的分类与分级

为便于处理和分析异常情况,可以将其分为不同类别,并根据严重程度进行分级。

(1)运输异常情况的分类与措施。常见的运输异常情况的具体分类如下:

① 磅差异常:指在进行货物称重过程中,实际称重结果与预期称重结果之间存在差异或偏差,超过了事先设定的容许范围。磅差异常通常会在货物进出仓库、装卸过程、运输过程中发生。主要包括称重超差、称重偏差、缺失或多余等。这些磅差异常可能由多种原因引起,如人为错误、设备故障、操作不当、称重不准确等。磅差异常会对货物

的计量、库存管理和供应链流程造成影响，因此需要及时发现、记录和处理。平台和相关方应积极采取措施，确保对磅差异常进行跟踪、调查和解决，以确保货物称重的准确性和质量控制的有效性。

② 货物异常：指货物在运输过程中出现的异常。主要包括货物损坏、货物丢失、延迟交货、包装异常、文档缺失或错误等。对于货物异常，运输方和货主应及时发现并记录异常情况，并根据情况采取相应的解决措施，如进行索赔、补偿、修复或更换等。此外，建立和遵循严格的货物管理流程和标准操作规程，加强货物追踪和监控，以减少货物异常的发生。

③ 车辆异常：指货物运输过程中，涉及的车辆出现的异常情况。主要包括车辆故障、事故损坏、违规操作、货物装载不当、温度控制问题和交通限制等。对于车辆异常，承运人应及时发现并记录异常情况，并采取相应的解决措施，如修理车辆、调整运输计划、更换运输车辆等。在运输过程中，应建立车辆检查和维护的程序，确保车辆的安全性和可靠性，减少车辆异常的发生，为货物安全运输提供可靠的保障。

④ 驾驶异常：指货物运输过程中，涉及的驾驶员出现的异常行为或操作。主要包括违规行为（超速行驶、闯红灯等）、疲劳驾驶、酒驾或毒驾、不安全驾驶行为等。对于驾驶异常，承运人应加强对驾驶员的培训和管理，确保驾驶员具备良好的驾驶习惯和驾驶技能。同时，建立严格的驾驶员管理制度，包括驾驶时间、休息规定、禁止酒驾和毒驾等。监控驾驶员的行为和操作，及时发现并纠正驾驶异常行为，以确保货物的安全运输。

⑤ 线路异常：指在货物运输过程中，所使用的运输线路出现的异常情况。主要包括路况拥堵、道路封闭或施工、天气影响、路线规划错误、交通管制或进出城限制等。线路异常可能会导致货物运输受阻、迟延交付、增加风险等问题。为避免线路异常对货物运输造成的影响，承运人可以事先规划可行的备用线路，及时了解交通和天气情况，与相关部门或当地联系以获取准确的路况信息，以便及时调整运输计划和路径，保障货物能够按时、安全地运达目的地。

对于以上问题，网络货运平台应积极与物流公司和用户沟通，努力解决问题并提供相应的赔偿或补救措施，以维护平台的声誉和用户的利益。针对上述运输异常情况，在网络货运平台中，需要建立积极的应对机制和措施，具体有以下措施：

① 与物流公司建立紧密的合作关系，确保货物能按时交付，并要求提供相应的保险服务，以应对货物损坏或丢失的风险，确保货主的利益得到保障；加强信息沟通和透明度，提供实时的货物跟踪系统，让货主和收货人可以随时了解货物的位置和运输状态；建立完善的监控系统，通过安装定位系统跟踪设备、视频监控等技术手段，实时监控货物的

位置和状态，及时发现异常情况。

② 拟订合理的运输计划，考虑到天气等因素，并及时调整运输路线，以减少运输延误的风险；加强对货物的包装要求和质量检查，加强货物的包装、搬运和运输过程中的安全措施，减少货物损失和损坏的风险，尽量确保货物在运输中不受损坏。

③ 建立售后服务机制，及时处理货物损坏或丢失的问题，并提供相应的赔偿和补偿；与各个国家或地区的相关机构建立联络和合作，解决关检问题，确保货物顺利通关。

④ 建立紧急应对机制：建立应急联系人和紧急处理流程，以便在出现异常情况时能够及时处理和解决问题。

（2）运输异常情况的分级。紧急级别：对货物运输和货主利益造成严重威胁或重大损失的异常情况，需要立即处理，如严重车辆事故、货物丢失等。

高级别：对货物运输和货主利益有较大影响的异常情况，需要及时解决，如货物损坏、大规模交通堵塞等。

中级别：对货物运输和货主利益有一定影响的异常情况，需要妥善处理，如货物延误、车辆故障等。

低级别：对货物运输和货主利益影响较小的异常情况，可以在后续进行处理，如温控偏差较小、交通流量稍增等。

根据分类和分级，网络货运平台可以建立相应的处理机制和应急预案。对于紧急级别的异常情况需要立即响应，进行紧急处理和与相关方沟通，确保货物安全和货主权益；对于高、中、低级别的异常情况，可以根据平台设定的标准操作流程，及时采取相应措施，如调度替代车辆、协调线路规划、与驾驶员进行沟通、提供延误通知等，以尽量减少对货物运输的影响，并及时通知货主进行沟通和解释。同时，运输平台也应持续改进服务和管理，提高运输过程的质量和效率，降低运输异常的发生率。

### 9.2.2 运输异常的处理流程

#### 9.2.2.1 运输异常情况的接收与记录

一旦监测到异常情况或收到客户反馈，网络货运平台应及时记录，并确保关键信息的准确性和完整性。目前网络货运平台主要记录内容有机构类型、运输单号、车牌号、司机姓名、手机号、说明、状态、地址、发生时间、创建时间和更新时间，将这些信息进行记录，并根据实际情况不断进行更新。

#### 9.2.2.2 运输异常类型的判定与评估

针对不同的异常情况，首先进行运输异常类型的确认与紧急程度。根据异常情况的性质和影响程度，同时还要注意运输异常的上报时间，明确运输异常不同级别和时间的处理优先级，以确保资源的合理分配，从而可以及时合理地处理运输异常。

### 9.2.2.3 运输异常情况的调查与分析

对每个异常情况进行调查和分析，以确定其根本原因和影响范围。通过与相关部门和供应商的沟通、现场勘查等方式，收集必要的信息，为后续处理方式提供依据。

### 9.2.2.4 处理与解决异常情况

基于调查和分析结果，采取相应的措施处理和解决异常情况。处理措施具体包括重新安排运输计划、修复货物损坏、维修运输工具等，以确保异常情况得到妥善处理，并将对客户和平台造成的影响降到最低。

### 9.2.2.5 客户沟通与反馈

在异常情况处理过程中，与客户保持及时沟通至关重要。网络货运平台应向客户提供准确的异常情况处理进展，解释处理方案和补偿措施。认真收集和记录客户反馈，促进运输服务质量不断提升。

运输异常模块主要功能为统计运输中司机上报的异常，通过查询、批量已读和导出等功能对司机上报的运输异常的数据进行统计或者下载，具体操作如下：单击整车运输→客服运维→运输异常，打开界面，在界面内输入运输单号、车牌号、司机姓名、手机号、说明、状态和地址等并单击"查询"，下方出现相关信息。点击"批量标记已读"可以对为未读状态的订单转为已读状态，如图9-7所示。

图 9-7　运输异常页面

## 9.2.3　运输异常情况的预防与改进

### 9.2.3.1 预防措施的制定与执行

为减少运输异常情况发生，应制定相应的预防措施，并确保执行。预防措施可包括运输流程的优化、员工培训、运输设备维护等，以降低异常情况的风险。

#### 9.2.3.2 数据分析与改进

通过对运输异常情况发生频率、原因等数据进行分析，网络货运平台可以识别出潜在问题和改进的方向。通过收集和分析数据，制订改进计划，优化运输流程、完善管理措施，以提高整体运输质量。

#### 9.2.3.3 总结

未来，随着物流技术的不断发展和网络货运平台的完善，运输异常情况的发生可能会得到更好的预防和解决。例如，通过物联网技术、人工智能等技术手段，实现对货物运输过程的实时监控和预测，提前发现和解决潜在的异常情况。此外，加强与相关部门和承运商的合作，共同制定和执行运输安全和风险管理的标准和措施，也是减少运输异常情况的重要途径。综上所述，网络货运平台需要有完善的应对运输异常问题的机制与措施，以保障货物顺利、安全、准时地运输到目的地。

## 9.3 用户投诉管理

### 9.3.1 投诉处理流程

投诉处理流程的意义在于能够有效处理和解决客户的投诉，提供满意的解决方案，同时保护和维护平台品牌声誉。网络货运平台提供司机投诉和货主投诉渠道，具体投诉处理流程如图9-8所示：

#### 9.3.1.1 投诉提交

货主或者司机可以通过平台提供的投诉渠道，将投诉内容提交给网络货运平台。投诉应包括具体的投诉说明、投诉人信息、投诉类型等必要信息。

#### 9.3.1.2 客服受理投诉

平台接收到投诉后，会进行投诉受理，并对每一条投诉进行详细记录，包括投诉人姓名、投诉机构、联系方式、投诉内容、投诉类型等信息，为每个投诉分配唯一的识别标识，以便日后跟踪和管理。另外，在收到投诉时，应及时反馈至客户并确认收到。

#### 9.3.1.3 核实投诉情况

网络货运平台在核实投诉情况时主要途径为线下核实。为了解决投诉问题，客户服务中的投诉处理团队应进行详尽的调查和分析，与相关部门合作，

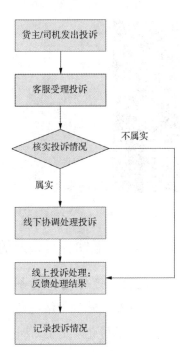

图9-8 投诉处理流程图

搜集相关证据和信息，并了解问题的背景和原因，包括与投诉相关的订单、交流记录、物流信息等，最后将核实结果上传至系统。若投诉情况属实，则与涉及的司机、货主和其他相关人员进行核实对话，了解问题的核心原因；否则，记录相关投诉情况并反馈至投诉方，并给予投诉方投诉不成立的原因。

#### 9.3.1.4 线下协调处理投诉

基于上述投诉的调查与分析结果，投诉管理团队应制定解决方案并执行。根据调查结果，采取公平和客观的态度处理投诉，提供公正且适当的解决方案。对于涉及违约责任的情况应根据平台制定的规则具体进行处罚，例如，对于司机投诉，可以涉及对司机的警告、培训或处罚措施；对于货主投诉，可以考虑赔偿、重发货物或补救措施等。

#### 9.3.1.5 线上反馈处理结果

在问题解决后，投诉管理团队应及时向投诉方提供反馈，解释采取的措施和决策，并说明如何避免类似问题的再次发生。保持透明和及时的沟通，与相关方合作，提出解决方案，并确保及时执行。尽量减少不必要的纠纷和延迟。在完成反馈后，及时对投诉内容及处理情况进行记录保存。

用户投诉管理分为司机投诉管理与货主投诉管理，平台对投诉进行处理。对于用户投诉管理共有两种操作方法，具体如下所述：

方法1：单击整车运输→客服运维→投诉处理→司机投诉，打开界面，在界面内输入运输单号、车牌号、司机姓名、手机号、说明、状态和地址并单击"查询"，下方出现相关信息，如图9-9所示。单击整车运输→客服运维→投诉处理→货主投诉，打开界面，在界面内输入运输单号、车牌号、货主姓名、手机号、说明、状态和地址并单击"查询"，下方出现相关信息，如图9-10所示。

方法2：在系统首页，单击"客服管理"可直接进入投诉处理模块，如图9-11所示。司机投诉和货主投诉使用方法如图9-9和图9-10所示。

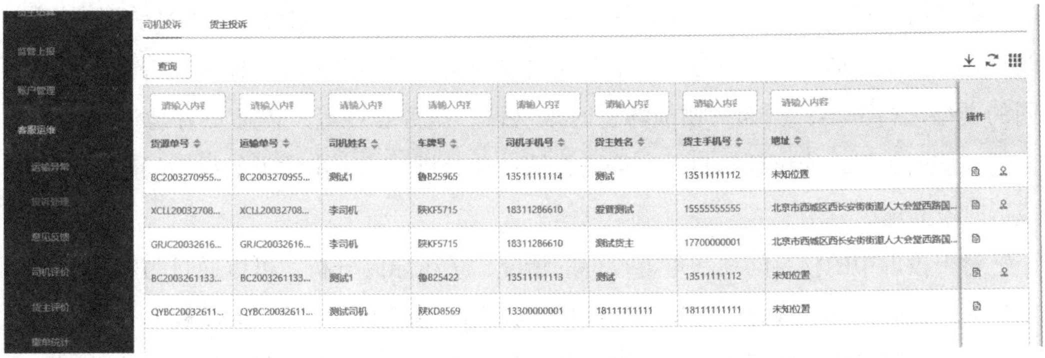

图9-9 司机投诉页面

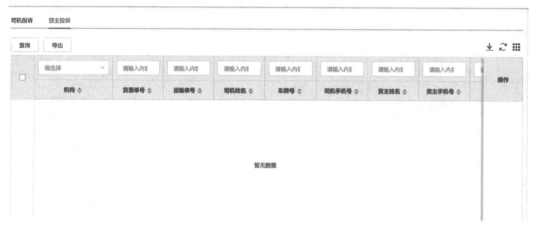

图 9-10　货主投诉页面

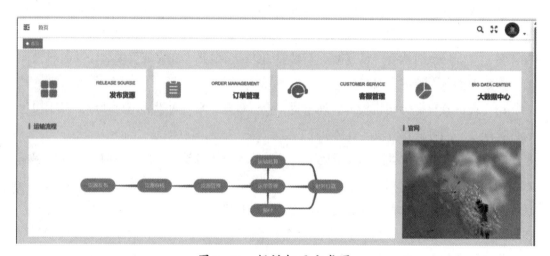

图 9-11　投诉打开方式图

### 9.3.2　投诉分析和改进

在网络货运平台中，投诉分析与改进是非常重要的环节，它可以帮助平台识别问题、改进服务质量、提高用户满意度。平台应建立一套完善的投诉分类体系，将投诉按照不同的类型进行分类，例如货物损坏、时效延误、服务态度等，以便更好地进行统计和分析；同时，平台应定期对投诉数据进行统计和分析，识别出常见的投诉问题、高发的投诉时段和地区。

对于投诉中的核心问题和重复投诉的情况，进行原因分析，可以通过与相关部门、承运人、托运人、对现有服务流程的评估，找出问题产生的原因，如流程不合理、信息传递不畅、服务质量低下等；基于投诉分析和原因分析的结果，制定相应的改进措施，预防类似的投诉再次发生，提升用户体验和满意度，保持与用户的积极互动，增强信任和合作关系；最后，对实施的改进措施进行效果评估，验证改进是否达到预期效果，收集用户的反馈意见,通过用户满意度调查、投诉量的变化等方式,评估改进措施的有效性。

通过投诉分析与改进，网络货运平台可以识别问题、解决痛点、提高用户满意度、树立良好的品牌形象。投诉分析也为平台提供了宝贵的经验和教训，帮助平台提升服务质量，提高市场竞争力。

## 9.4 用户评价管理

### 9.4.1 网络货运平台信用能力建设的基础

近年来，平台经济的快速发展推动物流行业步入了数字经济的新时代，特别是网络货运业态的出现使得物流组织链条缩短，物流业务的数字化为网络货运平台建立信用体系创造了条件，以平台交易数据为核心的多层次信用体系正逐步建立。

2019年9月，交通运输部相继出台了《网络平台道路货物运输经营管理暂行办法》及三项工作指南，对建立企业信用档案、共享信用数据、创新信用服务做出了明确规定，同时于2023年12月20日发布延长《网络平台道路货物运输经营管理暂行办法》（交运规〔2019〕12号）有效期至2025年12月31日的通知，企业对建立信用档案、创新信用服务产品的诉求逐步增强。

2020年4月，中物联物流信息服务平台分会牵头制定团体标准《网络货运平台实际承运人信用评价指标》以及与中国交通通信信息中心联合牵头起草团体标准《网络货运平台运单验证要素和管理要求》。2021年，中国物流与采购联合会批准发布《网络货运平台实际承运人信用评价体系》和《网络货运平台业务数据验证》两项团体标准，两项标准于2021年12月10日正式发布，并于2022年1月1日开始实施。其中，《网络货运平台实际承运人信用评价指标》是贯彻落实交通运输部、国家税务总局印发的《网络平台道路货物运输经营管理暂行办法》中关于明确实际承运人准入退出机制、建立对实际承运人的信用评价体系的有效指导性标准，对降低企业内部管理风险，维持市场秩序有着积极作用。同时，为网络货运经营者未来拓展实际承运人相关金融、保险业务奠定坚实的数据基础。

### 9.4.2 网络货运平台信用评价体系内容

该评价体系数据来源于两部分：一是平台对货主及司机的相关评价，二是货主与司机之间的相互评价，平台会根据评价后期做出相应匹配安排。下面对相关在线评价进行简要介绍。

#### 9.4.2.1 平台对货主、司机的信用评价

货车司机作为一个庞大的社会群体，人员流动性大、互联网信息接触不够，有效征信数据也不充分。通过网络货运这一核心场景，可以更加有效地补齐这一群体的相关征信数据。对于信用体系的要求，不只是针对司机，货主方同样需要建立一套完整的信用安全大数据。网络货运经营者应建立对实际承运人以及托运人公平公正的信用评价体系，对实际承运人围绕运输效率、货物安全、服务态度、工作规范等方面进行综合考核评价，对托运人围绕付款及时率、信息真实性等方面进行综合考核评价，评价结果在网络货运平台上公示。另外，平台可以设定评价等级或指标，例如星级评分或满意度百分比，以方便用户对货主和司机的评价进行标准化的比较。同时，平台应该保护用户的隐私和安全，确保评价内容的真实性和公正性。平台可以采取措施防止虚假评价的出现，并及时处理恶意评价。最后，平台可以将评价结果用于对货主和司机进行综合排名，并提供给其他用户作为参考，帮助用户做出选择，也可以根据信用评价结果建立退出机制，一旦实际承运人或托运人信用出现问题，将不能进行接单或派单操作。

#### 9.4.2.2 货主与司机之间的相互评价

在传统物流行业中，货主托运的货物往往需要经历多个环节才能交付给司机，使得诚信运输难以进行统一管理，从而导致司机与货主之间长期缺乏信任。网络货运平台可以根据行业特点，建立对业务品质的标准评价功能并提供标准的评价维度指标，通过司机与货主的互评机制，允许货主和司机互相评价对方的服务质量和合作表现。评价内容可以包括准时性、沟通能力、专业性、货物保护等方面，积累司机与货主的诚信信息。网络货运平台通过信用体系的推广，用诚信管理加以约束，在促使司机和货主的诚信度日渐提升的同时，也有效净化了平台内的服务环境。同时，网络货运平台应该监控评价内容，防止虚假评价和恶意评价的出现，对于不当的评价内容，平台可以进行适当的审核和删除，以确保评价的真实性和公正性。最后，可以根据评价结果，为表现优秀的货主和司机提供一定的奖励或激励措施，以鼓励良好的服务表现。

### 9.4.3 网络货运平台信用能力评价指标

信用评价就是采取具有公信力且专业的手段，对受评对象的主观履约和客观履约能力及履约风险做出一定前瞻性的预判，依托信用数据并辅以信用分析方法对受评对象进行量化评估，为其信用能力建设提供一定的基础。国家政策明确了"完善信用制度标准体系、加快信用信息系统建设、完善信用评价监管制度、推进信用信息应用、加强信用信息安全管理"5项主要任务。

根据信用风险问题的表现形式，信用评价分别从托运人、实际承运人和网络货运平

台三个角度进行分析。对于信用指标的选取，既要考虑三者的共同之处，又要考虑三者不同的属性特征，通过具体分析三者信用的影响因素，建立了一级指标和二级指标，具体信用评价指标体系如表9-2、表9-3、表9-4所示。

表 9-2　托运人信用能力评价指标

| 评价对象 | 一级指标 | 二级指标 |
| --- | --- | --- |
| 托运人 | 履约情况 | 提货、卸货地点准确率 |
| | | 货物信息真实度 |
| | | 单月无故取消订单数 |
| | | 卸货、提货及时性 |
| | 交易情况 | 交易完成量 |
| | | 营业利润率、成本费用利润率、净资产收益率、资产报酬率 |
| | | 结算及时性 |
| | | 好评率 |
| | | 投诉率 |
| | 信用情况 | 外部信用评级 |
| | | 历史诉讼记录 |
| | | 银行贷款记录 |

表 9-3　实际承运人信用能力评价指标

| 评价对象 | 一级指标 | 二级指标 |
| --- | --- | --- |
| 实际承运人 | 违约历史 | 实际承运人在一个月内严重违约行为(压货、骗货、倒卖、恶意加价、无故更改结算方式)次数 |
| | | 实际承运人在一个月内虚报信息(包括磅单、油费、过路费、维修费、停车费等)次数 |
| | 履约情况 | 实际承运人在一个月内未按合同约定的时间送达次数 |
| | | 实际承运人在一个月内出现货损货差赔偿次数 |
| | | 实际承运人在一个月定位异常次数 |
| | | 实际承运人在一个月内无故取消订单的次数 |
| | | 实际承运人在一个月内线上线下信息不一致的次数 |
| | | 实际承运人在一个月内拖欠款项次数(白条、ETC、贷款等) |
| | 交通事故 | 实际承运人在一个月内发生交通(安全)事故的次数 |
| | 用户投诉 | 实际承运人在一个月内被平台用户有效投诉的次数 |

表 9-4　网络货运平台信用能力评价指标

| 评价对象 | 一级指标 | 二级指标 |
| --- | --- | --- |
| 网络货运平台 | 基本情况 | 平台营业收入 |
| | | 平台运费收入 |
| | | 平台运营时间 |
| | | 运单量 |
| | | 货运（周转）量 |
| | | 平台注册车辆数和活跃车辆数 |
| | | 业务覆盖面 |
| | 系统支撑能力 | 系统可靠性 |
| | | 系统可用性 |
| | | 系统安全性 |
| | | 数据存储及备查管理能力 |
| | 平台管理能力 | 管理制度 |
| | | 合规性审查 |
| | | 安全管理 |
| | | 单据接入正常率 |
| 网络货运平台 | 平台管理能力 | 运单与资金流水单匹配率 |
| | | 车辆资质符合率 |
| | | 车辆定位正常率 |
| | 安全与风险管理能力 | 用户信息保护及使用 |
| | | 应急管理 |
| | | 支付安全 |
| | | 保险覆盖率 |

## 9.4.4　网络货运平台信用能力评价模型

上文构建了网络货运平台信用评价指标体系，为网络货运中托运人、实际承运人和平台的信用状态评价提供了一定的参考，以此为基础，本节构建了网络货运平台信用能力评价模型，针对托运人、实际承运人和平台三方的实时状态，分析评价其信用状况。

### 9.4.4.1　网络货运平台信用评价指标赋权

网络货运平台的信用评价指标体现了托运人、实际承运人和平台三方的期望和导向。

由于信用评价指标存在多个逻辑层次，且交易次数、履约和信用保持次数对综合信用有一定影响，因此在构建网络货运平台信用评价模型之前，需采用定量和定性相结合的方法，对网络货运平台的信用能力进行评价。评价方法可以包括层次分析法、模糊综合评价法、灰色关联分析法等。在评价过程中，需对评价状态进行调整，每个指标总分值为10分，通过计算，最终可得到实际评价的权重。

#### 9.4.4.2 网络货运平台信用评价模型

为了反映网络货运平台中不同交易个体的信用表现，以及交易个体长期的交易信用的累计时间特征，一些学者建立了网络货运平台信用评价模型，其中包含3个子模型，即单次信用评价模型、综合信用评价模型和信用稳定性评价模型。单次信用评价模型用于展示网络货运平台每次交易中不同用户个体的信用表现，是信用数据的直接来源，具体通过建立的评价指标的计算结果来实现，为综合信用评价模型提供了原始数据和依据；综合信用评价模型和信用稳定性评价模型都是基于单次信用评价结果得到。综合信用评价模型是对单次信用评价结果的汇总和提炼以实现对涉及主体历年交易的综合信用评价，按照历史信用累计，最终得到托运人、实际承运人和平台的综合信用值或信用等级；而信用稳定性评价模型则是对综合信用评价结果的进一步分析和判断，它关注托运人信用状况的稳定性，为平台的长期合作和风险管理提供决策支持。单次信用评价模型、综合信用评价模型和信用稳定性评价模型之间的逻辑关系如图9-12所示。

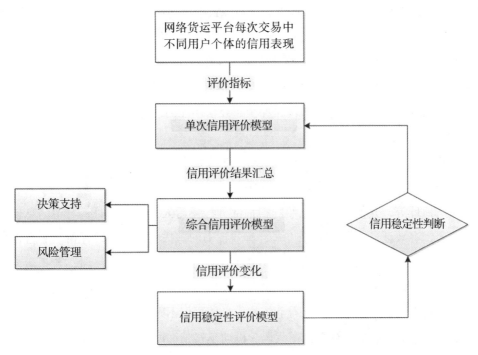

图 9-12　网络货运平台信用评价模型

单次信用评价模型为每次交易后托运人、实际承运人和平台三方之间的信用评价，基于建立的评价指标来实现。通过建立对应的信用评价模块，由交易双方根据对方在交易过程中的守信行为进行评价，且每次交易都允许评价一次。单次信用的定量评价采用线性加权综合各指标评价结果得到。

综合信用评价模型可采用求和法、平均值法、数据挖掘等多种方法。为了利用单次的信用评价结果，并降低综合信用过度依赖交易次数和时间的影响，减少对网络货运平台新用户的不利程度，采用平均值法来综合信用评分为新阶段最优方法，即平均值＝累计信用总分÷评价次数。

信用稳定性评价模型是在综合信用评价模型的基础上进行优化，使得用户信用趋势清晰可见。该模型以交易次数为时间坐标，保留前期交易次数的信用，形成历史信用序列，以反映用户信用的时间特征。同时将序列形成趋势图来可视化地观察用户的信用变化特征。通过计算序列的标准方差、极差来评价信用的变化幅度，进而评价其信息可靠性，为综合应用提供更可靠的评价。

### 9.4.5 网络货运平台信用能力建设

对部分网络货运平台信用能力评价指标进行综合分析后，可以看到其在信用能力建设方面仍存在大量隐患。风险之一是缺乏信用记录与信用认证，难以获取交易对象的信用情况，或无法确认信用信息的准确性，因而导致平台交易效率下降，并产生资源浪费；风险之二是网络货运平台现阶段对失信的处罚和守信的奖励机制不够完善，失信成本低，又缺乏对守信行为的激励，使得一部分使用者存在投机心理，交易纠纷时有出现。以上问题为恶性事件的发生埋下了一系列的隐患，极有可能会阻碍网络货运平台的持续健康发展，为推动网络货运平台稳定增长，加快建设信用能力已经成为迫切需求。

#### 9.4.5.1 资质登记与审核

对于托运人而言，网络货运平台在其注册时，需按照流程登记基本信息：托运人为法人时，登记信息包括托运人和法定代表人的姓名、统一社会信用代码、联系人、联系方式、通信地址等，并保留营业执照的扫描部分；托运人为自然人时，登记信息包括托运人的姓名、有效证件号码和联系方式，有效证书的扫描副本应予以保留。平台在托运人上传信息后，对相关信息进行审核，审核无误后托运人方可成功注册；若托运人资质审核未通过，则平台限制托运人用户在平台上发布货源信息和查找车源的权限。

对于承运人而言，实际承运人需上传的信息包括但不限于：实际承运人的基本信息、道路运输的许可证号、统一社会信用代码、机动车驾驶许可证和车辆基本信息。同样地，平台对承运人所上传信息进行审核，核实后保留相关有效证件的扫描文档，以建立档案便于管理；若承运人审核资质未通过审核，则平台限制承运人用户在平台上结单承运货物和搜索货源的权限。

#### 9.4.5.2 信用信息管理

信用信息是信用体系的基础，直接关系到信用体系建设的完整度。网络货运平台要积极收集托运人与实际承运人的基本信息，包括但不限于运输车辆信息、从业人员信息等，分析现有信息的真实性与完整性，并进行数据筛选、转换、关联后，提取与信用评价相关的重要信息，对现有的托运人和实际承运人的信用信息进行记录、对比、完善，构建相应的信用认证和信用信息的互联共享，获得其信用情况，保证信用信息的准确、真实和完整，从而提高交易效率。

#### 9.4.5.3 信用评价标准

建设网络货运平台信用能力，应以优化网络货运平台信用标准体系为支点逐步实现。目前，中国物流与采购联合会已经针对物流行业中网络货运业态制定了服务能力评价指标、实际承运人信用评价指标等相关团体标准，但主要评价和应用对象仅限于网络货运平台本身及其产业链下游，对于整个网络货运行业而言，信用体系建设仍需继续完善。网络货运行业应扩大标准适用范围并向产业链上游延伸，逐步建立针对货主企业、第三方物流企业、网络货运平台等主体的信用评价标准或服务标准，覆盖物流产业链各相关主体，归集市场信用信息，力争消除传统物流行业的灰色地带，建立诚信、有序的市场环境。

#### 9.4.5.4 构建信用评价体系

自 2019 年 9 月《网络平台道路货物运输经营管理暂行办法》和配套的工作指南发布实施以来，网络货运蓬勃发展，利用网络货运大数据的优势建立信用评价体系的时机已然成熟。建立良好的信用评价体系，不仅满足平台企业的需求，也越来越成为金融机构从传统质押贷款向信用贷款业务扩张的需求。

根据《交通运输部关于加强交通运输行业信用体系建设的若干意见》中提出的信用等级评价的开展要建立行业统一信用等级的要求，网络货运平台可按照 5 级（AA、A、B、C、D，分别对应好、较好、一般、较差、差）评估托运人与实际承运人的信用等级，采取构建信用模型的方法，基于托运人、实际承运人和平台数据，定期对托运人、实际承运人和平台进行评估，随着网络货运平台交易次数的增加，托运人和实际承运人的信用评价结果也会随之变化，实时、动态的评级结果可以促进托运人、实际承运人和平台之间信用状况的相互了解与信任，从而推动托运人和实际承运人的选择、匹配，提高网络货运平台的运作效率。

#### 9.4.5.5 完善信用信息共享机制

为贯彻执行《网络货运平台实际承运人信用评价指标》，网络货运平台在诚信联盟范围内开展信用信息共享工作，形成网络货运领域托运人和实际承运人的红、黑名单动态数据库，对于黑名单内的托运和承运主体建立"一处失信、处处受限"的行业环境。信用信息共享机制的更加完善，为托运人和承运人在选择交易对象时提供全面、有效的信息，降低了网络货运平台的安全信用风险。由于网络货运平台的信用评价结果是动态的，当产生信用风险时，信用共享机制及时发送警示信息，托运人、实际承运人和平台根据实际情况采取一定的措施，以降低损失。同时，问题的及时提醒可增强用户对平台的信赖感，从而对平台的处理效率产生认同，有效提高平台的交易成功率。

#### 9.4.5.6 建设守信激励和失信惩戒机制

建设守信激励和失信惩戒机制对网络货运业态的健康运行具有极大的促进作用。对于一般失信行为，网络货运平台可以联合政府有关部门进行一定的处罚；对于严重的失信行为，坚决追究失信者的法律责任。通过加大制裁力度，完善对失信的处罚和守信的奖励机制，失信成本不断增高。同时，网络货运平台对服务质量高、信用好的红名单托运和承运主体给予一定的服务优惠及表彰，扩大信息共享覆盖面，加强平台信用风险管理水平，弥补原有信用信息共享工作的不足，确保网络货运平台业务的有序开展。

### 9.4.6 评价管理系统操作

#### 9.4.6.1 评价管理

评价管理模块主要功能是统计用户的评价，并对用户的评价操作进行设置，通过查询、推送、设置和导出等功能对用户的评价进行管理，具体操作如下：

单击整车运输→客服运维→评价管理，打开界面，在界面内输入名称、联系方式并选择角色类型等并单击"查询"，下方出现相关信息，具体见图9-13。其中，角色类型分为司机、车队长、货主和发货企业。点击"推送"可以对将选择的评价进行推送；点击"设置"可对评价的低分进行阈值设置，具体见图9-14。

图 9-13 评价管理

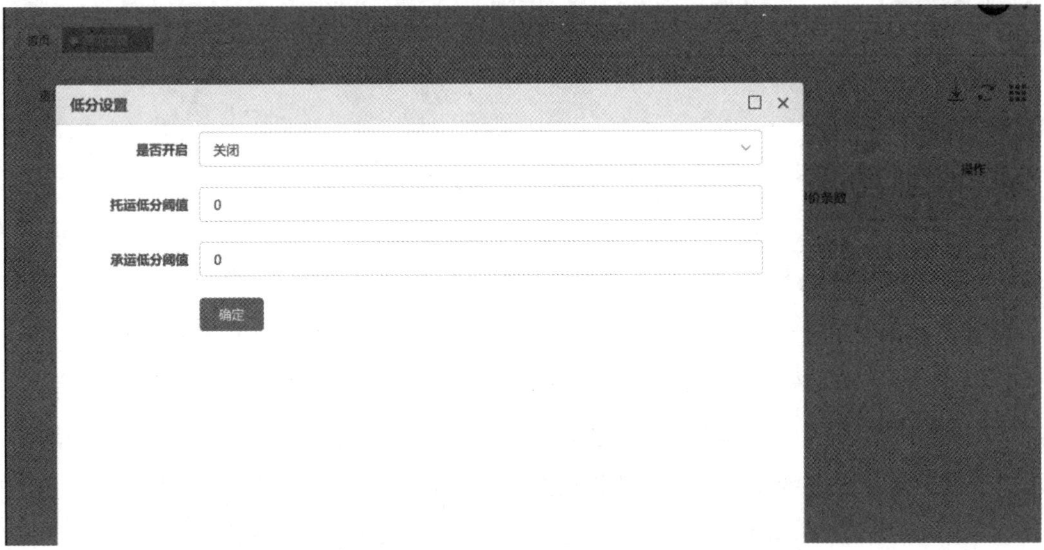

图 9-14 评价低分设置图

#### 9.4.6.2 用户评价

本平台中的评价系统将用户评价分为司机评价与货主评价。

司机评价，统计承运方的被评价记录，综合统计，具体操作如下：单击整车运输→客服运维→司机评价，打开界面，通过点击对应按钮可以查看相关评价详情，如图 9-15 所示。

图 9-15　司机评价

货主评价，统计托运方的被评价记录，综合统计。单击整车运输→客服运维→货主评价，打开界面，通过点击对应按钮可以查看相关评价详情，如图 9-16 所示。

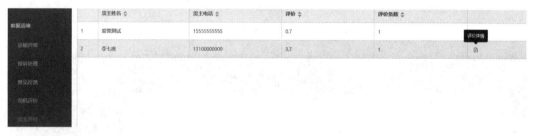

图 9-16　货主评价

## 9.5　意见反馈

货运过程中可能会遇到各种突发性的问题，比如道路封锁、交通事故、车辆损坏、货物损坏等，所有异常状况网络货运平台都会及时记录，并反馈给货主。若有偏离路线、订单超时等异常状况，网络货运平台也会通过短信及时提醒司机，通知其采取补救措施。

意见反馈模块主要功能为接受从移动端用户反馈的意见，具体操作如下所示：

单击整车运输→客服运维→意见反馈，打开界面，如图 9-17 所示。

图 9-17　意见反馈

# 第 10 章 网络货运平台运营与推广

在当今互联网与物流行业深度融合的时代背景下，网络货运平台以其高效、便捷、智能化的特点，成为物流行业的"新宠"。然而，面对激烈的市场竞争和日新月异的客户需求，如何有效运营和推广网络货运平台，成为摆在物流企业面前的重大课题。网络货运平台的运营与推广需要综合考虑平台的高效运转、服务质量、推广策略以及未来发展方向等多个方面。只有不断创新和完善，才能在激烈的市场竞争中立于不败之地。

## 10.1 网络货运平台运力组织与管理

### 10.1.1 网络货运平台运力的内涵

#### 10.1.1.1 运力的概念

运力通常分为两个层面，广义运力和狭义运力。广义运力指的是交通运输的能力，包括交通基础设施（如路线、场站）和运输设备设施两方面共同构成的实际运力供给。狭义的运力主要应用于道路运输行业，泛指运营生产所需的对应资源，通常包括营运性货运车辆、营运驾驶人员、陪护人员等。本节所提及的运力均指狭义运力。

#### 10.1.1.2 网络货运平台运力的特点

网络货运平台作为一种新型物流模式，不仅整合了分散的物流资源，还通过信息化手段提升物流效率，降低物流成本。而运力作为网络货运平台的核心要素之一，对于平台的运营效率和服务质量具有重要影响，它有如下四个主要特点：

（1）整合性。网络货运平台通过将分散的运力资源进行集中整合，打破了传统物流模式下运力资源分散、信息不对称的局面。平台通过大数据、云计算等技术手段，对运力资源进行统一管理和调度，实现了运力的优化配置。

（2）灵活性。网络货运平台可以根据货源需求的变化，快速调整运力配置，满足不同客户的个性化需求。同时，平台还可以根据市场变化，灵活调整运价，提升市场竞争力。

（3）共享性。网络货运平台通过共享经济的理念，实现了运力的共享使用。平台将闲置的运力资源进行整合，通过共享的方式提高运力的利用率，降低了物流成本。

（4）智能化。网络货运平台借助人工智能、物联网等先进技术，实现了运力的智能化管理。平台可以通过智能调度系统，对运力进行精准匹配和高效调度，提升物流效率。同时，平台还可以通过智能监控系统，对运力状态进行实时监控，确保运输过程的安全可靠。

#### 10.1.1.3 网络货运平台运力组织的重点任务

网络货运平台的运力组织应该着重实现合理运输的目标，具体体现在以下几个方面：

（1）加强信息整合与共享。网络货运平台的运力需求随着市场的变化而不断变化，平台需要根据实时的运力需求和供给情况，动态调整运力组织方案，以确保运输的及时性和高效性。通过建立统一的信息平台，实现货源信息、运力资源信息、运输过程信息等的实时共享和整合。这有助于平台更准确地把握市场需求和运力供给情况，为运力组织提供有力支持。

（2）提升智能化水平。利用大数据、云计算、人工智能等技术手段，优化运力组织算法和匹配机制，实现运力组织的智能化。通过智能调度和自动化决策，实现运力资源的精准匹配和高效利用。

（3）强化协同合作。网络货运平台应加强与货主、运输企业、个体车主等多个主体之间的协同合作，建立紧密的合作伙伴关系。通过沟通协作，共同制定运力组织方案、共享资源信息等方式，实现运力资源的优化配置和运输过程的协同管理。

（4）完善评价与激励机制。建立科学的评价和激励机制，对运输企业、个体车主等的运力组织表现进行客观评估。通过奖励优秀表现者、惩罚违规行为等方式，激励各方积极参与运力组织工作，提高整体运营效率。

#### 10.1.1.4 网络货运平台运力优化的建议

（1）加强运力资源整合，提升平台竞争力。平台应进一步拓展运力资源渠道，加强与运输企业、个体车主等的合作，扩大运力规模。同时，平台还应通过技术手段提升运力资源的整合效率，实现更精准的匹配和调度。

（2）优化运价机制，提升市场竞争力。平台应根据市场变化和客户需求，制定合理的运价策略，通过价格优势吸引更多客户。同时，平台还应建立透明的运价体系，提升客户信任度和满意度。

（3）推进智能化升级，提升运营效率。平台应加大在人工智能、物联网等领域的投入，通过智能化手段提升运力的管理水平和运营效率。如通过智能调度系统实现运力的精准匹配和高效调度，通过智能监控系统实现运力状态的实时监控和预警等。

（4）加强风险控制，确保运输安全。平台应建立完善的风险控制体系，对运力资源进行严格审核和监管，确保运输过程的安全可靠。同时，平台还应加强与保险公司的合作，为运输过程提供全面的保险保障。

### 10.1.2 网络货运平台运力分类

货物运输行业的运力基本结构一般分为三层：自有运力、合同运力、临时运力。

#### 10.1.2.1 网络货运平台自有运力

指网络货运平台企业自身所具有的运力，比如企业持有的车辆，或者通过共建运力、包车的方式所使用的运力。

其中，企业自身持有车辆，即企业投入全部资金购买车辆和运营管理运输，还包括雇佣司机、采集物料以及对于运力的各种维护、保养、保险、年检等多项费用。

共建运力模式中，由企业出资购买车辆资产，初始归企业所有，但和司机约定时间期限和线路运价的分成比例，运力的维护保养归司机个人承担，到期后该资产归司机所有。包车一般分为包业务和包时间期限。包业务就是在这个业务的时间期限内，需要完成出车的次数必须达标；包时间即这一段时间里面，该运力必须只给客户方运输的工作。

网络货运平台自有运力的主要优点是：运力组织较为快捷，稳定性强，运输安全性和质量高，客户体验反馈直接，车、货、人的实时追踪性和动态监控方便迅速，掌握控制权，运价合理可控。缺点主要有：短期单次运输的固定成本高，资金占用大，企业运营和管理成本高，运能固定，业务与成本平衡度难以把控，运输服务专业化程度低。

#### 10.1.2.2 网络货运平台合同运力

指网络货运平台企业根据自身承运的长期运输量，用定向约定、招采方式、招呼型的方式达成合作的第三方运力资源，如专业的运输企业、车队或者个人运力。

网络货运平台合同运力是指企业为了集中精力搞好主业，通过网络货运平台将原属自身处理的运输环节以合同或者其他方式委托给提供专业运输服务的第三方运力。在双方合作期间，委托方企业可以通过计算机技术、信息技术等监控车、货状态，以达到对运输环节全程监测。

网络货运平台合同运力的构成比较复杂，其运力特性主要体现在以下几个方面：

（1）规模化与多样性：网络货运平台上的合同运力规模较大，涵盖了企业合同运力、车队合同运力、个体合同运力等多种类型。这种规模化和多样性的合同运力结构使得平台能够满足各种复杂的货运需求。

（2）稳定性与可靠性：由于合同运力是基于长期合作关系建立的，因此其稳定性和可靠性相对较高。这有助于减少运输过程中的不确定性和风险，提高运输效率和服务质量。

（3）可追溯性与透明性：网络货运平台通过信息技术手段对合同运力进行实时追踪和监控，确保运输过程的可追溯性和透明性。这有助于提升客户信任度、降低纠纷发生的可能性。

（4）灵活性与可调度性：网络货运平台能够根据市场需求和运力状况灵活调整合同运力，实现运力的优化配置。这种灵活性使得平台能够更好地应对市场变化，提升运营效率。

（5）成本效益性：通过集中采购、优化调度等方式，网络货运平台可以降低合同运力的单位成本，提高整体运输效益。同时，平台还可以通过数据分析、智能匹配等手段，进一步降低运输成本、提升竞争力。

#### 10.1.2.3 网络货运平台临时运力

指紧急情况下委托方企业在网络货运平台临时匹配到的第三方运力。通常也包括企业运力、个体运力和车队运力等，这种多样性使得平台能够更广泛地整合市场上的运输资源，提高匹配效率和运输能力。

临时运力是网络货运平台根据实时的市场需求和运力情况进行即时匹配和调配的，因此具有高度的即时性。同时，由于它是非固定的运输资源，所以能够灵活应对市场的快速变化，满足货主和承运商的即时运输需求。

通过网络货运平台的智能匹配和调度，临时运力能够实现资源的优化配置，降低运输成本。同时，由于临时运力是根据实际需求进行调配的，因此可以减少不必要的运力浪费，提高整体运输效益。

### 10.1.3 网络货运平台运力现状分析

#### 10.1.3.1 运力资源的分散性

网络货运平台在整合运力资源时，面临着运力资源分散、信息不对称等问题。不同的运输企业、个体车主等拥有各自的运力资源，平台需要通过有效的组织和调度，实现这些资源的优化配置。

#### 10.1.3.2 运力需求的多样性

网络货运平台的用户包括货主、运输企业、个体车主等，他们的运力需求各不相同。平台需要根据不同用户的需求，提供个性化的运力组织方案，以满足市场的多样化需求。

#### 10.1.3.3 运力组织的复杂性

网络货运平台的运力组织涉及多个环节和多个主体，包括货源信息的获取、运力资源的匹配、运输过程的监控等。这些环节需要紧密协作，确保运力组织的顺畅和高效。

### 10.1.4 网络货运平台运力的组织与管理

#### 10.1.4.1 网络货运平台运力评价原则

（1）科学性原则。运力评价必须建立在科学理论的基础上，结合实践经验，选取概念明确、严谨合理的指标，切实反映各运力的实际状况。这包括数据的准确性和可靠性，以及评价方法的科学性和客观性。

（2）适用性原则。运力评价的目的是为分析评价服务，因此选用的指标不仅应直白明了，也应易于得到，以便在实际生活中得到广泛应用。同时，评价流程应尽可能简化，确保评价结果的客观、全面、可靠和科学。

（3）综合性原则。评价时应综合考虑运力的多个方面，包括运输效率、服务质量、成本控制、风险控制等，以全面反映运力的综合性能。

（4）动态性原则。运力评价应考虑到市场和运输环境的变化，以及运力本身的动态变化。因此，评价过程应具有灵活性，能够根据实际情况进行调整和优化。

（5）公平性原则。在评价过程中，应确保对所有运力一视同仁，避免任何形式的歧视或偏见。评价标准和方法应公开透明，方便所有参与者了解和接受。

（6）合规性原则。评价过程中应严格遵守相关法律法规和政策要求，确保评价结果的合规性。同时，平台应加强对运力的合规性管理，确保运力符合相关标准和要求。

#### 10.1.4.2 网络货运平台运力评价方法

网络货运平台运力评价方法主要包括以下几个关键步骤：

首先，明确评价的目的和范围，确定需要评价的运力类型（如企业合同运力、车队合同运力、个体合同运力等）和具体评价指标。这些指标应全面反映运力的运输效率、服务质量、成本控制、风险控制等方面。

其次，收集相关数据和信息。这包括运力的历史运输记录、客户反馈、合作次数、合作满意度等。这些数据可以通过平台自身的信息系统、第三方数据源或调查问卷等方式获取。

再次，对收集到的数据进行处理和分析。这包括数据的清洗、整理、统计和计算等。通过运用适当的数据分析方法，如描述性统计、比率分析、趋势分析等，提取出有用的信息，为评价提供依据。

接着，根据评价指标和数据分析结果，对运力进行综合评价。这可以采用评分法、排名法或综合评价模型等方法。在评价过程中，应注重客观性和公正性，避免主观臆断和偏见。

最后，形成评价报告并提出改进建议。评价报告应详细阐述评价过程、方法和结果，并提出针对性的改进建议。这些建议可以帮助运力提供者了解自身存在的问题和不足，进而提升运输效率和服务质量。

需要注意的是，网络货运平台运力评价方法并非一成不变，随着市场和技术的不断发展，评价方法和指标也应不断调整和优化。同时，平台应加强对评价过程的监管和审核，确保评价结果的准确性和公正性。

#### 10.1.4.3 网络货运平台运力风险分析

网络货运平台运力风险分析是平台运营过程中至关重要的一环。在当前的互联网和物流技术环境下，平台不仅要处理海量的数据和交易，还要应对各种潜在的风险。

（1）技术风险。技术风险是一个不可忽视的因素。平台依赖于互联网技术进行运营，因此网络安全、数据安全等方面的问题都可能对业务造成不良影响。例如，黑客攻击、数据泄露或系统崩溃等都可能导致平台运力的临时或长期受损。此外，随着技术的不断进步，平台也需要不断更新和维护其技术系统，以应对新的挑战和威胁。

（2）货主与托运人的风险。网络货运的便利性可能吸引一些不良托运人，他们可能提供虚假运力信息或进行恶意竞争，给货主和其他托运人带来损失。同时，货主和托运人之间的信息不对称也可能导致运力匹配不准确，进而影响到平台的运营效率和服务质量。

（3）货物运输风险。货物运输风险主要包括货物损坏、丢失等问题，这些都可能影响到货物的安全送达。此外，由于网络货运涉及多个环节和多个参与方，因此责任划分和纠纷处理也可能成为风险点。

（4）市场波动风险。市场波动风险也是一个重要的风险来源。网络货运市场的价格受到多种因素的影响，如政策法规、市场供求等。价格波动可能导致运力提供者的利润不稳定，甚至可能引发恶性竞争和市场混乱。

（5）合同风险。合同风险也是网络货运平台需要关注的一个方面。平台作为承运人身份与托运人签订运输合同，委托实际承运人完成道路货物运输。然而在实际经营中，可能会出现合同条款不明确、履行不力或纠纷处理不当等问题，这都会给平台的运营带来风险。

网络货运平台运力风险涉及多个方面，为了有效应对这些风险，平台需要建立完善的风险管理体系，包括风险评估、风险控制、风险监控和应急处理等方面。同时，平台还应加强与各方参与者的沟通和协作，共同推动网络货运市场的健康发展。

## 10.2 网络货运平台销售与推广

### 10.2.1 网络货运平台的推广方向

网络货运平台的推广需要综合考虑品牌形象构建、营销推广、搜索引擎优化、服务体验提升、市场调研、价格策略优化、网络平台建设以及多元化增值服务等多个方面。通过全方位的努力和持续的创新，有效地推广网络货运平台并吸引更多用户。

#### 10.2.1.1 品牌形象构建

网络货运平台需要通过多种方式构建良好的品牌形象，以提升用户的信任度和忠诚度。可以通过广告宣传、线下活动等手段，提升企业的知名度和美誉度，吸引更多用户的关注。

#### 10.2.1.2 加强营销推广

通过多渠道的品牌宣传和市场推广活动，向用户传递企业平台的价值和优势。利用互联网平台、社交媒体等线上渠道进行广告投放和推广活动，扩大用户触达范围并提高转化率。采用行业媒体活动等线下手段，通过优惠力度吸引新客户，打开市场。利用用户的朋友关系网进行链式推广，引起用户的关注和参与，与用户建立积极的互动和沟通，这样的做法也有助于在初期阶段迅速打开市场。

#### 10.2.1.3 搜索引擎优化（Search Engine Optimization，SEO）和竞价推广

进行网站 SEO，通过发布企业产品信息、软文等，提高网站在搜索引擎中的排名，增加曝光率。考虑竞价推广，如资金条件允许，可以通过竞价排名快速将产品信息排到搜索结果前面，提高浏览率和成交机会。

#### 10.2.1.4 提供优质的服务体验

简化货物发布系统，让货主能够简单快捷地发布货物信息、减少等待时间、提高发布效率。提供多样化的运输方式选择，满足不同货物的运输需求。持续优化物流配送系统，提高货运速度和准时率，增强用户满意度。

#### 10.2.1.5 市场调研与策略制定

通过市场调研了解用户需求和行业动态，制定合理的运营策略。根据调研结果调整推广方向，确保推广活动能够精准触达目标用户群体。

#### 10.2.1.6 优化价格策略

密切关注市场行情和行业价格走势，构建价格监控体系，根据实际情况灵活制定价格策略。寻求降低运营成本的方法，如优化物流运输线路、提高运输效率等，以保持价格竞争力。考虑推出优惠政策和激励措施，如定期促销活动、累计运输量折扣等，吸引潜在货主试用平台。

#### 10.2.1.7 建立高效的网络平台

提供一个高效的网络平台，让用户能够方便地进行货物的下单、追踪和投诉等操作，提高用户体验和满意度。通过技术手段不断优化平台功能，提升用户使用的便捷性和效率。

#### 10.2.1.8 开展多元化增值服务

除了基本的货运服务外，可以考虑开展金融、保险等增值服务，提升平台的整体竞争力。通过提供一站式服务，满足用户的多样化需求，增强用户黏性。

### 10.2.2 网络货运平台推广的业务流程

对于网络货运平台来说，依靠云计算、大数据分析系统、卫星定位系统、人工智能服务、物联网、区块链等众多的现代互联网技术，网络货运打破了传统企业线下交易、信息互通不畅的困境，将传统的信息单向推送方式升级为双向交互模式，进一步缩短交易链条，不仅帮助客户降低管理成本、人力成本和物流成本，而且通过缩短市场响应时间，提高其市场竞争力。同时，物流企业的数字化转型，能够通过平台化优势跨地域吸纳和管理社会运力，打造优质运力池；能够通过服务能力的提升来获得更多更优质的订单，实现供需资源集约整合；能够通过智慧化的条件匹配，实现智慧调度和运营，实现物流运输的提质降本增效；能够通过标准化的管理，推动行业从"多小散乱"的状况向规范化、规模化发展，其业务流程如图10-1所示。

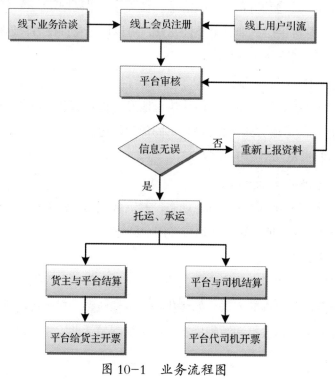

图 10-1 业务流程图

网络货运平台连接上游货主和下游运力，可以让托运方更好地获取稳定丰富的运力资源，促进与货车、货物的协调，可以让货车司机直接与有稳定运输需求的上游托运方联系，为长期合作关系奠定基础。

网络货运平台的推广流程主要分为两阶段：一方面，面向上游客户招商，吸引更多的客户来发布运输任务；另一方面，面向下游的承运商、车辆、驾驶员等推广，搭建完善的运力池，以保证运输任务的顺利完成。

#### 10.2.2.1 面向上游客户招商

网络货运平台面向上游招商，指网络货运平台为了吸引更多的供应商、物流企业、货主等加入平台，扩大平台业务规模和提高市场竞争力。招商工作通常包括宣传推广、商务洽谈、合作协议签订、培训支持、业务拓展、售后服务等，通过网络货运平台招商，可以吸引更多的供应商、物流企业、货主等加入平台，实现物流资源的有效整合，优化物流运输路线，降低空驶率，从而降低物流成本，提高物流效率。同时，网络货运平台可以借助信息技术手段，实时监控物流运输过程，保障货物安全，提高物流服务水平，从而吸引更多的优质合作伙伴，提高市场竞争力，占据更多的市场份额。

#### 10.2.2.2 面向下游搭建运力池

网络货运平台面向下游搭建运力池，指网络货运平台为了满足下游货主和企业的运输需求，通过整合社会闲散运力资源，建立稳定的运力池，提供高效、稳定的物流服务。搭建运力池通常包括司机认证、车辆审核、运力分类、在线招投标、智能匹配、运输监控、运费结算等，通过网络货运平台整合社会闲散运力资源，搭建运力池，可以为货主提供更多的运输选择，缩短找车时间，精准匹配车辆和优化线路，可以降低空驶率，减少油耗和运输成本，提高运输效率。同时，通过网络货运平台，司机可以获取更多的货源信息，提高车辆利用率，增加收入。

### 10.2.3 推广准备工作

#### 10.2.3.1 宣传资料准备

线下推广需准备宣传册、海报、名片、印有公司 LOGO 及宣传标语的手提袋、便签、纸杯、纪念品等，同时要确保宣传资料上具有清晰的品牌标识、平台介绍、核心优势、合作伙伴等信息。线上推广则需要准备宣传视频、宣传文件电子版等。

面向上游客户（货主）时，要着重介绍平台货源的丰富度和运输能力，强调平台的一站式物流服务体验，展示平台的智能匹配和调度能力，说明平台如何根据货主需求匹配最适合的运输车辆，确保货物安全、准时送达，同时提供详细的运费结算和售后服务方案，让货主企业感受到平台的便捷和高效。

面向下游运力池（承运商、车队等）时，要强调平台的货源优势和市场覆盖，展示平台合作伙伴的多样性，吸引承运商和物流企业加入，重点介绍平台的运力整合能力，包括运力池的规模、质量以及智能匹配效率，让供应商和物流企业看到平台在提高运输效率和降低成本方面的优势，同时提供详细的合作方案和优惠政策，说明平台如何帮助供应商和物流企业拓展业务、提高收益，展示平台的技术实力和创新能力，让供应商和物流企业相信平台可以持续提供高质量的物流服务。

#### 10.2.3.2 价格体系制定

确定盈利点，制定标准价格、优惠价格、推广价格、增值服务项价格，同时，对优质会员企业实行"一客一议"。在制定价格体系时，根据市场变化和上下游企业的需求进行调整，保持竞争力。同时，为了避免价格战等恶性竞争，平台需要注重提升服务质量，为上下游企业提供更多的增值服务，以实现共赢。

#### 10.2.3.3 目标客户确定

对获取的目标客户信息进行筛选，将保留下来的客户分类整理。一般可分为以下几类：

（1）股份公司合作资源以及股份公司其他业务承运商资源；

（2）线下合作客户资源；

（3）多渠道客户引流，生产企业、贸易企业、大宗运输、三方物流等。

#### 10.2.3.4 培训材料

面向平台人员的培训材料，包括行业介绍、公司介绍、平台介绍、平台使用说明、政策优势、运营优势等内容。

#### 10.2.3.5 人员分工

将目标客户信息进行划分，由不同市场推广人员，对接不同客户，防止出现一类客户多人跟进的情况，减少人力浪费。各部门之间需要保持密切沟通，及时调整推广策略，提高推广效果。同时，要注重推广人员的专业培训，提高团队的业务能力和执行力，以更好地完成推广任务。

### 10.2.4 业务推广策略

#### 10.2.4.1 线下洽谈技巧

线下洽谈是一种重要的商务交流方式，成功的洽谈可以为企业带来商机和合作关系。网络货运平台是一种面向物流行业的数字化解决方案，因此在线下洽谈时，要充分了解物流行业的特点、发展趋势以及客户的痛点。根据市场情况，推出优惠政策，如税票优惠、达到额度后的价格优惠、合作伙伴分利等。向客户展示成功案例，证明平台的实力和可靠性，增强客户信心，吸引客户使用平台。同时，根据客户需求，提供定制化的解决方案，满足不同客户的多样化需求。

#### 10.2.4.2 企业用户安装注册并使用优惠

在推广时为企业用户提供相应的优惠、权益等。例如：一定折扣的价格优惠（新用户优惠、团购优惠、季节性优惠）等，以降低企业使用平台的成本；免费试用的权益，为企业用户提供一定期限的免费试用，让他们亲身体验平台的优势和功能，从而吸引他们成为付费客户；对于在平台上成交的企业用户，根据交易金额或订单数量进行佣金返还，从而增加用户黏性；用户推荐奖励活动，平台可以推出用户推荐奖励计划，鼓励企业用户邀请其他企业加入平台，推荐者可获得相应的奖励，从而可以吸引更多企业用户使用网络货运平台，提高平台的市场份额。

#### 10.2.4.3 运力会员安装注册并使用优惠

在推广时为运力会员提供相应的优惠、权益等。例如：注册奖励，平台可以为注册成为平台运力会员的司机或运输企业提供一定的奖励，如现金红包、优惠券等，以鼓励他们使用平台，同时推出推荐奖励计划，鼓励现有运力会员邀请其他司机或运输企业加入平台，推荐者可获得相应的奖励；燃油优惠活动，平台可以与加油站合作，为运力会员提供优惠燃油价格，降低其运营成本；与汽车维修企业合作，为运力会员提供车辆保养优惠，提高车辆性能等；提升接单效率，为运力会员提供平台使用培训和技术支持，帮助运力会员快速上手，以提高接单效率，同时为接单的运力会员提供一定的奖励，如接单补贴、订单抽成等，提高其接单积极性。

### 10.2.5 业务推广方式

#### 10.2.5.1 线下推广

（1）参加行业展会。参加货运和物流行业的相关展览、交流会和会议，设置展位并进行现场推广，展示平台实力，吸引上下游企业关注。

（2）举办活动。策划和举办行业峰会、沙龙、讲座等活动，邀请上下游企业参加，提高平台知名度。

（3）合作伙伴推荐。通过与现有合作伙伴保持良好的合作关系，争取他们的推荐和介绍，扩大平台业务范围。

（4）地推团队。组建专业的地推团队，深入物流园区、货运市场等，进行面对面推广，提高平台在下游企业中的知名度。

#### 10.2.5.2 线上推广

（1）搜索引擎营销（Search Engine Marketing，SEM）。利用搜索引擎进行关键词投放，提高平台在搜索结果中的排名，吸引上下游企业关注。

（2）搜索引擎优化（SEO）。优化平台官网和内容，提高搜索引擎排名，增加平台曝光度。

（3）社交媒体推广。利用社交媒体平台发布推广信息，吸引粉丝关注，扩大平台影响力。

（4）行业网站合作。与物流行业网站、货运平台等合作，发布推广信息，增加平台在行业内的知名度。

（5）内容营销。通过撰写原创文章、制作视频、发布报告等形式，传播行业知识，展示平台专业能力，吸引目标客户关注。

## 10.3　新媒体运营推广

### 10.3.1　新媒体运营的内涵

#### 10.3.1.1 新媒体运营的概念

所谓新媒体，是指采用网络技术、数字技术和移动通信技术进行信息传递与接收的信息交流平台，包括固定终端与移动终端。狭义的新媒体是以互联网技术为内核，以电脑、手机等设备为终端，并通过与终端相适应或匹配的方式来进行传播，以网络媒体为代表。而广义的新媒体则是基于网络技术、数字技术和移动通信技术，通过互联网、无线通信网、卫星等渠道，向电脑、手机、电视机以及各类数字化电子屏等终端传播信息的媒体形态，包括网络媒体、数字电视、车载电视、楼宇电视和手机媒体等。

新媒体运营是指社会组织通过采用网络技术、数字技术和移动通信技术进行信息传递与接收的交流平台（包括固定终端与移动终端），将其投入的资源转化、增值为社会用户所需要产品或服务的过程。从广义上来看，就是社会组织基于网络技术、数字技术和移动通信技术，通过互联网、无线通信网、卫星等渠道，向电脑、手机、电视机以及各类数字化电子屏等终端传播信息的媒体形态，包括网络媒体、数字电视、IPTV、车载电视、楼宇电视和手机媒体等实施物质转化和管理的过程。

#### 10.3.1.2 新媒体运营的特点

（1）新媒体运营让消费者自主参与、互动销售。从传播理论角度看，传统媒体营销是面向所有受众，采用大众传播方法，对广泛定义的大众群体进行传播。而新媒体运营则是面向每一个具体的消费者，采用人际传播方法，以技术为链接，对每一个用户进行精准服务。

在新媒体时代，用户是市场的中心，消费者的需求直接决定着市场的导向。因此，运营主体只有在海量的信息中进行科学决策、精准运营，让用户（消费者）能够不断参与到运营过程中，才能完成用户转化，实现盈利。同时，用户通过自主参与、互动，需求也随之升级，对个性化、定制化的服务要求越来越高，从而也积极推进新媒体运营方式与技术的不断提升。例如，苹果公司运营 App Store 时，就通过招募用户编写程序，苹果公司负责销售和下载，收益分成的方式（苹果公司获得 30%，开发商获得 70%），完成了用户参与产品（服务）研发、消费，运营主体（企业）提供协助的整个新媒体运营流程，不但在很大程度上自动激发了用户的积极性，增强了用户黏性，同时又减轻了运营主体（企业）的创新负担。

（2）新媒体运营有效降低营销成本。与传统媒体需要投入大量营销成本购买广告时段，建立、维护企业网站，雇用大量营销业务员不同，新媒体时代的运营主体（企业）有更多可选的营销渠道，且大部分渠道都是免费和开放的。例如，可以在百度上建立关键词，在豆瓣上定期推出话题，在微博、微信上发布产品信息，与用户实时互动等，为新媒体运营提供近乎零成本的条件。

运营主体（企业）可以将产品（服务）信息传递给某一消费者，再经由它借助社群力量转发，从而引起其他好友的关注和分享，实现数十万、数百万的幂次传播，引爆产品（服务）的销售。

（3）新媒体运营能精准定位、满足个性需求。与传统媒体相比，新媒体运营的最大特点就是能为消费者提供个性化、定制化的服务：搜索引擎的关键词推荐、电商平台的售品推荐、各类应用平台资讯推荐等。随着新媒体时代的发展，消费者的个性需求越发凸显，市场也根据消费者的个性需求不断地调整运营策略。加上大数据和移动互联网技术的发展，为运营主体获取消费者需求提供了便利，使精准定位、满足个性化需求的产品（服务）得以实现。例如，今日头条通过强大的人工智能个性化推荐算法，通过分析用户的 5 个兴趣，抓取其中的 2 个，给用户推送这 2 个兴趣方面的内容，然后为用户推送一些原来没点开的内容，测试用户的兴趣宽度，以保证信息的丰富性。

（4）新媒体运营能有效面对危机公关。消费者是一个独立的个体，具有各自不同的需求，因此在运营主体（企业）为其提供产品（服务）时，必然会出现令部分消费者不满的情况，特别是在新媒体时代下，用户（消费者）的个性化需求强烈，对产品（服务）有着独特的需求，同一产品（服务）会产生出不同的需求效果。面对此类危机，新媒体运营有着传统媒体面对碎片化信息传播、回馈不及时、舆论控制力差等问题无法比拟的优势，可以通过智能技术在任何时间、地点及时回复用户需求，同时还可以将员工及忠实用户组成群体对产品（服务）进行一对一贴心回馈等，让危机消失在萌芽期。

### 10.3.2 网络货运平台新媒体运营的优势

**10.3.2.1 传播速度快，提供更多选择**

新媒体运营相对于传统的媒体，能让消费者的互动性更强，可以让平台与用户进行实时互动，解答用户疑问，增加用户对平台的信任，同时，新媒体运营推广可以采用多种形式，如文字、图片、视频等，可以让推广信息更加丰富、生动，提高用户关注度。首先，新媒体的传播能让口碑传播形成不断向下扩散形态，这种传播方式更加迅速，传播面积更广。其次，新媒体平台（如社交媒体、博客、微信公众号等）拥有广泛的用户基础，有利于平台快速覆盖更多的上下游企业。

针对上游企业来说，新媒体运营推广可以帮助网络货运平台吸引更多的货主企业，提供更多的物流服务选择。同时，针对下游运力池来说，新媒体运营推广可以帮助网络货运平台吸引更多的供应商和物流企业加入，增加合作伙伴选择范围。

**10.3.2.2 提高合作效率，降低沟通成本**

新媒体能够提供免费的营销平台，比传统媒体更加节省成本，有利于中小型网络货运平台降低推广成本。新媒体中有很多的免费资源可以用，只要有创意，用户觉得很感兴趣就会免费为平台传播信息。

针对上游企业来说，通过新媒体运营推广，可以帮助货运平台吸引更多供应商和物流企业，从而引入更多的竞争，有助于降低货主企业的物流成本，同时提供丰富的物流资源和信息，有助于货主企业快速寻找合适的物流供应商，降低寻源时间成本。针对下游运力池来说，新媒体运营推广可以帮助供应商和物流企业更快地了解货运平台的服务内容、优势和特点等，提高合作效率，降低传统营销方式的成本，如广告、宣传材料等，同时，通过新媒体平台，供应商和物流企业可以实时与货运平台进行互动，降低沟通成本。

**10.3.2.3 精准定位、满足个性需求**

新媒体运营能照顾到客户的差异化给消费者提供个性化的需求，这是传统媒体所不能够达到的。通过新媒体平台可以利用大数据和算法，精准定位目标受众，通过对用户行为、兴趣爱好等数据的分析，实现精准投放，提高推广效果。

针对上游企业来说，通过新媒体平台可以针对特定的货主企业，推送相关的物流服务和推广信息，精准匹配合适的物流供应商和物流方案，同时提高广告投放效果。针对下游运力池来说，新媒体运营推广根据供应商和物流企业的特点，提供个性化的推广方案，提高推广效果，同时针对特定的合作伙伴，推送相关的推广信息，提高合作成功率。

**10.3.2.4 传播内容多元化、个性化**

从传统媒介到新媒体，最大的变化同时体现在传播内容的多元化和融合化，传统纸质媒体通过平面展示文字信息、图片信息。而如今，借助新媒体形式，同时传播带有文字、图片、声音等内容结合的信息已成为可能，提高了信息量，提升了信息广度。因此，优秀的新媒体内容可以产生长期的传播效果，有助于提升平台的品牌形象，扩大企业知名度，提高物流服务质量。同时，通过新媒体运营推广，使得信息传播变得更加迅速，因此，新媒体平台可以提供最新的行业动态和趋势信息，帮助供应商和物流企业了解市场变化，及时调整发展战略，同时，上下游客户也可以实时接收信息，并实时做出相应的反馈。

总之，网络货运平台采用新媒体运营推广对于上下游企业都具有积极意义。这种推广方式可以帮助平台快速覆盖更多的合作伙伴，提高合作效率，降低沟通成本，同时还能为上下游企业提供更多选择、降低成本和提高服务质量。

### 10.3.3 网络货运平台新媒体运营策略

#### 10.3.3.1 搜索引擎推广

搜索引擎推广（SEM）是一种通过向搜索引擎投放广告来推广产品或服务的营销手段。它通过将广告显示在搜索引擎结果页面中的相关位置，使广告主的信息能够在用户搜索相关关键词时展示给他们。

搜索引擎推广主要有两个重要组成部分：搜索引擎优化（SEO）和付费搜索（Pay-Per-Click，PPC）广告。

搜索引擎优化（SEO）是一种通过优化网站结构和内容以提高其在自然或有机搜索结果中排名的方法。通过对网站进行关键词研究、网站架构优化、内容优化、建立良好的链接和提高用户体验等措施，提升网站在搜索引擎中的可见性和排名。付费搜索（PPC）广告是指通过向搜索引擎购买关键词竞价排名来展示广告。广告主出价与特定关键词相关联，并且只有当用户点击广告后才需要支付费用。典型的 PPC 平台包括百度推广等。网络货运平台的搜索引擎推广（SEM）是提高品牌知名度和吸引潜在用户的重要策略。以下是一些推广网络货运平台的搜索引擎推广策略：

（1）关键词优化。确定与网络货运平台业务相关的关键词，并进行优化。通过研究用户搜索习惯和竞争对手情况，选择适当的关键词并在网站内容、页面标题、标签以及广告中使用这些关键词，有助于提高网站在搜索引擎中的排名。

（2）广告投放。使用搜索引擎的广告服务，如百度推广等，投放网络货运平台相关的广告。如果资金条件允许的话，通过搜索引擎广告平台进行竞价排名，可以快速将公司产品信息排到前面，浏览率高自然成交机会增多，确保关键词选择准确、与目标用户搜索意图匹配，设定合适的目标受众、地理位置和关键词等参数将广告展示给潜在用户，增加品牌曝光和点击率，并设置合适的出价和预算，最大化点击和转化效果。但是需要极高的投入，且投入可能与效果不成正比。

（3）内容营销。创建高质量和有价值的内容，如博客文章、行业报告、指南等，并将其优化为关键词密集的网页。这样有助于吸引用户对相关问题进行搜索，提供解决方案并建立专业形象。如设计吸引人眼球和相关性强的广告创意。采用优秀图片、有吸引力的文案以及清晰明了的呼叫行动等，吸引目标用户点击广告并了解更多关于网络货运平台的信息。

（4）搜索引擎地图和本地SEO。将网络货运平台网站提交到主要搜索引擎的索引工具中，并确保网站地图完整和更新。同时，进行本地SEO，包括在本地服务区域中使用相关关键词和位置词，并注册优化本地商业目录中的信息。

（5）社交媒体整合。将网络货运平台与社交媒体平台整合，通过分享有价值的内容、用户反馈和推广活动等，增加品牌曝光度和网站流量。如在主流社交媒体平台上创建和完善网络货运平台的官方账号，定期发布高质量、有价值且相关的内容，包括公司动态、行业资讯、操作指南等。通过发布吸引人的内容，增加用户对品牌的互动和关注，同时，积极参与用户评论、回复问题，并与用户进行互动。回答用户提出的疑问，提供专业建议，并以友好、礼貌的方式处理反馈和投诉。最后，社交媒体的搜索功能也可以用来寻找潜在用户并与他们互动。

（6）网站优化。确保网络货运平台网站具有良好的用户体验，包括快速加载速度、易用性和响应式设计等。搜索引擎将考虑这些因素来判断网站的排名。因此网络货运平台要重视网站结构优化、响应式设计、加载速度优化以及外部链接建设，并使用网站分析工具追踪关键指标，如访问量、跳出率、转化率等，了解用户行为并进行持续优化。

（7）数据分析和持续优化。通过使用分析工具来跟踪网站流量、关键词排名、广告效果等数据，并持续优化推广策略。根据数据结果调整关键词选择、广告投放范围、内容策略等，以提升搜索引擎推广效果。

在进行搜索引擎推广时，要遵守相关的法律法规和搜索引擎机构的政策规定，避免使用不当手段进行推广，并且进行有针对性的市场调研，了解目标用户需求和竞争情况，以确保推广策略的有效性。

### 10.3.3.2 信息流推广

信息流推广是通过网络媒体传递向用户输送内容的渠道和过程中相关插入广告的一种新型推广形式，可以借助图片或视频等多种多样的交互表现形式进行呈现，具有与原生媒介高融合度、大数据精准投放的特点，因而比较受欢迎。下面是信息流推广的一些特点和优势：

（1）捕捉真实意图，准确投放广告。广告商应利用大数据分析用户偏好，记录用户搜索历史，分析用户浏览记录，结合各种数据准确定位，分析不同群体的需求，做到差别投放，减少广告对用户的干扰，将干扰转化为用户需求，提高信息流广告的效果和转化率。

（2）改善用户体验。信息流广告可以穿插、展示在内容中，可以将广告内容化。用户对这种穿插在媒体内容流中的广告感知度相对较低，因此没有很大的抵触排斥情绪，企业可以根据算法生成的用户肖像标签进行投放，因此其重要特点是内容性强、干扰度低。

（3）显示形式丰富，符合用户获取信息的方式。信息流广告形式多样，可以借助图片或视频等多种交互表达形式呈现，在用户获取信息的同时，丰富了用户的视觉体验。

常见的信息流推广平台包括百度、新浪微博、腾讯新闻、今日头条等。为了确保信息流推广效果最大化，应注意选择合适的平台，并结合品牌定位和目标受众特点进行广告创意和定向投放策略。当然，信息流推广也会存在一些非法收集和存储用户信息的问题。由于用户越来越关注隐私泄露，部分用户不接受信息流广告，所以信息流推广需要在这方面不断改进。网络货运平台通过信息流推广可以帮助平台提高品牌知名度、吸引用户和增加平台活跃度。

（1）合作媒体。与有影响力的媒体、行业网站和博客进行合作，发布相关新闻稿、专题文章或提供独家报道，这有助于提高网络货运平台在行业内的曝光度，吸引更多用户了解和使用该平台。如，与物流行业相关的媒体平台等合作，为网络货运平台提供有针对性的曝光机会，吸引更多目标受众；与大型商业新闻门户网站等合作，跟踪财经和物流行业的热点话题和趋势，并及时通过信息流平台发布相关观点、解读和分析，覆盖大量的潜在用户，同时建立网络货运平台在行业内的专业形象，并吸引感兴趣的用户关注；与行业信息分享和交流的平台进行合作，这些平台能够帮助货运平台与行业领导者和专家建立联系，并扩大知名度；在微博、微信公众号、抖音等社交媒体上投放信息流广告，通过有影响力的账号和社群传播，吸引更多用户关注和参与。在选择合作媒体时，应根据货运平台的定位、目标受众和营销策略进行筛选，并结合数据分析和监测结果及时调整投放策略和合作渠道。

（2）原创内容。创建高质量原创内容，如博客文章、行业报告、案例分析等，并通过信息流平台进行发布和推广。这些内容应该具有实用性且更有价值，并与网络货运平台的核心业务相关，吸引目标用户点击和分享。如分享用户在使用货运平台时的成功故事和案例，展示他们如何通过平台提高效率、降低成本或改善物流服务；采访行业内的专家或企业高管，探讨物流行业发展、行业挑战以及应对策略等。这种专家访谈能够为用户提供有价值的观点和建议，并提升货运平台在行业内的知名度。

（3）广告投放。利用信息流广告平台，如今日头条、百度推广等，根据目标受众的行为特征和偏好，在合适的频道和兴趣群体中投放网络货运平台的广告。确保广告内容吸引人并符合平台使用者的兴趣点，以提高点击率和转化率。对于广告内容，要通过A/B测试等手段对不同广告版本进行比较，并根据数据反馈优化内容。监测关键指标，如点击率、转化率等，不断调整广告内容以提升效果。同时还要定期优化和监测广告效果和投放情况，了解投放数据并及时调整策略。根据广告效果反馈，进行投放区域、时间段、广告类型等相关优化，以提升广告投放的效果，提高回报率。

（4）用户推荐。鼓励平台用户在信息流平台上分享自己在网络货运平台的使用体验和评价，可以通过提供奖励机制或优惠活动等方式来激励用户积极参与，并扩大用户群体。

综上所述，在信息流推广中，正确定位目标受众、选择合适的广告平台、优化内容设计，并持续监测与优化，是十分重要的。

## 10.4 数据安全与保护

### 10.4.1 相关法律法规

"十四五"规划和2035年远景目标纲要明确提出，要加强涉及国家利益、商业秘密、个人隐私的数据保护，加快推进数据安全、个人信息保护等领域基础性立法，强化数据资源全生命周期安全保护。

2017年6月1日，《中华人民共和国网络安全法》正式施行，规定了网络安全的基本要求和法律责任，明确规定了对网络运营者、网络产品和服务提供者进行安全管理和责任追究的要求，强化了对关键信息基础设施的保护，要求个人和组织保护用户信息的安全。

2021年6月10日，《中华人民共和国数据安全法》经十三届全国人大常委会第二十九次会议通过并正式发布，于9月1日起施行。该法旨在加强对数据收集、使用、传输、存储等环节的监管与控制，明确了个人数据和重要数据的分类管理与保护措施。

2021年8月20日，十三届全国人大常委会第三十次会议表决通过《中华人民共和国个人信息保护法》，自2021年11月1日起施行。该法的目的是保护个人信息权益，规范个人信息处理活动，促进个人信息合理利用，根据宪法制定的法规。

随着国家对平台的监管更加严格，行业发展将由规模扩张转变为质量提升，网络货运将正式迈入合规化"加强版"的时代，作为政府行政管理部必须加快制度建设，修订完善网络货运管理相关规定，切实解决制度设计中的不足的问题；作为网络货运平台，在实际运营管理中，应严格规范自身，与政府协同从事前、事中和事后三方面切入，从而加强数据安全与保护。

#### 10.4.1.1 事前监管

（1）设立严格的准入机制。政府应设定明确的网络货运平台运营资质要求，包括数据安全保护能力、信息安全管理体系等方面的标准。网络货运平台在申请运营许可时，需提交详细的数据安全保护方案，证明其具备足够的数据处理能力和防护措施。

（2）加强法律法规宣传。政府应加强对网络货运平台的法律法规宣传，确保平台运营者了解并遵守相关法律法规，特别是关于数据保护方面的规定。

#### 10.4.1.2 事中监管

（1）实时监控与风险评估。政府应建立对网络货运平台的实时监控机制，利用技术手段对平台的数据处理活动进行监测。同时，定期对平台进行风险评估，识别潜在的数据安全风险。同时，要进行数据安全审计，政府可以委托第三方机构对网络货运平台进行数据安全审计，检查平台的数据处理流程、安全防护措施等是否符合规定。

（2）强化平台自律。网络货运平台应建立健全内部数据安全管理制度，加强员工的数据安全培训，确保员工在处理数据时遵守相关法律法规和平台规定。

#### 10.4.1.3 事后监管

（1）进行违规处理与追责。对于在事中监管中发现的数据安全违规行为，政府应依法进行严肃处理，包括罚款、吊销运营许可等。同时，对造成严重后果的违规行为，应追究相关人员的法律责任。

（2）总结经验教训。政府应定期对数据安全监管工作进行总结，分析存在的问题和不足，不断完善监管机制和措施，并加强与其他国家和地区的交流合作，学习借鉴先进的监管经验和技术手段。

未来，国家在互联网领域和数据安全领域的主导会是一种新常态，企业的所有经营行为都必须受到《中华人民共和国国家安全法》《中华人民共和国网络安全法》《中华人民共和国数据安全法》《中华人民共和国个人信息保护法》这四部法律为纲的立体法律框架体系的规范，企业要有前瞻性，要主动遵循这些法律法规，做好自己的数据合规工作。调整自己的经营、运维和治理理念，重塑自身业务模式，"如果能够事先做到合规，就能减小或者避免法律风险，如果业务模式有前瞻性，就无需在监管来临时重新去做大的调整。"业界专家也纷纷表示，物流行业领域的各企业应切实做到合法合规发展，守护网络安全和数据安全，合法收集个人信息，做好保护用户信息的工作。

### 10.4.2 数据安全体系

网络货运平台要求每笔运单装货点、行车轨迹、运行时间、司机信息等都"有迹可循"。所涉及的信息非常敏感，平台守护网络安全和数据安全，合法收集个人信息，做好保护用户信息的工作刻不容缓。网络货运平台应该从技术和运营管理上，担负起网络安全职责，健全信息通报、监测预警、应急处置、预案管理等工作机制，落实网络安全等级保护制度，确保各级安全防护合规达标，积极运用新一代信息技术，如区块链技术，加强网络安全与信息系统同步建设，提高交通运输关键信息基础设施和重要信息系统的网络安全防护能力。

随着区块链技术成熟程度的不断增加，区块链行业正处在从2.0阶段向3.0阶段迈入的努力阶段，在金融、交通运输、物流、版权保护等领域有着良好的表现，为推动我国数字化建设、加快数字中国进程贡献了巨大的力量。区块链是一种分布式数据库系统，具有去中心化、不易篡改、很难伪造、可追溯等特性。传统供应链存在业务链较长、效率低下等问题，而区块链使用更精简、更自动化、无差错的流程大大降低运作成本，在提供了物流运作可视性和可预测性的同时，加速了货物的流动速度。

#### 10.4.2.1 区块链技术

区块链，就是一个又一个区块组成的链条。每一个区块中保存了一定的信息，它们按照各自产生的时间顺序连接成链条。这个链条被保存在所有的服务器中，只要整个系统中有一台服务器可以工作，整条区块链就是安全的。这些服务器在区块链系统中被称为节点，它们为整个区块链系统提供存储空间和算力支持。如果要修改区块链中的信息，必须征得半数以上节点的同意并修改所有节点中的信息，而这些节点通常掌握在不同的主体手中，因此修改区块链中的信息是一件极其困难的事。自从被提出以来，区块链技术就被认为是具有颠覆性新一代科学技术，区块链技术最开始在金融领域被开始利用，其中最出名的就是被世人所熟知的比特币，比特币在互联网中得到了很好的成长。区块链本身涵盖了智能性、自动化、安全等方面的优点，使得这项技术在各行各业中有广阔的前景。

相比于传统的网络，区块链具有两大核心特点：一是数据难以篡改，二是去中心化。基于这两个特点，区块链所记录的信息更加真实可靠，可以解决人们互不信任的问题。

#### 10.4.2.2 网络货运平台中的区块链技术

网络货运平台可以通过区块链技术的去中心化、数据不可篡改等特点，实现多方协同治理，加强资源共享力度，解决物流金融等融资难题。

网络货运平台可以通过区块链技术解决跨平台货主及运力资源共享的难题。多个拥有货主资源的合作方可以在去中心化的网络货运区块链平台上共享货主与运力数据，彼此间将敏感信息设置成密文，通过哈希函数存证上链，资源共用且实现了信息的隐私保护，达到"数据可用但不可见"的共享效果。（图10-2）

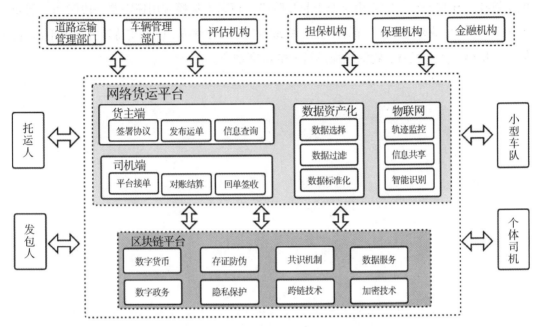

图10-2 区块链网络货运

网络货运平台可以借助于区块链上数据不可篡改、全程留痕、可追溯、公开透明的特点，与物联网相融合，保证链上信息可信且难以篡改，给金融机构展现了多维立体的物流运输全貌，解决了业务真实性的问题，形成托运人基于区块链的历史对账结算记录，对当前的融资业务的还款风险起到参考作用。同时，围绕物流公司及其下属司机、车辆的历史运输记录在链上展示，形成有价值的数据资产，解决了车队及司机风险识别的难题。

利用区块链技术，能够让供应链各节点参与方及时同步资金流、物流、交易的真实数据，减少重复核验环节，优化资源利用率，提升行业整体效率。当前，区块链技术通过真实、可追溯的物流信息，全面掌握供应链运行真实状态，已在电子运单、电子仓单、物流发票、物流追踪、物流金融等场景落地，尤其是在以各种新兴技术为重要支撑的网络货运领域，更成为区块链技术的用武之地。

目前，在积极探索区块链技术应用的企业中，阿帕数字在供应链解决方案中将区块链技术成功落地，先行先试积累丰富成功经验。据了解，阿帕数字依托"华为&阿帕智慧物流云"，通过利用区块链的共识算法、加密算法、分布式账本等核心技术，解决供应链涉及交易支付、货物交割、融资、风控，以及结算的数据确权、数据信用和数据隐私问题，为生态协同方提供及时可信的数字供应链信用凭证，高效整合各类资源和要素。

供应链行业正在拥抱新兴科技实现产业升级与变革，区块链技术则成为不可或缺的技术之一，区块链技术与供应链模式的不断融合，将助力物流行业更加高效协同。然而，区块链技术在物流行业的应用仅处于起步阶段，距离大规模应用还需要一段时间，需要各方共同努力，在场景探索、标杆树立、标准制定、人才培养、政策支持等方面携手前行，促进区块链与实体经济、物流供应链行业的深度融合。

# 第 11 章 综合案例分析

伴随着"互联网+"时代的到来,物流行业正经历着前所未有的变革。网络货运平台作为物流行业的新兴力量,凭借其高效、便捷、智能的特点,正在逐步改变传统的物流运作模式。本章选取典型行业展开分析,深入探讨网络货运平台的运营模式、市场影响、发展趋势等关键问题。

## 11.1 钢铁行业网络货运平台案例

### 11.1.1 行业物流基本情况

钢铁行业以从事黑色金属矿物采选、冶炼加工等工业生产活动为主,一般涵盖了炼铁、炼钢、钢压延加工等多个子行业,是我国重要的原材料工业之一。随着钢铁产量的增加和贸易活动的扩大,钢铁物流的需求和市场规模也相应增长。据统计,2023 年我国钢铁物流市场规模已达到约 7000 亿元。

目前,我国钢铁物流行业的竞争格局主要分为两类:一是钢铁生产企业拓展钢铁物流业务,代表企业主要包括宝武集团、鞍钢集团、沙钢集团、河钢集团等大型钢铁企业。它们通过自建物流体系或与第三方物流企业合作,提供从原材料采购到产品销售的全链条物流服务。这些企业在物流领域的布局和投入较大,具有较强的物流能力和市场竞争力。二是第三方钢铁物流企业,代表企业有中国物流、西本新干线、象屿集团、中远海运等。它们专注于钢铁物流领域,提供专业的物流服务,如运输、仓储、配送等。这些企业在物流领域具有丰富的经验和专业的能力,能够为客户提供高效、便捷的物流服务。

由于钢铁物流的效率和成本直接影响到钢铁行业的竞争力和盈利能力,因此,钢铁物流逐渐成为钢铁供应链上企业降低成本、保证效益、实现钢铁企业内外部物流整体优化以及提高钢铁产业效率的重要手段之一。

随着钢铁物流服务业加速分化、整合,我国各地出现了许多以一站式综合服务为特色的钢铁物流园区。这些园区大都集中在珠三角、长三角等钢材终端消费市场的周边,而不是聚集在钢厂附近。尽管现有的园区良莠不齐，但这一现象表明钢铁物流的业务重心正在向下游的消费端靠拢。然而，钢铁物流领域的技术水平明显偏低，如组织化、标准化和专业化程度不足。此外，交易市场的布局、加工配送中心与物流中心的设置不够合理，导致物流效率低下、成本大幅度增加。在钢铁生产领域之外的多个物流环节，如销售、运输、加工、配送和仓储等，尚未形成顺畅的流程体系。这些环节之间缺乏有效的沟通和协调机制，使得整个物流过程不够流畅，影响了钢铁行业的整体运营效率。同时，钢铁物流相关企业的信息化程度普遍偏低，物流信息系统相对滞后。传统的安全监管方式仍然依赖于人工监督，这不仅增大了管理难度，还提高了运营成本，降低了监管效率。各种不确定因素的存在使得运输风险显著上升，同时也难以保障驾驶员的安全。这些问题已经成为钢铁物流领域降低成本、提高效益的关键挑战。

网络货运平台的出现为解决这些问题提供了新的契机。通过网络货运平台，可以利用车型数据与货物重量、体积数据的对比来实现合理配载，优化运输方案。同时，平台还可以根据车辆的位置、状态、型号与运输任务的匹配程度进行调度优化，有效控制物流成本。此外，网络货运平台还能够撮合交易，有效对接货物运输需求方与卡车司机，将单纯的运输服务提升为一种全新的供应链管理模式。这种模式的转变不仅有助于提升钢铁物流的效率，还能够为钢铁行业创造更多的商业价值。网络货运平台在解决钢铁物流企业痛点、提升物流效率、降低运营成本等方面具有显著优势。

### 11.1.2 AL 公司案例

#### 11.1.2.1 企业概况

AL 公司成立于 2017 年，负责设计和实施行业、产业供应链布局以及方案解决。公司以业财一体化管理和人力资源管理为支撑，以供应链管理和保税物流为基础，建设"天网""地网"两大平台，实现资源共享、智慧数据的大数据管理平台。"天网"即跨境电商和大宗商品交易电商平台，"地网"即网络货运承运和绿色城配平台。其中，AL 云智运就是 AL 公司旗下的一家网络货运平台，汇集社会闲散运力资源并专注于大宗物资运输行业，重点服务于钢铁、煤炭、建筑等大型制造企业和装备企业。AL 云智运不仅提供物流运输服务，还涵盖了运营、车后市场、金融保理等一站式服务，旨在满足客户的多元化需求。

#### 11.1.2.2 业务简介

（1）业务规模。AL 公司经过近十年的发展，已初步打造成基于钢铁产业链的"一个平台，三大中心，五大业务板块"。"一个平台"是指数字化物流综合服务平台；"三大中心"包括数据中心、交易中心、金融中心；"五大业务板块"包括运力交易、财税规划、金融、保理、汽车后市场。公司现有员工 109 人，自有车辆 100 余辆，可调动社会车辆 5000 余辆，公司主要服务于钢铁产业链上的大型生产制造企业和装备制造企业。平台固定资产投资 5000 万元，年收入约 1000 万元。AL 云智运以业务为导向，大力拓展订单资源池，以此拉动平台注册商户司机，阶段打造成为以周边 6 大港口为支点，辐射整个中原地区的高度专业、开放共生的网络货运生态圈，并逐步做大做强，辐射京津冀地区，成为国内产业链布局完整、信息化技术水平先进、具有行业影响力的网络货运平台。

（2）平台架构。平台通过多种模块组合，实现精细计算，优化业务流程，节约对账时间，提高结算效率。针对货主方提供物流保姆式服务，司机方可实现轻松找货、实时结算，并实行全过程动态监控，保证全部交易过程安全可靠。同时平台融合汽车销售领域的金融服务，将汽车租赁、保险、广告和交通信息等多个服务融于一体，免费提供物流资源信息交互服务，实现资源共享、智能管理，为钢铁物流行业发展提供安全、高效、绿色的运输保障。

1）基础数据模块。该模块提供各项基本信息的全面管理与认证，为业务开展提供数据支撑，同时预制多个字段用于后续业务的扩展。丰富权限管理体系，从功能、数据两方面实现权限的多层配置。加大证照档案的管理力度，提高平台用户的准入要求，为车辆的安全运输打下牢固基础。开发数据管理模块，实现数据的上传管理和监控。

2）货源发布模块。该模块主要负责发布货源。货源发布是网络货运平台进行订单匹配的基础，从货源发布、业务沟通，到订单状态跟踪，再到最终支付，平台提供全过程的货源管理功能，通过大数据沉淀，从货源地区、货源属性、运输要求、价格智能计算等多角度做出汇总分析，更好地为货主用户服务提供数据依据。

3）运输管理模块。该模块主要负责对运输过程的管控，通过多张业务单据的相互传递与交互，打通整个物流运输过程，借助于现代信息技术对运输业务全流程和实际承运人的车辆运营情况进行全过程管理。

4）调度模块。该模块负责运输订单的调度、改派、多地卸货等业务的处理，通过灵活的软件功能，提高对复杂多变业务的处理能力。

5）智能交易撮合模块。该模块通过半径搜索算法和区域划分法，实现车源、货源的智能撮合。

6）安全监控模块。该模块通过先进的互联网技术，从订单状态、车辆位置、运输轨迹等多方面进行运输过程的监控，运输过程完全透明化，面向社会提供"人、车、货"等基本信息的查询服务。

7）在途跟踪模块。该模块主要通过车载定位设备，实时记录订单在途状态、运输记录等，保障货物安全。

8)会员信用体系模块。该模块采用信用评价指标体系结构,以多层模糊综合评价模型作为客户信用评价的基础。

9)电子运单模块。该模块为平台提供电子运单服务,提高结算沟通效率,有效降低对账成本。

10)大数据分析模块。该模块分为订单分析、运价分析、货源分析、车辆分析、网点分析、运营分析、渠道分析、物流分析、营销分析等,充分运用大数据分析来优化业务线路。

#### 11.1.2.3 重点服务内容

(1)网络货运板块。立足于钢铁产业腹地,辐射周边6大港口,以上游大宗物资运输为基础,汇集下游闲散运力资源,实现"物"与"流"的双汇集的网络货运平台。

(2)保税物流板块。围绕进出口报关和保税仓储两个环节,从事基础保税物流业务,不断整合业务资源和销售渠道,建设地区对外开发新窗口。

(3)供应链板块。围绕钢铁的主导产品,打造线上线下联动的,集采购、仓储、交易、运输、金融为一体的钢铁供应链平台,形成"以钢铁供应链平台为核心,驱动全产业链"的钢铁供应链体系。

### 11.1.3 OY公司案例

#### 11.1.3.1 企业概况

OY公司成立于2001年,是中国物流行业的领先企业之一。OY公司主要提供综合物流服务,涵盖供应链管理、仓储管理、运输配送、海关报关等方面,紧密围绕"智慧物流服务平台"的建设,为大交易、大数据、大基础制造体系提供专业化的物流服务。

OY公司从钢铁行业未来发展要求出发,面向大宗商品特别是钢材产品的智慧化、生态化物流服务,率先运用物联网、大数据、云计算、人工智能等技术,自主研发国内钢铁行业领先的数字化物流管理软件系统;同时基于物联设备集成、边缘处理技术(计算机视觉)、数字孪生技术设计并研发了适用于钢铁行业的物联感知设备,在钢铁行业不同领域、不同应用场景进行智慧化改造;基于微服务技术、大数据建模与分析技术对产业互联网平台进行重构,形成面向钢铁生态圈的智慧物流综合服务能力。

#### 11.1.3.2 业务简介

(1)业务规模。OY公司作为一家知名的物流企业,逐渐扩展其业务范围与规模,并在物流行业取得了一定的市场份额。该公司积极致力于智慧服务体系建设,通过数据赋能提升交易效率,通过服务增值提升交易体验,助力钢铁行业转型升级期。

该公司以高效智能的产业链服务为超过25万家注册用户提供服务,服务货主超过

15万家，合作承运商超过3000家，中小工业品供应商超过12万家，合作仓库近3200家，合作加工中心近700家。

（2）平台架构。1）OY运帮App。OY运帮App是一款货物运输软件，为货主、司机以及承运商搭建便捷的合作平台，可以在线管理物流运输信息，提高物流中转效率。"OY运帮"移动版是OY公司倾力打造的集物流交易、物流服务、物流作业于一体的移动端公共服务平台。OY运帮App提供一键抢单、竞价抢单、运单调度、物流跟踪等便捷服务功能，业务人员可以通过手机查看当前平台发布的竞价抢单信息。

2）OY物流网。OY物流网是OY公司打造的面向大宗物资流通领域的专业化网络货运平台，业务范围包含大宗物资物流工程中的仓储服务、运输服务、加工服务、物流交易、控货监管等。OY物流网通过整合运力资源、采用智能报价体系提供运输服务，同时支持汽水铁多段联运，可实现全程可视化跟踪；同时平台提供在线化仓储作业，实时掌握库存动态，可实现无纸化提单和"一键挂货"等服务。

#### 11.1.3.3 重点服务内容

（1）运帮。运帮业务是指公司通过高效整合第三方运输企业的服务资源，为平台用户提供一站式钢材产品运输和配送服务。这一服务涵盖制定个性化的运输方案、确定合理的运输价格、选择承运商、全程跟踪运输过程、最终的到货签收管理等多个关键环节，打造现代化、智能化的网络货运平台，为用户提供便捷、高效的操作体验，用户可以轻松下单、查询订单状态、跟踪货物位置，实现物流信息的实时共享和沟通。在运输服务方面，运帮业务充分发挥了整合运力资源的优势。通过智能报价体系，运帮业务能够根据货物的种类、数量、运输距离等因素，快速生成合理报价，提高报价的准确性和效率。同时，借助多种模式的物联感和集成显示技术，实现车、货流通过程中信息的数字化、可视化，让客户能够实时了解货物的运输状态，从而做出更准确的决策。

（2）云仓。云仓业务通过整合第三方仓储服务资源，为平台用户提供钢材产品保管和监管的相关服务，具体包括货物保管、存货管理、驻库监管、巡检抽盘和视频看货等服务。通过云仓线上预约、库内物联感知技术的应用，使得仓库业务流程化、标准化、可追溯，线上线下高度融合，为生态圈合作伙伴提供高质量的仓储服务；为钢铁交易提供全方位仓储物流配套及可视化服务；在仓库端植入大规模物联设备，实现货物全方位精细化管理；通过带有AI深度学习算法的智能监控系统，为金融机构提供更严密的货物监管服务。智慧仓库形成的智慧服务充分实现贸易商、终端用户、物流商和金融机构等生态圈参与者价值共创、和谐共生、利益共享，以及生态圈资源配置最优。

（3）加工及配送。加工及配送业务依托自营加工中心，通过系统对接第三方加工中心资源，构建钢材加工及配送服务体系，为平台用户提供在线委托、在线跟单、加工配送等一站式服务。平台主要提供工厂系统直连、在线加工委托和异地加工三种加工服务，通过全程跟踪、实时监督、线上服务等多种方式，提供方便、省心、值得信赖的服务。

## 11.2 煤炭行业网络货运平台案例

### 11.2.1 行业物流基本情况

煤炭业是我国经济发展的支柱性产业之一。我国煤炭资源主要集中于华北、西北等地区，而煤炭需求量较大的区域主要集中在东南部地区，这决定了煤炭物流的总体特征是距离长、转运多。我国煤炭物流行业产业链是一个复杂的系统，从开采煤炭资源，到煤炭加工，再到流入市场，这中间的每一个环节都由煤炭物流来完成作业，煤炭物流在煤炭业中发挥着重要的纽带作用。

近年来，我国煤炭产量由于环保限产和产能过剩等因素的影响，部分地区的煤炭产量有所下降。但得益于我国工业化和城镇化进程的持续推进，以及电力、钢铁、建材等行业对煤炭的刚性需求，煤炭市场需求仍然保持稳定。未来，随着国家对可再生能源的重视和能源结构调整的推进，煤炭在能源中的比重势必有所减少，需要行业调整和适应，而煤炭物流也将面临更严格的环保标准和政策限制。煤炭产品的运输主要依赖人工操作和机械运输，长时间的等待和不确定因素经常导致交货期延误和客户投诉。运输过程中的盗窃、丢失、损毁问题也时有出现，给企业和客户带来极大的困扰。受国家政策、季节、市场的影响，市场的运量并不稳定，因此只有少部分稳定线路存在固定的车队运输，由此导致一包多发，层层转包，信息散、乱、差等各种问题。另外，煤炭运输公路板块占比不足20%，所以通过信息化实现公铁联运、公水联运、提高信息匹配效率至关重要。

网络货运平台的出现，使得煤炭行业的运输效率提升有了实现的可能。因此需要加强煤炭运输系统的信息化技术发展，实现对运输设备等各种信息的有效管理，从而有效提升煤炭业的运输能力，整合运力信息在货运平台聚焦。基于这一趋势，煤炭物流行业需要寻找新的发展模式，借助网络货运平台进行智能化运营，增强供应链管理能力，引进先进物流技术，加速企业转型升级。

### 11.2.2 YQ公司案例

#### 11.2.2.1 企业概况

YQ公司成立于2016年，以"互联网+物流"为发展思路，服务物流运输环节。通过推行公路运输、铁路运输、金融和互联网的有机结合，不断优化管理，推动物流、商流、信息流、资金流的深度融合。在促进产业链的资源整合、改善商品流通和服务环境的同时，实现以交易促进物流、以物流服务交易的现代物流服务体系。经过多年研发和市场实践，在煤炭供应链管理领域打下了良好的基础，并取得了多项软件产品和专利技术成果。YQ公司的经营范围相当广泛，涵盖了道路货物运输、装卸服务、货物运输代理服务等多个方面。此外，公司还涉足矿产品、建材、化工产品、焦炭、煤炭、煤制品、金属材料、汽车、摩托车及零配件的销售，以及计算机系统集成、数据处理、计算机软件开发及技术服务、供应链管理等业务。这种多元化的业务布局使得公司能够为客户提供一站式的物流服务，可以满足客户的多样化需求。

#### 11.2.2.2 业务简介

（1）业务概况。YQ公司作为国家首批"无车承运人"试点企业，依托互联网及新技术的创新模式，于2016年正式推出"YQ物流服务平台"，为整车托运需求的相关企业提供物流承运服务，并在2018年获评"国家4A级物流企业"称号，2023年获评"全国5A级网络货运平台企业"，2024年获评"网络货运50强企业"。

YQ公司以服务商贸运输为核心，深耕物流产业链，形成"物流+科技+金融+后市场"的全方位生态服务体系。YQ公司的大宗物料（煤炭）供应链管理系统平台贯通了包括合同管理、计划管理、采购管理、销售管理、提货现场管理、运输在途管理、交收现场管理、资金结算、风险控制、基于社交网络的客户服务体系等在内的供应链环节。系统平台广泛应用于山西、内蒙古、新疆等煤炭资源大省。YQ物流服务平台已聚集了上千家运输车队，约有65万名注册司机、50万辆注册车辆，为百家需求企业提供数字货运一站式服务，助力企业转型，为大型企业构建大宗物料供应链私有云体系，保障大数据量安全存储和高效集约使用。

（2）平台架构。1）YQ网络货运平台。YQ网络货运平台是专注煤炭物流领域的互联网平台，利用北斗定位系统、云计算和大数据搭建基于SaaS的互联网承运系统，为大宗商品托运方与承运方提供包括需求发布、车辆调度、在途管理等全方位的管理服务。平台主要围绕托运人、物流经纪人、承运人提供服务，帮助托运人及时高效地组织承运车辆，帮助承运人撮合承运业务。通过整合保险机构、金融机构、物流外围服务企业，提供多元的平台增值服务，有效促进物流成本的降低，提高物流效率，为托运人、经纪人、承运人打造一个公平、高效、互信的交收平台。

2）煤炭经销管理平台。平台以供应链中的信息流为载体，把货流和资金流信息及时准确、自主地提供给下游众多贸易商。平台是云构架体系，众多经销商通过互联网租用信息化服务，为经销商提供合同余量、账户余额、信用额度余量、提货现场数据、交收现场数据、结算数据等实时循环验证数据；信息服务通过自动语音电话、手机短信、微信公众号等多种方式，提供基于主动提醒、订阅类、请求返回式的媒体信息服务。供应链其他主体对提货现场、承运途中、交收现场、资金结算等数据关注程度极高，结合时下丰富的互联网社交网络新技术和电子支付技术，做好最终客户、经销商、车主、司机等客户服务，经过发展完善形成了供应链客户服务体系。通过及时的信息确认提高效率，极大地减少供应链核心企业柜台服务资源。

#### 11.2.2.3 重点服务内容

（1）提煤现场管理。通过供应链的销售计划和物流计划提升提货现场的计划性，系统提供规范、安全的统一提货凭证管理，票证/射频卡校验；系统部署在场站入口、出口、轻磅、重磅、装运现场、筒仓、铁路装运站台、休息服务区等提煤现场节点；通过 RFID 标签、数字称重计量设备、数字道闸、红外对射、LED 引导屏幕、自动取样设备、移动终端、视频监控等自动化信息化设备无缝集成，减少人为参与、节省人力、提高现场安全管理水平，充分提高提煤现场准确率和效率。同时，系统支持铲装、料装、筒仓、定量仓等多种装运方式，支持公路和铁路装运现场实时数据集成，支持可靠票据校验、加密数据校验和视频校验等多种模式混合校验。

提货现场管理与资金管理实时对接，根据账户余额和账户授信额度提货，为经销商、自营运销公司、贸易公司等中间商提供实时、灵活、精准、自助的业务信息服务。从计划性、正确率、效率、资金安全、客户服务体系等多方面打造智慧的大宗物料（煤炭）供应链基础环节，充分体现供应链管理的优势，为煤矿、储配煤场、煤炭超市、钢铁厂原料场站、铝厂原料场站等首选的现场管理系统，也是煤炭供应链管理提供现场数据的基础性系统。

（2）煤炭运销管理。运销管理系统集中部署，为运销内勤、外勤、派驻机构、决策部门提供合同、计划、采购、销售、结算、运量相关的精细化管理；对于采购，运销管理系统提供采购合同、采购计划、采购价格、采购结算、采购台账、供应商实时账户信息管理和供应商信息服务；对于销售，运销管理系统提供销售合同、销售计划、销售价格、销售结算、销售台账、客户实时账户信息管理和客户信息服务；对于企业，运销管理系统提供承运合同、物流计划、运价管理、运费结算、物流公司评价和管理等。

系统支持公路运销管理和铁路运销管理，以提货现场管理和交收现场管理实时数据为供应链依托，运销管理系统能够做到货流、资金流、信息流循环校验，实时透明传递，系统能够做到实时结算，达到精细化管理，保障资金安全的同时，提高资金使用效率。

系统实现煤炭运销公司、公路销售公司、铁路销售公司、大型供应商、大型经销商的核心信息化管理系统选择，尤其是结合发运现场和交收现场的供应链实时数据支撑，体现其实时、准确、循环校验、业务信息闭环优势，提高资金使用效率。

（3）煤炭物流管理。物流管理系统是煤炭供应链管理系统中的重要环节，由物流管理系统集中部署，与提货现场计划性、现场实时数据、交收现场质价量实时数据、销售公司以及贸易公司的结算数据等紧密相关，成为大宗物料供应链管理的基础核心应用。系统支持多销售公司、贸易公司的物流调拨和物流计划，通过安全（纸质、智能卡校验）、可靠、全程管理的派车单（提货单）制定明确的物流调度计划。其中，重要物流节点提供在线派车单与提货单的自助打印和智能卡写卡服务，避免因为规范物流调度计划带来的无谓在途消耗。

物流管理系统支持多物流公司加盟整合，掌握核心运力。对加盟物流公司和个体车辆进行信用评级，加盟物流公司可以在系统内自主二次调度。通过运费结算、物流调拨量、加盟押金等手段应对信用评级考核，形成自我完善的物流管理体系，为物流公司、物流平台提供市场化运作途径，通过物流管理平台巩固市场化环境下优势地位。物流管理系统通过 WebGIS 管理每个运单的在途情况，突出运输任务全程可见，完整可追溯。物流管理系统已经兼容目前主流的前向预装商用车车载和后装主流车载品牌，还会继续兼容更加丰富的车联网终端设备。

物流管理系统提供完善的车辆管理、车队管理、物流公司管理、车辆调度管理体系，支持自动派车、手工派车、部门审核、车辆后市场（加油、维修）管理等，是物流公司、物流平台、大宗物料物流园区的核心业务系统，形成物流业务的完整信息闭环，为运费结算和销售结算提供最直接的单车结算依据。

（4）交收现场管理。煤炭交收现场管理是供应链管理的客户交收环节，系统主要被火力发电、钢铁厂、铝厂、焦化厂等大型持续燃料或原材料交收环节选用。交收现场管理系统集中部署，是业主方燃料、原材料部门的核心业务系统，也为上下游销售公司、贸易公司、物流公司、煤矿等提供实时交收数据。实时交收数据主要是质、价、量三方面数据，精确到单车和物料损耗。交收现场管理尽量减少人为参与，通过数字磅表、RFID 标签、射频远程读写装置、车牌识别、视频监控、信号灯、LED 引导屏幕、自动取样装置、自动热值分析仪等设备的深度集成，完成交收现场无人值守、数据采集，根据质量数据核定价格，是整个供应链体系中的结算依据；根据在途数据监测，制定抽样检测规则，规避在途货物损失，严控质量关；现场交收管理系统把采购、销售、物流、交收、结算、资金风险控制等供应链环节完整贯通，实行实时数据循环验证，便于及时发现问题，及时传递信息，使得货流、信息流、资金流高效流转成为可能。

### 11.2.3 HD 公司案例

#### 11.2.3.1 企业概况

HD 公司创立于 2015 年，是国内领先的大宗商品物流及供应链互联网集团，全国首批无车承运人试点企业、全国首批 5A 级网络货运企业。公司专注大宗能化产业，提供覆盖大宗商品贸易、物流、车后及金融全流程的数字供应链服务。HD 网络依托西部地区富集的矿产资源优势，自主研发设计了大宗商品智慧供应链系统，通过智能连接以煤炭为主的上下游煤矿、煤场、电厂、焦化厂、铁路集运站等业务主体，车辆、司机、信息部、物流公司等运力主体，解决大宗商品供应链全程多方协同的工作难题。HD 智慧供应链系统主要由网络货运 SaaS 平台、智能运销系统、燃料调运系统、TMS 运输管理系统、无人值守称重系统、远程自动化装车系统等组成。

#### 11.2.3.2 业务简介

（1）业务规模。HD 网络业务覆盖陕甘宁蒙晋等煤炭主产区，目前已在西安、榆林、太原、合肥、包头、鄂尔多斯等多地设立全资或控股子公司，为全国超过 10 万家企业提供优质的供应链平台及产品与解决方案服务。公司服务货主近 1 万名，合作信息部 500 余家；整合运力超过 106.8 万，货运总量超过 10 亿吨；在超过 100 个煤矿派驻人员实现驻矿服务，辐射榆林各区县煤矿 263 家，下游卸货地站点 1019 个，发货路线逾 2000 条。在知识产权方面，HD 网络拥有商标信息 67 条、专利信息 4 条、著作权信息 29 条。

HD 网络旗下运营物流平台和煤炭信息两大平台，自主研发煤矿、集运站、货主、经纪人、司机等多角色 SaaS 平台，建立 HD 物流云管理系统，实现合同、运单、定位、结算、税票等模块的连通，为货主提供找煤、找车、资金、结算、开具税票等一站式承运服务。

（2）平台架构。物流平台设计主要涉及三大产品线：货主端（App/PC 端）、司机端（H5/App）、后台管理系统（客服人员后台管理系统、销售人员 CRM 管理系统），综合提供客服人员、销售人员、托运企业、企业员工、承运车辆设计等功能。

1）货主发货管理。基于公司大数据平台，物流平台为货主提供一站式承运服务，包括发布货源、指派车辆、在途监管、运费结算、台账统计等。司机可以通过平台进行筛选货源、预定货源、确认装车、确认卸车、上传单据、收取运费等操作，逐步实现运输全流程在线化、数据化管理，实现货源、合同、运单、定位、支付、税票等服务模块的统一与贯通。

货主端主要面向的用户群体是货主，即托运人，主要包含以下九个功能模块：实名认证、货源托运、运单查询、结算与开票管理、钱包管理、台账管理、经营分析、人员权限管理、增值服务。

2）司机端管理。司机端的主要用户是实际负责拉运的车辆，主要包含八个功能模块：实名认证、货物承运、路线规划、运单管理、结算管理、钱包管理、账单管理、增值服务。

3）平台后台管理。平台后台管理系统主要面向的用户群体是平台内部员工，如财务人员、客服人员、销售人员，可通过信息化平台在线管理内部员工的工作内容。

#### 11.2.3.3 重点服务内容

（1）货源车辆整合。HD物流通过线上和线下相结合的方式，摸索出一套适用于大宗商品领域网络货运平台的货主和司机的服务体系，持续将货主和司机纳入平台，围绕货源组织和车辆整合，建立货主和司机精细化管理办法，为货主提供一站式承运服务。运营体系包含专线运营、智能匹配、周期跟踪、评价体系等内容。

（2）专线运营。对货主和司机都进行专线运营，根据货主的发货记录自动同步常发路线，根据司机的接单记录同步司机的常跑路线，专线由专人进行负责。一般司机会有1~2条常跑路线，部分司机会有3条以上的常跑路线。在常跑路线范围内，司机会通过运费、装卸费、是否排队、装货难易程度等因素来综合对比选择。

（3）智能匹配。平台综合司机的常跑路线、运输习惯、拉货周期、货主信息等因素，有重点、有方向地给专线司机进行货源智能匹配，平台可以通过货源匹配司机，也可以通过司机匹配到合适的货源，快速地定位到合适的司机，大大提升了找车效率。

司机也可以自主通过司机端App、微信服务号，按照常跑路线、货主信息和目的地自主快速查找合适的货源。司机可以根据其常跑地区自动订阅货源，系统也可以根据实时监控司机的运行轨迹，在到达某一区域系统会通过司机轨迹判断距离，为其智能推送附近的货源。

（4）周期跟踪。由于货主和司机都有专线属性，因此他们发货和拉货也都有一定的周期性和规律性。平台数据库根据货主和司机的发货、接单记录和周期自动提醒销售人员跟踪时间。

（5）完善评价体系。物流平台根据货主和司机的合作次数、投诉率等因素建立对他们的评价体系，包括等级和积分体系，并在此基础上不断完善。

（6）完善监管风险。HD物流通过技术手段实现对司机运输过程的监管，后台可以实时查看司机位置，如果司机的路线发生偏离，系统可以自动报警。另外平台和保险公司合作为货物投保货运险，一旦因为事故发生损失，保险公司进行赔付。

## 11.3 砂石行业网络货运平台案例

### 11.3.1 行业物流基本情况

砂石矿产是一种重要的非金属矿产，凭借较好的硬度和稳定的化学性质成为一种优质的建筑材料，一般在山体、丘陵、河流、湖泊和海洋等地方开采。河道砂石资源和普通砂石矿山资源加工而成的砂石骨料主要用于城市道路、建筑物、桥梁和水利水电等基础设施建设，同时也是水泥、混凝土等建筑材料的重要成分，与社会生活和发展联系密切，因此砂石矿产也成为我国经济社会发展的重要物质基础。

从砂石行业的供应链组成来看，其主要由矿山企业、中间商、物流方和采购方构成。作为最上游的供给方，矿山企业自带砂石骨料的生产线，其主要作用是矿山的开采和砂石骨料的加工；中间商即贸易商的作用是垫资和联系物流；物流方负责运输货物，将其输送到采购方。传统砂石供应链属于典型的属地化供应链，一般是本地砂石厂服务于本地终端企业。然而，随着市场的扩大和需求的增长，跨区域的砂石运输逐渐增多，多式联运成为主要的物流模式。由于砂石属于低价值量产品，其运输费用占比较高，因此运输半径通常较短。在远离江河湖海的内陆地区，公路运输是主要的运输方式，其运输半径一般在100公里以内。砂石物流的运输方式主要包括公路、铁路和水路（含江运和海运）三种。其中，公路运输占比最高，但运费也相对较高；铁路运输运费较低，但运输半径有限；水路运输成本最低，但受限于河道和水域条件。

分析砂石交易整个流程不难发现，信息化水平低、管理和运营模式及理念较为落后、物流运输成本较高等问题较为突出。随着互联网技术的快速发展，在砂石行业中，贸易商申请通过网络货运平台资质，通过平台实现货物的快速配送和运输，打通生产、运输和采购等各环节并进行资源整合，已经成为一种趋势。网络货运平台为砂石行业提供了高效、便捷的运输方案，满足了对效率、成本控制、信息透明度等方面的需求。

目前，专注砂石交易的物流企业逐渐构建了自己的网络货运平台，这些企业平台通过整合矿砂的物流运力，实现了传统砂石交易的标准化、数字化和平台化。

### 11.3.2 KT公司案例

#### 11.3.2.1 企业概况

KT公司成立于2018年，于2020年5月获得全省首批网络货运许可证。公司定位"城市物流，同城配送"，围绕城市建设、市政环卫等，做建筑产业链的物流配送。KT网络货运平台涵盖注册认证、信息发布、在线交易、运输监控、支付对账、咨询投诉、意见反馈、在线评价、查询统计、数据调取、保险服务、电子合同等功能，具有后台管理端、货主端、司机端等模块，能够实现货主和实际承运人无缝对接，提高车货匹配效率，强化运输流程监控，提升道路货运服务质量。

经过多年的探索，KT 公司专注于商混、渣土、建筑垃圾等领域的建筑产业链网络货运，为企业提供车辆管理、调度安排、流程监控、无人值守地磅、税筹服务、车后市场等全流程解决方案，并整合更多车辆，让用车单位和车主高效、灵活匹配，从而节省运力、降低成本，同时所有环节和数据全流程监管并可溯。

#### 11.3.2.2 网络货运平台组成架构

（1）EnzoMesa 数字中台。如今物流市场中的企业发展受信息技术的制约，存在低水平重复建设等问题，随着企业对管理系统的需求越来越多样化和灵活化，后期企业信息化建设模式将发展成为：企业所需要的功能大部分只需实施配置，根据企业的具体应用场景搭配相应的功能，在提升效率的同时降低了开发准入度，缩短工期，帮助企业定制化一套属于自己的系统。

阿帕数字在供应链领域提出的 EnzoMesa 数字中台战略就是解决企业物流管理系统开发难题的重要一步。EnzoMesa 数字中台可以定义为一种数字化综合解决方案，衔接"前台"及"后台"，通过打通业务及数据，帮助企业在各个行业及应用场景下提升效率，即通过企业业务场景来做具体的项目实施，将整个物流模块功能组件化，客户可以根据需求调用平台上的这些模块，从而快速搭建符合自己的新业务场景。它可以提供开放式接口、独立灵活部署和鲲鹏算力等能力，在数据上从内部打通办公自动化系统（Office Automation，OA）、财务报表编制与财务分析系统（Financial Statement，FS）、客户关系管理系统（Customer Relationship Management，CRM）、供应商管关系管理（Supplier Relationship Management，SRM）、企业资源计划（Enterprise Resource Planning，ERP），从外部打通保险、税务等数据，打破数据烟囱，实现数据共享，支持物联网（Internet of Things，IoT）与信息及通信技术（Information and Communication Technology，ICT）集成，助力企业连接合作伙伴、消除数字鸿沟，驱动企业数字化转型。该数字中台的应用，不仅能够解决区域对区域（Area to Area，A2A，即一个区域和另一个区域之间产生的联系与关系）、企业对企业（Business To Business，B2B）、消费者个人对个人（Consumer to Consumer，C2C）、门到门（Door to Door，D2D）等多种集成，还可以实现 ABCD 自由组合形成的多种组合方案。

对于 KT 公司来说，其利用阿帕打造的"大中台、小前台"的战略架构，利用模块化系统自主适配物流运输场景，实现了前台应用的快速迭代。

（2）资源整合。KT 网络货运平台具有订单、跟踪、结算、评价等功能，通过贸易公司和运输公司实现货主和实际承运人无缝对接,并生成资金流水、运单跟踪等电子数据信息,将网络信息平台和移动端 App 链接对发货企业、个人、司机、运输车辆、运输公司等资源有效整合,开展网络货运业务,解决运输车辆监管问题、发票进项抵扣问题和融资垫资信用问题等。

(3)产品功能规划。KT 网络货运系统端口实现多端联动,具备货主端、司机端、车队端、后台端、门户端、大数据端,其功能模块设置下单管理、调度中心、线上打款、运单结算、财务统计、货源管理、运单管理、分部管理和客服中心等多个模块,具备多式联运、零担系统、整车系统等业务中台和数据开发、数据可视等数据中台,并且提供云服务器(Elastic Compute Service,ECS)、负载均衡(Server Load Balancer,SLB)、对象存储服务(Object Storage Service,OSS)等对外接口。通过平台与第三方企业进行合作,实现车辆实时定位、在线加油、在线支付、在线保险、短信推送、电子签章、智能硬件等功能服务。平台实现了车辆、货源、运营、管理的有机结合,运用大数据、物联网等优化整合物流要素,促进车、货等物流资源的高效匹配及便捷运转,缩减待货时间,提升货运效率。(图11-1)

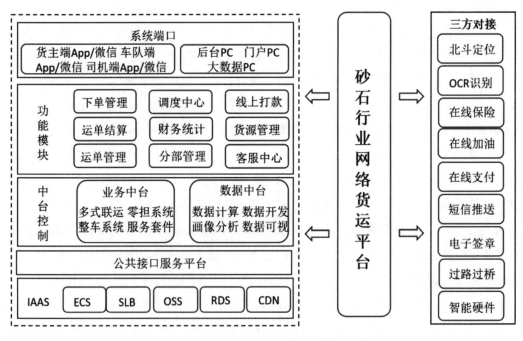

图11-1 产品功能规划图

(4)运营模式。1)运费差价/信息费。确定运费差价或信息费收取标准后,客户付款(含税)给平台,扣除差价、信息费后将剩余运费支付给承运方。

2)金融垫资。按客户需求授信放款(按金融机构审核模型审核通过后),在完成运输业务后,先行支付给司机相应费用(运费-开票费用-差价),秉承随时用随时还的原则,收取客户垫付费用(支付运费+手续费/服务费)。

3)保险差价。平台与保险公司对接相应保险产品(货物保险),从保险公司处拿到优惠价后,按增加利润点后的价格出售给客户,赚取差价。

4)开票税点差价。以合规的低税负,增加利润后,收取客户开票税点。

5)汽车销售租赁。通过与汽车销售租赁公司、金融机构合作,收取居间的手续费、服务费等。

#### 11.3.2.3 企业平台收益/运营情况

KT 网络货运平台的构建,实现了降低税负、装卸货无人值守、降低运营风险、成本控制等目标,进一步优化了物流服务。其为企业创收情况主要表现在以下几个方面:

(1)提升企业竞争力,实现数据盈利。首先,通过货运平台,KT 物流公司可以实时跟踪货物的位置和状态,从而更好地控制供应链,并减少延误和损失。同时司机在装卸货时,通过平台对接地磅系统,利用视频识别技术进行身份验证,使用一体机自助打印,从而完成"排队—进厂—称重—装货—称重—打印—离厂"等一系列流程,实现装卸货无人值守,帮助企业节约人力,从而显著降低企业运营成本。其次,平台提供的大数据分析帮助企业更好地理解其运输需求和模式,从而实现更精细化的管理。最后,平台也可以为企业提供新的盈利机会。例如企业可以利用平台上的数据,为客户提供更个性化的服务,从而增加收入。此外,企业还可以通过平台,与其他企业进行合作,实现共享运输资源,降低运输成本,从而提高盈利。最后,税务合规作为企业发展壮大的前提条件,KT 公司通过网络货运从源头上将票据合规化,通过税收筹划达到降低税负、提高公司盈利能力的目的。

(2)完成运力互联,实现降本增效。KT 公司纵向提升了上下游黏性,横向打通了运力互联。同时利用真实、合规的数据实现企业利益的再创造,串联起了车、货、人的高效匹配,在降本增效的基础上实现了税务的合法合规。

### 11.3.3 ZSW 公司案例

#### 11.3.3.1 企业概况

ZSW 公司成立于 2017 年,其开发的 ZSW 交易平台是一款基建材料(砂石、混凝土)电子交易平台,目前平台的主营业务为砂石大宗集采,混凝土集采,垫资托盘。ZSW 交易平台全力打造以客户为中心的"商流+物流+资金流+信息流"线上服务体系,实现传统砂石和混凝土交易数字化、平台化。公司从 2019 年开始,进入飞速发展模式,现已布局四川、安徽、山东、广东、广西、江苏、重庆、湖北等省份,截至 2023 年年底,通过 ZSW 交易平台进行合作的商混站超过 5000 家，矿山有近 1000 家和超过 1000 个车队长，App 平台下载量突破 200 万，其中通过平台撮合的砂石交易突破 600 亿元。

ZSW 交易平台致力于全面整合砂石和混凝土产业的上下游资源，运用互联网技术对砂石和混凝土交易流程进行重塑，从而降低客户采购成本。同时，该平台还为符合条件的客户提供集采垫资等服务。ZSW App 以"互联网 + 大数据"为核心，着力解决传统砂石运输行业所面临的问题，如标准输出不规范、信息化管理水平低、运行效率低和作业成本高等。通过提供保险、清算和金融等综合服务管理解决方案，ZSW App 已经进一步实现了对砂石产业上下游企业以及运输企业的全面支持。这不仅让传统行业迈向高效、智能的发展，同时也为整个产业链提升了运作效率和降低成本。

#### 11.3.3.2 平台业务开展情况

（1）整合资源，降低成本。ZSW 致力于全面整合砂石产业的上下游资源，利用互联网技术彻底改变砂石交易的全流程，并为整个交易过程提供数据服务。平台通过支持客户联合采购来降低采购成本，同时采用网络货运降低砂石料的运输成本。通过对砂石建材交易全流程的各个环节进行赋能，ZSW 为产业链的购销环节提高效率、降低成本。这一创新性做法有助于推动砂石产业的发展，为行业注入新活力。同时，用户和企业也可以从更加高效便捷的交易体验中受益。

1）砂石资源聚合。ZSW 交易平台汇集了各地的砂石资源信息，包括不同类型的砂石和矿石，以及各种规格和质量等级的产品。平台通过与矿山企业合作，将砂石资源的供应信息集中展示，方便用户快速找到所需砂石产品。

2）物流运输整合。平台整合大量的运输资源，包括陆运和水运等多种运输方式，以满足砂石运输的多样化需求。通过实时监测和智能调度系统，平台能够优化运输路线，提高运输效率，减少空驶和等待时间，从而降低物流成本。

3）供需信息匹配。用户可以在平台上发布砂石需求信息，包括所需砂石的类型、数量、价格范围等。平台通过智能匹配系统，将需求信息与供应信息进行匹配，帮助用户快速找到合适的供应商。

4）价格透明化。ZSW 提供砂石骨料的参考价格和市场走势，帮助用户了解市场价格动态，做出更明智的采购决策。通过平台的集采功能，用户可以享受到更优惠的价格，进一步降低采购成本。

5）产业链服务延伸。平台不仅提供砂石交易服务，还向下游产业链延伸，如混凝土、装配式建筑、预拌砂浆等产业，为用户提供一站式的建材采购解决方案。通过整合产业链资源，ZSW 助力企业实现从原材料采购到成品销售的全流程服务。

6）技术支持与创新。ZSW 利用互联网、大数据、人工智能等技术，持续优化平台功能，提升用户体验。平台鼓励技术创新，支持砂石行业的数字化转型，推动产业向智能化、绿色化方向发展。

（2）商流+物流+资金流+信息流。ZSW专注于构建中国矿山数据库、商混站数据库和砂石商混运力数据库这三大核心数据库。在这三大数据库的基础上，平台为客户提供砂石、商混和运力匹配以及交易业务。同时，通过运用供应链金融解决方案，ZSW致力于解决砂石商混行业的账期问题。以"商流+物流+资金流+信息流"的线上服务体系为基础，ZSW旨在推动传统砂石和混凝土交易的数字化和平台化演进。这一创新模式不仅有助于简化交易过程、提高行业效率，还为客户带来更便捷、高效的服务体验。通过打造综合服务平台，ZSW为整个砂石和混凝土行业带来了新的发展机遇。

（3）智能匹配与调度。ZSW交易平台的智能匹配与调度部分是其核心功能之一，这一功能通过先进的算法和技术手段，实现了对砂石供需信息的高效匹配以及对物流运输的智能调度。

1）供需信息智能匹配。用户在平台上发布砂石需求信息后，系统会根据需求的具体参数（如砂石类型、规格、数量、价格等）与平台上的供应信息进行智能匹配。通过大数据分析和机器学习算法，平台能够识别出最符合用户需求的砂石供应商，提高匹配的准确性和效率。

2）实时物流调度。平台通过实时监控运输车辆的位置和状态，结合砂石供需信息，智能规划最优的物流路线和调度方案。系统会考虑多种因素，如交通状况、天气条件、运输成本等，以确保砂石能够及时、高效地从供应地运输到需求地。

3）动态优化运输方案。智能调度系统能够根据实时数据动态调整运输方案，如遇到交通拥堵或恶劣天气，系统会自动重新规划路线，确保运输顺利进行。系统还能够根据运输车辆的载重能力和运输效率，合理安排装载和配送任务，避免资源浪费。

4）降低运输成本。通过智能匹配与调度，平台能够最大限度地减少空驶和等待时间，提高车辆的利用率，从而降低整体的物流成本。平台还可提供拼车服务，将多个需求合并到一次运输中，进一步降低单个需求的运输成本。

5）用户体验优化。系统提供用户友好的界面，用户可以轻松查看匹配结果和物流进度，实时了解货物的运输状态。平台还可能提供客户服务支持，帮助用户解决在匹配和调度过程中遇到的问题。

（4）物流跟踪与监控。物流跟踪与监控是ZSW交易平台提供的一项关键服务，旨在确保砂石产品从供应地到需求地的运输过程透明、高效且安全。

1）实时定位追踪。利用定位技术，平台能够实时追踪运输车辆的位置，监控车辆的行驶路线和速度。货主和承运商可以通过平台的界面查看车辆的实时位置，了解货的运输进度。

2）电子围栏技术。通过设置电子围栏，平台可以在车辆进入或离开特定区域（如装卸区、仓库等）时自动发送通知。这有助于管理货物的装卸过程，确保按时完成各个环节的任务。

3）运输状态更新。平台会根据车辆的行驶数据和运输进度，自动更新货物的运输状态，如"在途""已到达装卸点""运输完成"等。这些状态更新有助于提高信息的透明度，让所有相关方都能及时获取最新的物流信息。

4）异常情况预警。系统会根据预设的规则和阈值，对异常情况进行实时监控和预警，如车辆偏离预定路线、超速行驶、长时间停留等。一旦发现异常，平台会自动通知相关人员，以便及时采取措施解决问题。

5）数据分析与报告。平台收集和分析运输过程中的数据，生成详细的物流报告，包括行驶里程、耗时、油耗等关键指标。这些报告可以帮助企业评估运输效率，优化物流成本，提高管理决策的科学性。

6）安全监控。通过对车辆行驶数据的监控，平台可以确保运输过程的安全性，预防事故发生。例如，系统可以监控驾驶员的驾驶行为，如疲劳驾驶、频繁急刹车等，以降低潜在的安全风险。

7）用户交互界面。平台提供用户友好的交互界面，使得货主和承运商能够轻松地查看和管理物流信息。用户可以通过平台的移动应用或网页端，随时随地访问物流数据和报告。

#### 11.3.3.3 企业平台收益/运营情况

（1）整合监测运力，降低成本。ZSW通过整合社会运力，专注于砂石骨料的运输业务。目前总运力达到了1.1亿吨，平台能够实时监测入驻的货运运力，以及实时调配运输路线和货物。这一做法在最大程度上匹配了供需资源，降低了运力的浪费，使物流成本得到有效控制。ZSW成功满足了砂石运输业务中常见的陆运短途高频需求和水运长途大宗需求，以合规的方式满足了市场需求。此举不仅提高了运输效率，降低了成本，还为砂石行业创造了新的商业价值，有利于行业的持续健康发展。

（2）数据整合，交易方便快捷。将手机软件、小程序、官网三网数据打通的做法，为采购方和销售方提供了高度便捷的交易管理功能。用户可以根据需求，随时管理采购订单、签订合同、进行资金对账和开具发票。这样的一体化解决方案，让交易的整个过程更加便捷、高效，同时保持过程的可控性。这种数字化交易模式给传统砂石产业带来了颠覆性创新，实现了产业升级，为企业和个人提供更好的服务体验。同时，这也有助于提高整个行业的透明度、降低潜在风险，从而推动砂石产业健康、可持续发展。

## 11.4　快消行业网络货运平台案例

### 11.4.1　行业物流基本情况

快速消费品行业是指产品销售周期短，更新换代和销售速度快的行业，通常包括食品、饮料、洗护用品、化妆品、家居用品等消费品。这些产品一般价格相对较低，但购买频率高，消费者的需求量大。据《2024 中国快消品产业年度报告》显示，2023 年营收增长的大快消企业占比为 44.1%，有 30.9% 的被调查企业表示 2023 年营收与上年同期基本持平；有 25% 的快消品企业在 2023 年的营收少于上年同期。这些数据展现出中国快消品行业销售较强的韧性，而随着国内市场不断发展壮大，市场规模高速增长，市场消费快速升级，市场秩序持续改善，我国也即将成为全球最大的消费品零售市场。

传统快消品行业的分销商、零售商与制造商之间各自独立运营，在商品流通过程中处于被动接收方，企业之间的集成度很低，因此很大程度上减缓了数据信息在整个供应链中的流通。甚至这种碎片化的信息、信息拥堵会导致商流与信息流无法协调畅通，从而使得企业对于市场需求预测和反应变得十分困难，最终导致企业经营成本变高而运营效率降低。在当今"互联网＋大数据"的时代背景下，快消品行业的供应链管理也在不断升级：借助现代物流理念和现代物流信息技术，对物流系统各要素进行配置优化和有效组织，使企业从采购、订单管理、库内作业、运输管理等全面实现物流信息化、系统化，为企业的整体运营管理降本增效。

从企业的运输管理方面来看，由于快消品生命周期短、更新换代速度快，企业建立网络货运平台不仅可以实时匹配货源和车源，从而大大缩短了货物运输的时间，提高运输效率，同时使企业和消费者可以实时追踪货物的运输状态，对货物流向有全程的掌控，降低货物丢失的风险。总的来说，网络货运对快消品行业来说，不仅可以提高运输效率、降低运输成本，还有助于提升客户满意度、增强企业的竞争力。

### 11.4.2　TS 啤酒有限公司案例

#### 11.4.2.1　企业概况

TS 啤酒有限公司是国内生产干啤酒的厂家，是名副其实的"干啤专家"，公司开发生产的近 20 个品种的啤酒产品，销往山东、河南、河北、山西、辽宁、海南、江苏、安徽、广东、天津等十多个省市和地区。历经 10 余年的发展与沉淀，截至 2023 年 4 月底，公司全国门店开设超过 3000 家，消费会员数达 899 万。

#### 11.4.2.2 平台业务开展情况

阿帕数字为TS啤酒搭建的智能物流调度平台，是针对城配模式的"计价引擎、智能装车、路径优化、运力池、智能跟踪"等模块进行全面的智能设计，从而实现车货的快速匹配，使物流运输环节可视化、规范化和智能化，满足TS啤酒"最后一公里"的配送目标。

（1）建立订单中心统一调度（图11-2）。为满足"新零售"时代多场景消费模式，智能物流调度平台订单中心模块，实现门店订单、App、小程序、ERP等各渠道订单的统一汇总，从而进行统一调度与模块化管理。订单类别包括"干线运单、销售订单、赠品、DC仓（区域分拨中心）间调拨"等，针对直营店帮加盟店下单及多直营店集货下单的情况，系统根据订单类别对订单进行自动拆分、合并。针对门店固定时间点的订单，系统可以利用接口在门店下单截止时间后统一获取，推送至调度平台。

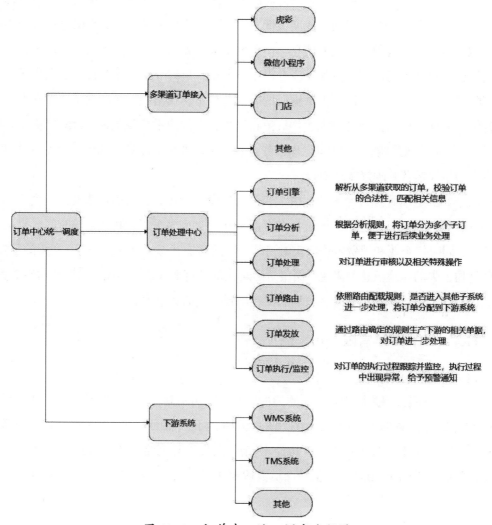

图11-2 订单中心统一调度流程图

订单形成后结合平台的运力池进行订单智能分单，快速将订单匹配到各车辆类型，同时可以针对贵宾客户设置自有车辆配送，门店自有车辆加盟后，可以智能匹配该门店车辆进行自提。

针对订单管理，系统可以根据不同用户的使用角色进行角色和功能的权限分离、分配，针对不同承运商、DC仓、经销商只能看到其自己订单及信息。对上游客户以订单为主，实现订单跟踪、物流轨迹跟踪、对账；对下游承运商以运单为主，实现跟踪或对账；当订单与运单无法一对一对应时，系统扩展支持对订单做拆分或合并的调度处理。

同时，在订单运输过程中识别运输流程中的关键环节，将关键环节细分成节点，通过节点管控实现承运商服务品质提升的目的，同时针对运输中的异常情况进行异常上报处理。针对各运输节点的关键信息进行通知处理（如下单、送货、派送、签收、异常、投诉），通知方式支持App、微信、短信、邮箱等。

（2）智能调度与路线优化。针对城配智能调度模块，系统平台集成多种约束条件及算法，可以快速按照最优路径、成本最优的方式完成调度，实现多笔订单的快速拼车分配，并且在整体的拼车调度时综合考虑各影响参数，如门店的间隔距离、是否顺路、运输时长的要求，车辆装载率要求，车辆的限行情况等。在运力不足时，优先满足距离远、时间紧张的订单，并可支持人工干预调度。另外在调度时考虑门店车辆是否受限、是否限行，同时也考虑客户是否接受串点送货。（图11-3）

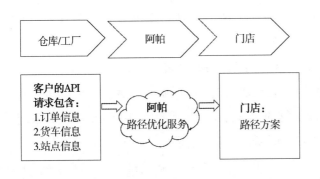

图11-3 智能调度与路线优化流程图

（3）智能装车提高装载率。通过平台同城系统可快速完成订单配载，有效避免车辆空载，实现车辆装载率达95%以上。智能装车通过最优求解算法来优化货物装箱，保证不同类型、不同目的地的货物合理地配载，减少装货时间，按照既定装货时间完成，

提高装卸车效率、装箱率，降低运输成本。既保证不超高、不超方、不超载，又能快速实现货物的装卸、排列。（图11-4）

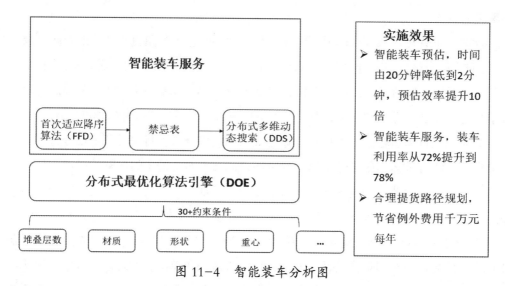

图11-4 智能装车分析图

（4）线上签收快捷高效。平台针对货物的无纸化签收进行便捷设计，主要包含以下三种签收方式：

1）订单在装车完成后，系统会自动推送一条含有验证码的短信，该短信包括车辆信息、发车时间、预计到达时间等信息，货物派送到达后，司机在App上输入客户告知的签收验证码，实现货物快速签收。同时，车辆在到达门店前的15~20分钟利用短信或者微信可以再次推送提醒，提前让客户准备接货。

2）利用收货地址的电子围栏，实现车辆到达后的签收、回单上传。

3）利用订单系统，在客户发货单上自动生成签收二维码，客户利用微信小程序、公众号等实现扫描签收，后台实现货物的快速交接，生成签收电子回单。同时系统后台设有回单上传功能，运输完成后未签收时要进行系统提醒。

（5）车辆预约有序装载。需要去DC仓库装卸货的车辆司机可进行现场及线上远程预约，预约成功后车辆进入园外电子围栏范围，加入园区外排队队列。系统根据DC装卸货窗口数及装卸货时间等因素，呼叫园外车辆入园，自动放行，车辆进入园区排队序列。司机工作完成之后，该车辆的进入权限会被取消，下次进入需要再次预约。

通过排队系统的搭建可以实现到DC仓提货的车辆可以根据系统计划进行到库提货，防止干线运输车辆到货后，提货车辆集中到达DC仓，产生车辆拥挤、车辆等待的情况发生，从而提升DC仓库的装卸货效率。

（6）车辆管理与监控预警。通过供应链管理平台车辆管理模块，实现了运输轨迹可视化、全程监控与跟踪。整个物流运输过程按照"工厂到DC仓干线节点、提货车辆到DC仓节点、DC仓到门店节点"等关键节点进行运输跟踪。系统将配送状态进行细化，如"已装车、配送中、配送完成、异常状态、预计到DC时间、预计到店时间"等。对各运输状态进行通知处理，通知方式包括短信与微信。针对运输过程的时效、超速、轨迹偏移预警等功能进行全程管理，运输异常进行预警、上报，后台客服进行异常处理。对自有车辆的违章、加油、保养、事故、油耗、人员考勤等事项进行统一管理，实时进行数据的统计与分析，辅助进行降本增效。

（7）物流金融。基于大数据和人工智能技术、区块链等技术，通过"互联网＋物流＋金融"模式为客户实现运费垫资等增值服务。对于网络货运平台而言，物流金融是一种重要的增值服务。网络货运平台通过与金融机构合作，为货主、司机以及第三方物流企业提供融资、保险等金融服务，从而解决了物流行业中的资金缺口和风险问题。一方面，网络货运平台利用其大数据优势，可以对货主、司机以及物流企业的信用进行评估，为金融机构提供可靠的信用数据，帮助其快速审批贷款和保险申请；另一方面，网络货运平台可以为货主、司机以及物流企业提供便捷的支付和结算服务，加速资金周转，降低财务成本。（图11-5）

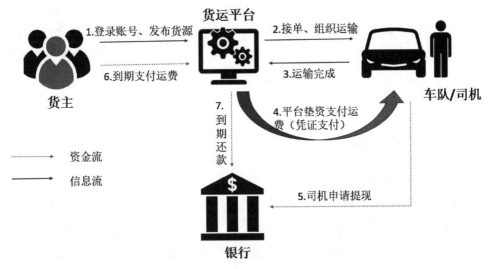

图11-5 物流金融流程图

（8）大数据与可视化管理。利用大数据服务平台，实现数据汇总、数据分析、数据监控、趋势预测分析，同时接入定位、监控等硬件设施设备，提供园区监控，进出人员监控服务，形成整合监控、指挥与决策的数据中心。平台通过采集门店、车、货的运输信息等数据，通过对数据的采集、汇总、分析、展示，为用户提供物流运输全过程的可视化数据统计结果，为企业发展方向提供有力的决策支持。

### 11.4.2.3 企业平台收益/运营情况

（1）物流配送全链协同。TS原浆啤酒通过上线数字化供应链中台基座，建立标准化、精细化、专业化的物流供应链管理规范，实现了拓客、提单、要货、生产排期、物流配送的全链路业务协同在线管理，提升物流运营中的信息流、产品流和资金流的高效运作，进一步加速了订单履约时效。

（2）运输环节降本增效。整合多种运力资源，搭建同行业物流共享运力池，覆盖干线、支线等业务场景，为后续的智能调度提供有力支撑。随着数字化技术在TS原浆啤酒产销流程中的深入应用，其正面效应日渐显现。官方数据显示，TS原浆啤酒数字中台上线后门店下单到收货时间平均缩减了30%，人工成本降低50%以上，单车日均运输量提高150%。

（3）提升门店服务体验。提升门店从下单、配送、签收等全流程环节可视、提升物流配送时效，实现逆向回瓶、罐信息同步，线上处理，以调度平台为纽带将追溯信息同步到门店，可实时在线查看，从而提升门店服务体验。

（4）完善运费管理体系。货运平台根据多种业务场景，计价策略支持个人运力计价、平台运力计价、合同运力计价多维度多要素计价模式。针对三方平台运力可以通过接口直接获取平台预估费用，费用与平台保持一致。针对合同运力，可以按照合同价格进行计费核算。针对社会运力可以按吨、方、件、里程、线路、车型，同时系统支持自定义其它费用，满足不同场景下的定义。通过系统平台规范了计费规则，实现了系统自动计费，减少人工对账的烦琐提高了费用结算的准确性。

### 11.4.3 LP公司案例

#### 11.4.3.1 企业概况

LP公司成立于2010年，是一个集休闲食品研发、加工分装、零售服务的专业品牌。品牌产品覆盖坚果炒货、糖果糕点、海味素食、肉类速食、饼干面包、糖巧饮料等15个品类。2021年，LP公司围绕消费者需求优化产品矩阵，全年推出新品565款，33个标准化产品单元（Standard Product Unit，SPU）销售过亿。2022年，农业农村部发布"2020—2021年度神农中华农业科技奖的表彰决定"，LP公司参与完成的《传统果干蜜饯现代化加工关键技术及产业化》科研成果荣获神农中华农业科技奖二等奖。

#### 11.4.3.2 平台业务开展情况

LP公司的网络货运平台设计主要围绕其全渠道营销网络和高效的供应链体系，通过整合线上线下资源，构建一个能够快速响应市场需求的高度集成和数字化的货运平台，实现从生产到消费者手中的高效物流和供应链管理。

（1）线上线下资源整合。LP公司构建覆盖全国的门店网络，与线上电商平台相结合，形成线上线下融合的全渠道销售网络。通过这种模式，LP公司能够及时准确地满足消费者的购买需求，无论是通过线下直营门店、加盟门店，还是通过线上商城下单，都能实现快速响应。同时将扩展仓库管理（Extended Warehouse Management，EWM）物流系统与各销售渠道系统全面联通，实现订单信息的实时传递和处理。这种系统整合使LP公司能够实现就近仓库交付订单，提高物流配送的效率和准确性。从货运平台延伸至整个供应链中，LP公司运用运筹学、大数据模型等技术，实现供应链管理的数字化，包括仓库和门店的库存管理，确保决策可追踪、可优化，从而减少断货情况，控制库存成本，降低供应链管理和运营成本。

（2）订单调度与管理。根据全渠道订单的"统一归集和分配"需求，建立一个综合性的订单管理信息系统，对各个分销渠道的订单实现统一管理。通过该系统，订单可以从不同渠道的接触点汇集到一个平台，便于各渠道统一获取并处理。分发订单时，平台将根据送货地址、库存状况等因素，将订单指派至最佳库存点。例如，当顾客在线上购物发现区域仓库缺货时，平台会依照送货地址选择服务范围内有库存的门店代为发货。若附近门店也无库存，平台会安排从其他有货门店进行调货。相反，如果顾客在实体店购物时碰到商品缺货，平台可以转换至线上渠道购买，或将订单提交至附近有库存的门店，实现快速生成订单并进行配送。这种方式提高了顾客满意度，确保了销售过程的高效和顺畅。（图11-6）

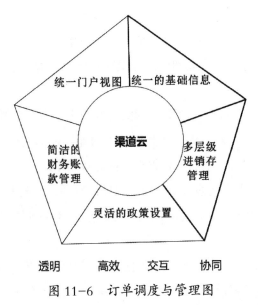

图11-6 订单调度与管理图

（3）智能调度与路线规划。智能调度模块是LP公司网络货运平台的重要组成部分，它通过高效的信息技术和先进的算法，实现订单处理、路线规划、车辆管理等关键物流功能的优化。

1）订单智能处理。智能调度模块首先接收来自不同销售渠道的订单信息，包括线上电商平台、移动应用、社交媒体等。系统会对这些订单进行自动化处理，包括订单的验证、分类和优先级排序，以确保高效履行。

2）实时数据分析。利用大数据分析技术，智能调度模块能够实时监控和分析各种数据，如库存状况、物流动态、交通状况等。这些数据帮助系统做出更加精准的决策，如订单分配、库存调配等。

3）路线规划与优化。智能调度模块采用先进的算法对配送路线进行规划和优化。系统会根据配送地点、交通情况、配送时间窗等因素，计算出最优的配送路线，以减少配送时间和成本。

4）车辆管理与调度。该模块还包括车辆管理功能，能够实时监控车辆的位置、状态和运输能力。系统根据车辆情况和配送需求，智能调度车辆，确保及时高效的配送服务。

（4）车辆实时监管。LP 公司的车辆实时监管功能是其网络货运平台中至关重要的一环，它确保了货物运输的安全性、时效性和效率。

1）车辆实时定位。每辆货运车辆都装有定位系统追踪器，能够提供精确的经纬度坐标。利用 GPS 定位技术，实时监控车辆的位置信息，其实时位置信息每几分钟更新一次，并在网络货运平台上显示车辆的当前位置和行驶轨迹。

2）车辆状态监控。平台可以实时监控车辆的运行状态，包括速度、方向、行驶路线等。通过车载传感器和监控设备，实时检测车辆的健康状况，如油耗、胎压、发动机状态等。

3）驾驶员行为分析。平台不仅可以利用车载摄像头和传感器监控驾驶员的行为，如疲劳驾驶、超速行驶等，还可以利用图像识别和行为分析技术，自动识别并提醒驾驶员的不安全行为。

4）运输效率分析。平台通过收集车辆的行驶数据，分析运输效率，如平均速度、行驶里程、配送准时率等。对不同车辆和驾驶员的配送效率进行比较，可以识别效率低下的原因，并提出改进建议。最后平台根据数据分析结果，优化配送路线和调度计划。

5）异常事件处理。系统能够自动识别车辆异常事件，如偏离预定路线、超时停留、紧急制动等。当异常发生时，系统会自动发送报警给平台的调度中心，并提供可能的解决方案。

6）车辆调度与优化。平台根据车辆的实时位置和状态以及收集到的各种数据（交通状况、天气信息、订单需求等），预测需求高峰、识别配送瓶颈、智能调度车辆，确保货物按时送达。采用先进的人工智能相关技术，一方面对未来配送趋势和客户需求进行预测，一方面学习驾驶员的行为模式和配送效率，进一步提高调度的智能化水平。

#### 11.4.3.3 企业平台收益/运营情况

（1）提高门店数字化运营能力。LP公司以门店为核心，采用多种业务组合策略，如到店、到家和团购等，以拓展和经营各单店的流量。得益于成熟的小程序、企业微信和公众号三端融合，LP公司能够一键拉新，有效提升新会员的满意度和体验感。为了更好地满足不同用户的需求，LP公司采用了用户分层经营策略，精准识别消费者需求。在此基础上，针对不同节点的消费者，提供差异化的产品和服务，确保客户能够在最恰当的时机获得最适合的服务。这一策略有助于促进私域会员的有效转化，从而进一步巩固品牌口碑和客户忠诚度。

（2）聚焦电商渠道。公司在在线上渠道方面采用精细化运营策略，深入挖掘高质量用户需求，以打造一系列热销产品矩阵，从而助力线上主流渠道销售持续稳步增长。为了进一步拓展社交电商领域，公司聚焦于抖音和快手这两大平台，以满足用户需求为核心，量身定制多款各具特色的零食礼包和坚果礼盒。通过建立自有直播账号矩阵，公司实现了高效用户转化，与抖音和快手平台上的超头部网红达人展开深度合作，成功打造了多个行业爆款案例，同时在各类电商渠道上有愈发强大的市场表现。

（3）运营实现降本增效。公司成功构建了包括网络货运平台在内的完整的前、中、后台数据系统，这使得企业在业务流程、渠道融合以及技术等方面得以升级。通过这一系统，企业能够更加精细地进行商业决策，从而有效地降低执行成本并提升运营效率。前、中、后台数据系统的构建，为团队提供了一个统一、高效的信息结构平台。针对面向客户的前端业务、业务逻辑处理的中端以及数据和技术支持的后端，数据系统将关键信息整合并系统化，从而提高整体决策质量。这种集成式数据系统有助于企业实现更高水平的资源整合和优化。在业务战略上，团队能够利用统一和清晰的数据做出更明智的决策，提高市场竞争力。在执行层面，同样能够借助系统化信息结构降低冗余工作，从而进一步减低成本，提高企业整体运营效益。

## 11.5 同城货运行业网络货运平台案例

### 11.5.1 行业物流基本情况

同城货运是指在同一城市或地区范围内进行的货物运输活动。这种货运方式主要适用于短途运输，通常是将货物从供货地点输送到需求地点，或者将货物从生产地点送往销售点。同城货运通常包括货物收集、运输、装卸、配送等环节，其货运特点是速度快、成本低、交货时间准确等。同城货运承担多元化的物流服务，包括综合企业服务、零担服务和搬家服务等，从行业需求看，货运主要以零散货物类、商务类或民用类、电商类业务为主。随着我国城镇化进程的加快，交通基础设施逐渐完善、电商不断发展，我国内地城镇地区对同城货运的需求量逐年增长，据统计，2023 年国内同城货运市场规模达到 1.8 万亿。未来随着经济的发展和人民生活水平的提高，这一市场规模也将不断扩大。

从同城货运行业的产业链结构来看，其上游生产供应商需求复杂分散，包括新零售、电商、消费供应链、生产供应商等，下游终端需求包括企业或商家以及个人消费，通过同城货运企业将上下游进行有效链接，实现对零散运力、货源的集约组织和整合，促进企业物流运输降本增效，带动货运行业的集约高效发展。

### 11.5.2 HLL 公司案例

#### 11.5.2.1 企业概况

HLL 公司创立于 2013 年，成长于粤港澳大湾区，是一家从事同城/跨城货运、企业版物流服务、搬家、零担、汽车租售及车后市场服务的互联网物流商城，业务方向定位为同城即时整车货运，意在整合社会运力资源，搭建迅速、平价、安心、专业的同城货运交易平台。货主通过 HLL 平台，可以迅速匹配附近的货车资源，并以低价获得优质的货运服务；广大货车司机亦可借助 HLL 平台迅速对接到客户需求，大大提升货车利用效率，进而获得更为丰厚的收入回报。HLL 公司通过共享模式整合社会运力资源，完成海量运力储备，并依托移动互联、大数据和人工智能技术，搭建"方便、科技、可靠"的货运平台，实现多种车型的即时智能调度，为个人、商户及企业提供高效的物流解决方案。截至 2023 年年底，HLL 平台促成的已完成订单超过 5.88 亿笔，平均月活商户约 1340 万个、平均月活司机约 120 万名，全面保持同比增长。

#### 11.5.2.2 平台业务基本情况

通过提供端到端的交易过程，包括下单、定价、预付款、货运匹配、订单追踪、付款结算及确认等，HLL 为用户带来了一站式的便捷体验。这一整套的闭环交易系统有助于培养平台用户的长期黏性，进一步提高企业经营利益和市场份额。在数智化的推进过程中，HLL 始终关注物流行业的核心要素——人、车、货、路，并围绕这些要素进行平台数智化建设与升级。通过科技赋能和数据驱动，HLL 正在推动货运行业的数字化变革。

（1）运筹优化算法打造"智慧大脑"。HLL 致力于从网络货运平台发展为互联网物流商城，采用共享模式整合社会运力资源，实现各种车型的智能调度。广泛提供的服务涵盖了同城及跨城货运、企业物流服务、搬家、零担、汽车租赁和销售，以及车后市场服务等。为适应不同业务场景的需求，HLL 构建了一套名为"智慧大脑"的系统。该系统采用 AI、大数据和地图技术等基础能力，结合自主研发的运筹优化算法框架，解决资源优化配置的核心难题。在此基础上，HLL 使用统一框架搭建了分单、供需、营销、定价等多个引擎，从而实现动态定价、智能分单、运力调度和用户拉新等方面的效率提升。在"智慧大脑"的技术体系之下，平台为司机提供新手做单智能引导、"接单检测"、货运地图、自动识别限制恶意欠款用户下单的算法以及智能判责等服务，大幅减少了虚假订单、纠纷等情况的出现，为司机营造公平的抢单环境。（图 11-7）

作为一种高效的数字化解决方案，这套系统有助于平台分析司机和用户的各类信息，并依据司机的接单意愿以及实时车货供需状况进行数据分析。由此，HLL 能够在日常处理的众多订单和庞大的平台司机资源中进行实时分配，实现实时智能调度。未来 HLL 将持续优化算法，努力在更多细分货运场景中实现更精准的资源调度和匹配，为客户提供更优质的物流服务。

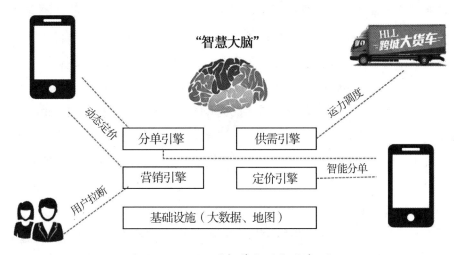

图 11-7　HLL"智慧大脑"分析图

（2）进行场景建模，实现功能划分。为了满足用户在同城货运中对运输既省时省力、又省钱省心，并且有保障的需求，HLL 深入进行用户调研，全面了解不同客户群体的实际货运需求。通过对年轻搬家群体、个体户及小型公司等两大类客户群体的查找，对具有代表性的场景进行建模。针对这些需求，HLL 围绕即时呼叫、预约用车、价格计算、收藏路线等核心功能展开交互优化，旨在提供更有针对性、更细致的运输服务。这种定制化的服务模式更贴切地满足了用户的需求，使他们在使用 HLL 平台时能够更加省心、高效地解决货运问题，为用户带来切实可靠的保障。

（3）"一口价"模式参与计价。在同城或跨城货运行业中，撮合型网络货运平台的角色并非货主或运力供应商，而是作为一个纯粹的第三方企业，致力于在货主与运力之间实现高效匹配。经营者可以依靠网络货运平台在线组织，从而将货源与运力资源进行匹配和整合，精确地配置信息，生成电子运单，以完成货物运输的在线交易。而在这整个过程中，平台并不涉及价格计算。实际上，价格是由货主与司机协商决定的。这种做法在一定程度上降低了货主与司机的交易成本。然而，仍然存在一些问题，如价格缺乏公开透明、沟通效率不高等。这导致交易时间较长，容易引发纠纷。为了应对这些挑战，撮合型网络货运平台需要不断优化和改进，以提供更便捷、高效的货运服务。

　　HLL 平台在交易过程中参与了计价环节，实现了市场价格与供需状况的有效对接。用户在下单后，司机进行抢单，然后平台根据市场价格水平和供需情况制定定价。HLL 为不同城市设定了特定的货单半径，并采用司机意愿度模型、司机取向模型以及分时段模型等方式，确保用户需求得到充分满足。该平台的定价过程透明，用户可放心使用。"一口价"计价模式主要适用于 6.8~9.6 米长度的大货车，以及运输路程超过 80 公里的中长途订单。在货运行业中，随着运输里程的增加，诸如路桥费等费用的不确定性往往会随之上升。这可能导致货主与司机在额外费用问题上产生分歧，进而需要多次沟通协调。而 HLL 的"一口价"模式则有效地解决了这一问题，避免了货主与司机之间频繁沟通所带来的麻烦。通过这种方式，HLL 为用户提供了更加便捷、高效的货运服务。

　　（4）订单分配持续优化。过去 HLL 平台通过算法将订单自动分发给适合接单的司机，有效降低了司机在多个平台中反复寻找货源的时间成本。根据车型、距离以及客户的特殊要求等条件，平台将订单推送给所有符合条件的在线司机。如果距离较远，则会延迟推送订单，让司机自行抢单。司机收到推送的订单后，可以根据自己的意愿选择是否接单以及接哪个订单。在"分拨单＋一口价"模式下，平台的大部分订单能在 4~6 秒内得到响应，大幅提高了成单速度。但这一模式在货运行业供大于求的现状下，效果逐渐不尽如人意。在算法的"金字塔模式"优化中，平台使得优质司机服务得分越来越高，订单质量也越来越好，但在有限的订单下也影响到其他司机的订单情况。因此 HLL 公司经研究后调整了订单分配方案，仍然保持以司机抢单为主，以距离优先，保障所有司机都能够相对公平地获得订单。这对司机和货主都带来了实质性的好处，有利于整个货运市场的健康发展。

### 11.5.2.3 企业平台收益/运营情况

　　HLL 收益模式为：保障金、资金池、等级收费及其他企业服务费用。（图 11-8）

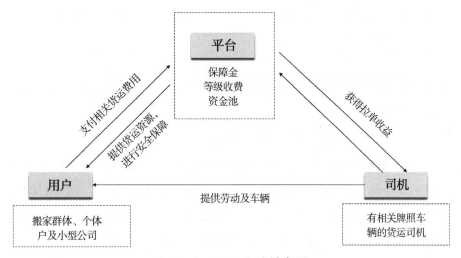

图 11-8 HLL 收益模式图

（1）扩展业务为企业创收。近几年，HLL 平台业务不断拓展和丰富，从最初的同城货运逐步衍生出跨城货运、搬家、零担等多样化业务。这使得平台得以覆盖更多类型的货物、增加运输距离以及拓宽运输方式。这些丰富的业务线不仅满足了市场多样化需求，还为企业创造了更多的收益和增长点。截至目前，HLL 已在全球 11 个市场超过 400 个城市开展业务，推动全球各地的货运交易数字化，帮助企业和个人提供更加便捷、快速、高效的货运服务。通过不断创新，HLL 致力于优化现有业务模式，提升平台服务品质，并将领先的技术应用于诸如算法匹配、定价策略等方面，以实现持续增长并拥抱更广阔的市场机遇。

（2）车货快速匹配，为企业实现降本增效。2017 年年底，HLL 针对企业端大中型客户推出企业版，除了提供基础的货运服务，如海量适配车辆、优质司机和货物装卸等之外，还带来了一系列增值服务。为提高效率并降低企业级成本，HLL 采用了众包模式，充分利用社会闲散运力，以这种轻型模式建立起一个灵活的、庞大的运力储备池。这种众包模式可以让货物与车辆快速匹配，大幅提高货运效率。同时，它也有助于降低企业在维护自有车队及人员方面的投入，节省资源成本。这种灵活性和高效性，使企业级用户得到更好的服务，提高了满意度。

（3）AI 算法保证货运物流安全，提升整体运营效率。为确保货物运输过程中人员和货物的安全，HLL 采用了智能系统与车载设备实现全程干预和监测。这些设备，如多路摄像头和 GPS 传感器，可以全方位采集货仓和驾驶位的实景数据，同时实时收集车内环境和货物信息。这些数据会被上传至 HLL 公司 AIoT 平台，并进行实时处理，确保用户、司机和货物的安全。平台内置的 AI 算法能对图像、声音、坐标等实时数据进行分析和反馈，从而全方位提高货运安全标准。这种智能化的监管方式，不仅降低了平台监管成本，还能实现更高效的货运过程。通过运用先进的技术，HLL在保障安全的同时，为用户、司机和企业创造更大的价值。

## 11.6 汽车行业网络货运平台案例

### 11.6.1 行业物流基本情况

汽车行业是我国国民经济的重要支柱产业，近年来我国汽车产业飞速发展，已成为全球最大的汽车市场之一，2023年我国汽车产、销量分别达到3016.1万辆和3009.4万辆，同比分别增长11.6%和12%。而汽车物流作为汽车行业的重要配套之一，在汽车行业中扮演着至关重要的角色，起到桥梁和纽带的作用。在汽车产业链中，汽车物流贯穿始终，从零部件供应商到制造商的零部件采购物流、从制造商到经销商的整车物流和整车仓储，以及从经销商到消费者的销售物流等各个环节，是实现汽车产业价值流顺畅流动的根本保障。

汽车物流行业发展至今已经初步形成较为清晰的竞争格局，行业内企业数量众多，但大多数规模较小，以安吉物流、一汽物流、长安民生物流、长久物流、海晨股份为代表的少数几家大型汽车物流企业，占据了较大市场份额，以上领先企业具备在网络覆盖能力、运力保障能力、服务质量水平、信息化管理等方面的优势，这些优势有利于其获得更多的业务。

未来，随着汽车产业的高速发展，我国汽车物流行业市场规模将继续保持增长趋势。而传统的汽车物流模式往往导致物流信息流通不畅，货主、物流公司、司机之间缺乏及时、有效的信息沟通，物流效率低下、成本高昂。同时，由于信息不对称，物流资源如车辆、仓库等，往往无法得到合理配置，导致资源浪费和空驶率高等问题。网络货运的普及，使得企业纷纷寻找到推动汽车物流加快发展的途径。

首先，网络货运平台能够解决传统物流中的信息不对称问题。通过平台，货主和司机可以直接进行信息交互，减少中间环节，提高物流效率。这有助于降低空驶率，减少车辆尾气排放和能源消耗，为环保做出贡献。同时，平台还可以实现运力的有效管控，解决驾驶员与货主之间的信任危机，降低运输成本。其次，网络货运平台有助于推动汽车物流行业的标准化和规范化。平台通过推广新的物流模式，可以促使货主和司机逐渐接受并适应更高的物流标准化水平，提高行业的服务质量和竞争力。此外，平台还可以规范公路货运市场，引导供需双方尊重市场供给，避免价格恶性竞争，促进价格回归理性。最后，建立网络货运平台也是汽车物流行业应对市场变化和需求的重要手段。

随着汽车市场的不断扩大和消费者需求的多样化，汽车物流行业需要不断创新服务模式，提升服务质量。网络货运平台作为一种新兴的服务模式，可以为行业带来新的发展机遇和空间。作为新兴业态，网络货运平台将推动汽车物流行业在技术创新、管理创新等方面的不断进步，为行业的持续发展注入新的活力。

### 11.6.2 GL汽车集团有限公司案例

#### 11.6.2.1 企业概况

GL集团总部位于浙江，在浙江宁波、湖南湘潭、四川成都、陕西宝鸡、山西晋中等地建有汽车整车和动力总成制造基地，并在白俄罗斯等国家和地区建有海外工厂，同时，在国内有1000多个销售网点及400多个海外销售和服务站点，产品销售及服务网络遍布世界各地。2023年，GL汽车总销量超过168万辆，同比增长约18%。

#### 11.6.2.2 业务现状分析

目前GL汽车国际物流业务主要分为三大块：整车出口；散件（Knocked Down，KD件）出口，包括全散件组装（Complete Knocked Down，CKD）和半散件组装（Semi-Knocked Down，SKD）；备件（索赔/领料）出口。涉及的运输方式有滚装船、集装箱、铁路、公路、空运等单一运输方式或者多式联运方式，均为线下操作，无系统跟踪展示，物流信息不透明，部分操作工作重复耗时的情况，具体现状如下：

（1）目前的业务执行过程中均使用线下邮件/电话沟通对接，沟通成本较高。

（2）通过手工台账统计订单情况，通过供应商邮件反馈的表格了解物流发运进度。

（3）对于未签订合同的发运线路和需求，操作员通过邮件询比价多家供应商后确认承运商。

（4）对账和结算环节均为操作员线下完成，对账耗时较长，重复工作多，易出差错。

#### 11.6.2.3 业务痛点分析

目前，GL汽车的国际物流业务的线下操作均无信息系统的支持，导致整个国际业务流程业务痛点如下：

（1）询比价均通过线下邮件开展，较难管理、追溯及保存。

（2）运输跟踪通过供应商邮件反馈，沟通成本高，无法达到节点可视化并同步客户查询功能。

（3）与供应商对账需要操作员花费较长时间逐一核对；与客户结算需按财务要求的固定格式通过业务流程管理（Business Process Management，BPM）申请流程。

（4）外部订单无系统记录。为了改善目前GL汽车国际物流业务的困境，阿帕数字针对GL汽车的国际物流业务开发对应的网络货运平台，通过国际运输管理系统（Transportation Management System，TMS）与订单管理系统（Order Management System，

OMS)、国内 TMS、合同管理系统（Bargains Management System，BMS）、基础主数据模块的交合，实现订单业务运输节点及运输过程代理业务的可视化。

**11.6.2.4　GL 汽车国际业务网络货运平台系统设计**

首先，基于业务流程设计国际 TMS 系统架构，赋能国际物流业务，打破国际物流业务线下运作的瓶颈，实现国际物流运输过程及代理业务节点可视化。其次，对内上游打通 OMS 承接运输任务，对内下游打通 BMS 输送订单数据及节点信息触发计费，实现订单下传、运输签收、计费全流程的闭环及数据集成。

同时，综合考虑国际物流业务人员属性，包括国际物流操作、国际承运商、交货前检验（Pre-delivery Inspection，PDI）供应商、单证等，系统设计应用以灵活性、便捷性为主，支持 PC 端、App 端、微信小程序，整合三端业务功能，实现环节业务数据汇聚。系统延展性高，可高效地进行数据接口对接。系统规划预留多接口端，在实现对内系统对接的基础上，支持微信、短信、三方系统、硬件接口、定位宝等接口对接。（图 11-9）

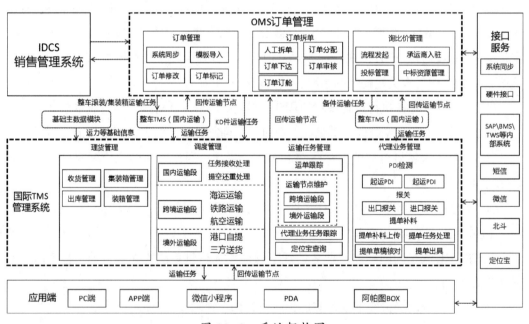

图 11-9　系统架构图

**11.6.2.5　GL 汽车国际业务流程规划**

基于实际国际物流业务流程，涉及场景为：整车滚装运输、整车集装箱运输、备件运输、KD 件运输，涉及运输节点为：生产基地/备件仓—供应商外仓/港前外仓—起运港—目的港—收件人。基于实际业务流程，在系统规划的基础上，实现供应商外仓/港前仓理货、PDI 检测、报关、提空还重任务、跨境运输、提单补料、境外运输等核心点的系统实现，辅助国际物流业务的节点可视化、订单预警、结费计算等功能的

实现。（图 11-10）

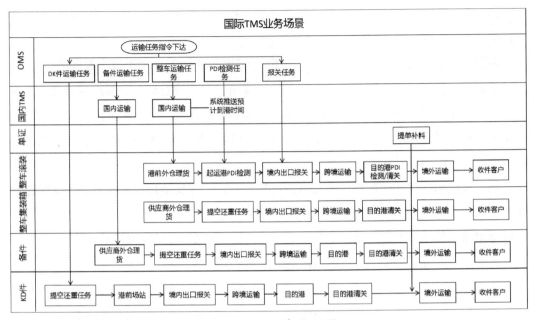

图 11-10　业务流程图

**11.6.2.6　业务核心关键点解决方案**

（1）国际 TMS 与各业务系统交互设计（图 11-11）。通过系统接口打通的形式，实现国际 TMS 与 OMS、国内 TMS、MMS 以及基础主数据模块的信息交互及数据共享，通过物流、信息流、数据流的打通最终实现订单 OMS 以订单为单位形成节点轨迹，BMS 系统实现国际物流订单自动计费、系统对账、线上结费整个订单信息流的可视与闭环。

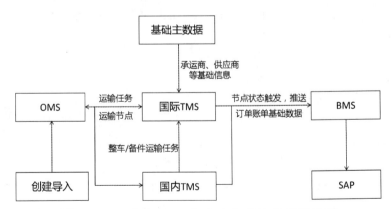

图 11-11　国际 TMS 与各业务系统交互设计图

（2）订单拆分解决方案（图 11-12）。通过系统端口打通实现 OMS、销售系统 IDCS 系统、国际 TMS 数据的交互，IDCS 订单实时同步至 OMS。OMS 接受订单后，具体订单操作流程如下：

第一次订单拆分：由国际物流操作人员人工基于订单情况及运作经验对订单进行第一次拆分，拆分成 AB 等小订单。

匹配合适承运商：针对拆分后的订单，设计 OMS 与国际 TMS 承运商主数据进行交互，对承运商运输资源涉及合同效期、合同价格、线路、时效等数据判定可用承运商，若存在可用承运商，将 OMS 的原订单池的订单需求整合（货好时间＜手动维护＞、订单线路）后预报计划给对应合同内供应商（线下），如无合同内供应商，可在 OMS 内发起询比价，确认中标服务商后再发预报。

第二次订单拆分：适配承运商收到预报计划后，邮件反馈提前预报货物的运输计划和舱位情况（起运港/站点、ETD、ETA、截港时间），国际操作员收到预订舱信息后反馈至国际销售员，判定船期时间是否合适，若合适依据舱位情况进行第二次订单拆分生成运单，若不合适订单修改撤销重新进入咨询比价阶段。

OMS 下达订舱任务：国际物流操作员继国际销售拆分成运单后，下达订舱任务和委托至运输承运商，运输承运商接收任务后完成订舱并将任务下达至具体承运商。

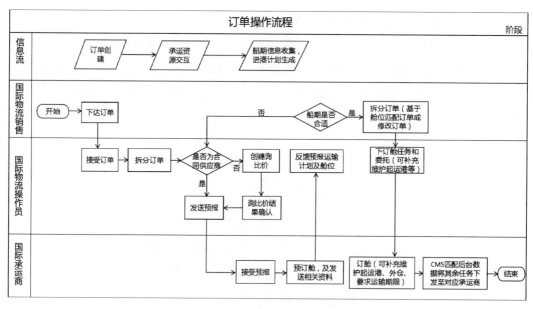

图 11-12　订单拆分解决方案图

（3）国际运输段运输节点跟踪实现方案（图 11-13）。通过系统接口打通形式实现 OMS 下传已订舱运单且指派运单及国内 TMS 运输任务对接至国际 TMS，由国际 TMS 承接起运港—目的港—收件客户运段的运输业务，整个运输任务分为 3 段：国内运输段、跨境运输段、境外运输段。

第 11 章 综合案例分析 | 241

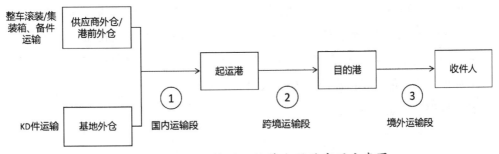

图 11-13 国际运输段运输节点跟踪实现方案图

1）国内运输段：提空还重任务指派及跟踪实现。国内运输段为供应商外仓—起运港/港前外仓—起运港，主要涉及提空还重任务，设计提空还重任务为同一个任务，同一个任务单完成提空和还重任务。通过电子围栏设置（在起运港、供应商外仓、港前外仓、基地外仓设置电子围栏，通过电子围栏触发司机可以通过后台司机 App 进行操作到达、装车、签收节点闭环动作，区域以外不得操作闭环节点）、司机 App（操作所有过程节点）、国际 TMS 的系统交互与对接完成本运段重点节点跟踪；其次该模块预留导入接口，若存在司机操作存在困难等不可控因素时可由国际承运商/国内运输商导入维护数据。（图 11-14）

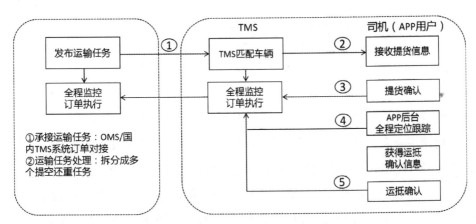

图 11-14 国内运输段运输流程图

2）跨境运输段业务实现。跨境运输段主要是指起运港至目的港运段，分阶段推进，第一阶段采取国际承运商通过数据导入、节点维护的形式的推进；第二阶段采取接口对接三方网站（定位宝、船讯网、船东系统、货代系统等）。

订单节点信息跟踪实现（系统导入或者节点维护）：基于国际 TMS 中船号、班列号等信息可接口至定位宝产品，打通定位宝产品，通过定位宝获取位置及轨迹信息，由国际承运商完成节点信息维护；基于业务流程节点，设置模板 excel 表，导入节点信息；模块界面节点维护：基于预计时间，系统通过预计时间提醒，由国际物流承运商 PC 端完成节点操作动作。

提单补料草稿确认：基于业务权限使用，系统通过标准时间设置，提醒单证人员在国际物流 PC 端上传提单补料资料，下传提单任务，国际承运商接收任务并下载提单补料线下邮件推送至船东生成提单草稿并系统反馈至单证完成提单草稿核对确认，完成确认后出具提单并上传提单扫描件。（图 11-15）

具体流程设置如下所示：

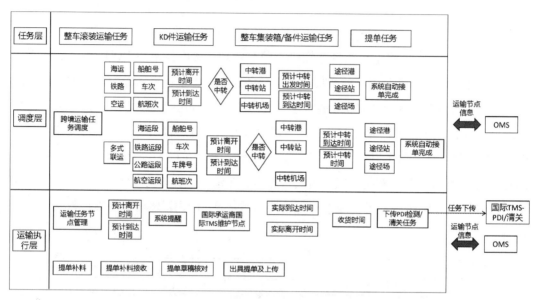

图 11-15 提单补料草稿确认流程图

3）境外运输段业务实现（目的港—收件人）（图 11-16）。供应商收到 PDI 检测任务后，针对整车滚装车辆完成 PDI 检测并上传资料；同时国际 TMS 在预计到达时间之前提醒国际物流中心人员推送清关资料至港口代理，由港口代理完成清关并上传清关记录。清关后进入境外运输段，系统设置订单按照港口自提、送货两种方式：

收件人港口自提，该种方式由收件人凭据提单提货，提货完成后由国际承运商三方官网获取收件人提货时间（例如港口系统该集装箱被提走时间）并上传至国际 TMS。

境外物流公司送货，设置调度任务，体现调度的承运公司、车辆。国际物流承运商通过后台查取提货时间、客户签收时间完成境外物流送货的闭环。若三方承运商可控的情况下可通过司机 App 公路运输的形式获取定位。

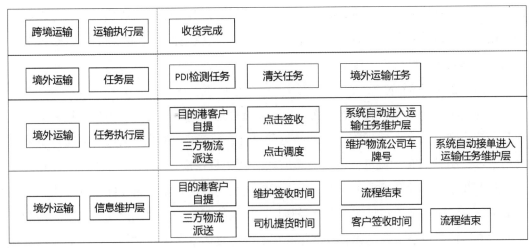

图 11-16 境外运输流程图

（4）代理业务实现流程（图 11-17）。基于 GL 汽车国际物流业务场景，地面地理业务包含整车滚装运输的整车 PDI 检测（包含出起运港、出目的港两个环境）、报关代理（包含出口报关、进口报关两个环节）。为避免因报关，PDI 检测导致货物运输延迟，国际 TMS 设置规则，基于起运港和目的港的预计离岗时间，设置一定的时限推送代理任务至代理供应商，代理供应商接收任务之后按照日期完成代理任务，并按照如下流程从国际 TMS 系统中上传 PDI 检测时间、PDI 检测结果、PDI 检测异常照片、报关/清关开始时间、查验过程资料、通关时间及通关资料。

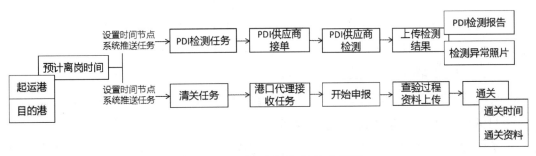

图 11-17 代理业务实现流程图

（5）国际 TMS 与 BMS 交互设计。业务订单自国际 TMS 维护签收节点数据之后，推送应计费数据字段（按照 BMS 需求字段确定）至 BMS，生成月度订单对账单（例如订单类型、订单号、运单号、集装箱号等）。

### 11.6.3 CC 汽车股份有限公司案例

#### 11.6.3.1 企业概况

CC 汽车是成立于 1984 年的我国自主汽车品牌。CC 汽车业务包括汽车及零部件设计、研发、生产、销售和服务，对智能网联、智能驾驶、芯片等前瞻科技领域进行重点研发和应用，并在动力电池、氢能、太阳能等清洁能源领域进行全产业链布局，CC汽车正加速向全球化智能科技公司转型。

**11.6.3.2 业务简介**

随着汽车市场竞争愈演愈烈，优化物流全流程迫在眉睫。为进一步提高运营效率，规范运营市场，为企业实现降本增效的运营目标，CC汽车携手阿帕数字共同打造网络货运平台，引领汽车物流进入网络货运时代。阿帕数字助力CC汽车依托Sarpa开放平台以及大数据、云计算等数字技术，内嵌智能调度、智能装箱、路径优化等算法，实现了集中整合资源运力，司机端运单路径规划，运输执行全程可视，诠释汽车物流行业全新的物流运输新业态，智能化、数字化并存的网络货运平台新模式将进一步促进汽车物流行业数字化转型。

同时，为了规范散车业务的操作流程，使其标准化、流程化，保障顾客满意度，实现品牌效应的提升及规避风险。阿帕数字基于CC汽车的管理需求，打造完善的仓配体系，同时有效整合内外部资源，建立量化的绩效体系，最终实现数据增值，为打造数字驱动型企业迈出坚实的一步。

（1）无纸化：在运输作业中，实现无纸化操作，信息化系统进行业务已经数据的精准化管理。

（2）作业标准化：实现流程自动跳转指引，精准快速进入执行界面。

（3）规则策略：利用策略引擎，进行业务的合理报价与运输车辆的准确指派。

（4）作业任务精细化：基于作业单据进行运输业务的精细化作业。

（5）信息互联互通：整合信息化资源。

（6）数据决策：整合数据资源，为管理者提供量化依据。

**11.6.3.3 网络货运平台系统架构思路**

（1）系统集成架构。该平台服务丰富，提供SaaS服务、独立部署、开放中台调用等灵活部署方式，其中，开放中台服务，满足业务模块调用，复杂场景搭配；开放业务场景源码，快速迭代开发，也可根据客户特殊场景功能需求进行二次开发；多应用端口支撑，前端设计快速反应，已对接支付、ERP、CRM、SRM、监管、定位、油气、ETC等，支持三方软、硬件系统对接；系统采用独立部署方案，支持云服务器与本地化部署，全面保障数据安全。切合打造属于企业自有的系统平台，更加贴合企业业务，满足企业实际业务需要。（图11-18）

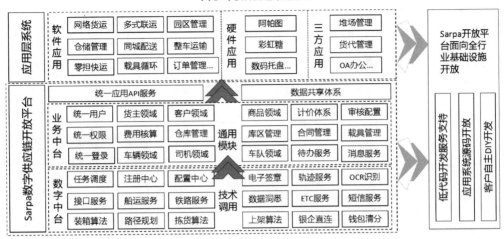

图 11-18　系统集成架构思路

（2）应用架构设计。平台建设符合网络货运八项功能要求的平台系统搭建与咨询实施服务，包括信息发布、线上交易、全程监控、金融支付、咨询投诉、在线评价、查询统计、数据调取，便于实现公司运输业务在线上完成需求发布、多模式交易、在途监控、交付管理、结算支付、信用评价等功能，打通与监管平台、数据校验平台的接口，实现系统+人工半智能化校验业务数据真实性、有效性和完整性；实现数据共享、多系统协作，接口标准遵循向前兼容，充分发挥内部系统的支撑作用；通过对系统架构的优化改造，实现统一的用户管理、支付通道、标准接口、数据报表、系统管理，全面提升用户体验。（图 11-19）

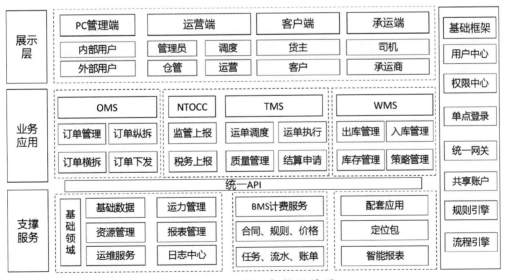

图 11-19　应用架构设计图

（3）业务核心关键点。1）司机端运单路径规划。在运输过程中，系统会根据订单的起点、经停点、终点展示整体线路。App端可以实现每一个送货点线路导航，并计算距离、时效等。其次，PC端路径规划结果同步司机App端，司机可以按照导航线路行驶至目的位置，当路线偏离时语音提示司机，系统同步反馈至调度，记录异常，经数据分析指导调度派车合理化，使司机运送路线更加高效合理，如图11-20所示。

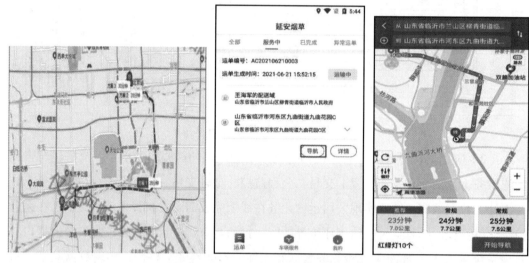

图11-20　司机端运单路径规划图

2）运输执行作业过程监控图。在提货点、送货点设置电子围栏半径，实现在电子围栏辐射区域内操作系统App，超范围则限制操作，避免虚假送货现象；当司机离开提货点时触发电子围栏；推送货物在派送中，预计到达时间等信息至客户端微信小程序或手机，提升客户体验；对于订单的在途信息可通过系统配置移动App定时采集在途信息，通过GPS进行实时采集，实现订单自下单至货物签收的全流程过程管理，如图11-21所示。

图 11-21　全流程过程管理图

3）多方报告和管理异常，提升末端客户体验。针对运输过程中出现的货物异常、派送异常、事故等进行统一管理。运输过程中发生货损、货差、送货延迟等异常情况，系统可进行车辆调度和协调，例如安排就近的车辆进行接驳或紧急配送，以提高应急处理能力，确保货物能够尽快送达。同时，针对异常的信息进行填报，跟踪记录异常的处理情况，登记异常的赔偿及追责。通过对运输执行作业的全程监控，网络货运系统可以有效地处理运输过程中的异常情况，确保货物安全、准时送达，同时不断提高运输效率和服务质量，如图 11-22 所示。

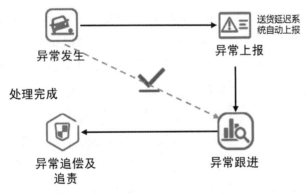

图 11-22　运输中异常上报流程图

4）内嵌光学字符识别（Optical Character Recognition，OCR）识别技术。系统融合多种图像处理技术，提供通用的单据、证件、通用文字识别服务，可以做到高精度、自适应，如图 11-23 所示。

①身份证OCR。实名认证。取件时，移动端App：身份证拍照、识别、校验；速度快：小于1秒；精度高：大于98%。

②网络截图OCR。电商收到买家地址截图、聊天截图：OCR识别、自动提取信息（姓名、地址、电话等）。

③电子面单OCR。自动提取编号信息，收/寄件人姓名、电话、地址；平均字符精度达到99%。

④纸质面单OCR。文字检测：特定内容是否填写；盖章检测：是否盖章（检视章），合规性检测等。

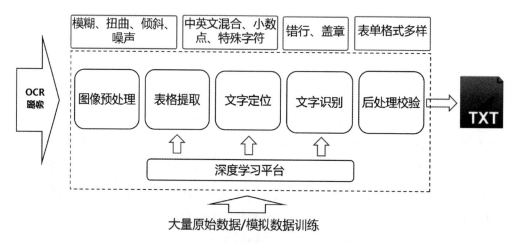

图11-23　内嵌OCR识别技术流程图

5）接口服务方案。①硬件对接。集成车辆、人员的附加硬件设备，GPS、手持、各类传感器、随身设备等设备，实现设备与系统间互联互通，数据传输实时获取。

②平台对接。与DMS（Driver Monitor System，驾驶员监测系统）业务平台、财务平台、认证平台、金融平台等三方平台对接，实现平台之间的数据互通。

③标准接口。通过标准接口、协议等接口的制定，满足系统的对接需求，实现多方系统（如承运商系统）、设备之间的互联互通。

④定制开发。根据客户实际业务需求，进行软硬件定制开发，实现现有业务到线上的转型升级，实现业务流、资金流、信息流、票据流四流合一。数字中台提供北斗、船讯、RPA、OCR等接口服务351个；提供基础服务、文件服务、权限管理等技术服务21个；提供装箱算法、路径优化、智能配载等组件服务16个。业务场景应用系统源码开放，方便外围系统进行系统对接、功能定制，提高开发效率，降低开发成本。

# 主要参考文献

［1］朱长征．网络货运平台［M］．北京：清华大学出版社，2022．

［2］青海省交通运输厅．青海省网络平台道路货物运输经营管理实施细则（暂行）［N］．青海日报，2023-02-27（006）．

［3］周道许，田新远，吴盈盈．数字经济发展下的金融网络安全等级保护方案的实施与评价［J］．清华金融评论，2023，（05）：107-112．

［4］刘波．网络货运对集装箱集疏港业务的助力发展以及影响［J］．中国储运，2022，（05）:124-125．

［5］王丹丹．关于网络货运经营的分析［J］．中国物流与采购，2020，（18）:50-52．

［6］吴颖，孟子博．湖南省道路货运物流信息平台建设问题与对策建议［J］．经济研究导刊，2021，（15）:107-109．

［7］杨叶龙．网络货运系统如何支撑企业的实际运营［J］．中国储运，2021，（03）:36-37．

［8］白鹏霞．基于网络平台质量监管的道路货运服务质量提升策略研究［D］．西安：长安大学，2022．

［9］王晋．"互联网+"背景下物流企业管理模式创新策略研究［J］．现代经济信息，2020，（01）:48-50．

［10］窦新禹．基于网络货运平台的多式联运调度研究［D］．济南：山东科技大学，2020．

［11］邓亚楠．网络货运平台金融服务创新研究［J］．商业经济研究，2019，14：53-55．

［12］徐扬．网络货运平台类金融服务模式研究［D］．南京：南京大学，2022．

［13］王嫦风．Y网络货运平台运营优化策略研究［D］．济南：山东大学，2022．

［14］邓齐月．完善网络货运平台税务监管的思考［J］．税务研究，2023（01）:123-128．

［15］朱光辉．税务新政下网络货运平台如何规避风险合规经营［J］．中国物流与

采购，2022（03）:44-45.

［16］邓亚楠.网络货运平台金融服务创新研究［J］.商业经济研究，2019，14：53-55.

［17］田明东.网络货运平台的发展现状分析［J］.中国储运，2022，（12）:141-142.

［18］刘泽鹏.网络货运平台视角下托运人信用评价指标与模型研究［D］.太原：山西大学，2022.

［19］李东临.新媒体运营［M］.天津：天津科学技术出版社，2018.

［20］重庆广播电视大学垫江分校.新媒体运营导论［M］.昆明：云南大学出版社，2022.